# 魔術師に学ぶ FXトレード

プロ化する外国為替市場への普遍的テクニック

中原駿【著】

Pan Rolling

【免責事項】
※本書およびサンプルに基づく行為の結果発生した障害、損失などについて著者および出版社は一切の責任を負いません。
※本書に記載されているURLなどは予告なく変更される場合があります。

※本書に記載されている会社名、製品名は、それぞれ各社の商標および登録商標です。

# はじめに
## 〜ようこそ世界最大のマーケットへ〜

　現在40〜50代のトレーダーと同様、私の初めての投資は株式であった。その後、先物なども手がけたが、基本的には9時に始まり、前場があり、後場があり、そして午後3時くらいに大引けがあるというマーケットである。
　こうした「取引所取引」は「秩序」のあるマーケットといえる。場が開く前、そして後には価格が変動しないからだ。場が閉まった後の評価損益は、翌日場が開くまで間違いなく動かない。したがって相場参加者は心おきなく準備ができる。取引所取引とは、一定の秩序のもと「夜眠れるマーケットである」といってもいいだろう。
　80年代に「為替ディーラー」という職についたときの衝撃は忘れられない。なにしろ、24時間マーケットが開いているのだ。朝も夜もお構いなく、価格が変動してしまう。
　そしてロイターディールなどの情報ベンダーが成長するまで、相対取引の価格はブローカーに電話で聞くしかなかった。いったい自分のポジションがどうなっているのか、瞬間瞬間不安が増幅されてしまうのである。
　そのわりにはすさまじいスピードで情報が流れ、交換され、コンセンサスが形成され、次の瞬間、崩壊してしまう。まさに「夜も眠れないマーケット」で、慣れるまで本当に苦労したものだった。

その後、マーケットは変わった。

　10年前には想像するのも難しかった多くの参加者が、インターネットを通じて瞬時にマーケット情報を得て、参加できる。もともと世界最大の流動性を誇る市場であったが、昨今の流動性の厚みはおそらく日本の参加者の想像すら超えているだろう。

　厚みがあるということは間違いなく素晴らしいことだ。しかし同時に「世界中の市場参加者が知恵を絞っているマーケット」ということでもある。

　FX（外国為替証拠金取引）というゲームに勝つのは、依然容易ではない。十分な準備と知識が必要なのだ。

　本書はこれからこのマーケットに参加する方にも、すでに参加している方にも、何らかの参考になればと思い執筆した。もし何らかの刺激を感じていただければ、筆者としてこれ以上喜ばしいことはない。

中原　駿

【編集部より】
本書はパンローリング社発行の情報レポート「PanReport」で連載中の「中原駿講師の短期トレーディング手法」に寄稿された記事の一部をFX（外国為替証拠金取引）用に加筆、修正したものです。
「PanReport」の詳細については下記サイトをご覧ください。

http://www.panrolling.com/reports/

# 目次

はじめに ～ ようこそ世界最大のマーケットへ ～ ─────── 1

## 第1章　FXトレードとはどのようなゲームなのか

### 1．歴史の教訓──────────────────── 12
80年代の外国為替市場……12
古き良き時代？……14
リスク管理の時代へ……16
プロ＝勝者ではない……18

### 2．外国為替市場の内部構造──────────── 22
マザーマーケットの二重性……22
豊富な流動性……25
日本円のファンダメンタルズ……27
多様な参加者……28
ポジションテーカーの1日……32
ポジションテーカーのトレード……35
有効なパターンの無効化……36
情報の非対称……38
ランダム化……40

### 3．新しい市場参加者──────────────── 42
新興諸国の中央銀行……42
新興諸国のSWF……43
マージントレーダー……45

# CONTENTS

デリバティブを駆使した投資家……45
為替オプションのスキュー……46
金融工学とテクノロジーの実験場……50

## 第2章　FXのトレンドフォロー戦術

### 1．基本戦術 ── 54
タートルズの基本戦術を検証する……55
タートルズは死んだのか……67

### 2．応用戦術の検証 ── 77
P/Lフィルターの効果……77
ボラティリティで損切り……87
1/2N戦術は有効か……89
市場分散……96

### 3．トレンドフォローの資金管理 ── 97
ピラミディング戦術……97
タートルズのピラミディング戦術……106
実際は限界なき戦術……108
攻めの資金管理……109

# 目次

## 第3章　FXの短期ブレイクアウト戦術

**1. 失敗から学ぶもの――――――――――――――― 118**
　　　ブレイクアウトの定義……118
　　　短期ブレイクアウト戦術の問題点……119
　　　短期ブレイクアウトで利益を残すコツ……121

**2. オープニングレンジ・ブレイクアウト――――― 123**
　　　TDトラップ戦術……123
　　　改良方法……127
　　　相場環境の変更……128
　　　仕掛け値の変更……133
　　　シンプルなオープニングレンジ……135
　　　ペイオフレシオの改善……138
　　　シェルダン・ナイトのORB戦術……141
　　　中期トレンドとブレイクアウト戦術の関係……147
　　　マーケットストラクチャー・トレンドリバーサル……152
　　　中長期トレンドの判定……155
　　　12カ月移動平均……157
　　　ボラティリティ・ブレイクアウト……158
　　　逆転の発想……162

**3. 方向性指標の利用―――――――――――――― 166**
　　　DIとADXの計算式……166
　　　DIクロス戦術……169

# CONTENTS

トレンドの強度……173
TDトラップにADXフィルターを応用……176
ウップスにADXフィルターを応用……179
ADXの最適化……186
短期のDIとADX……189
長期のDIとADX……191
ADXの見方……196
2期間のDIを併用……197

## 第4章　FXの逆バリ戦術

### 1. ADXとオシレーター ──────── 202

ADXとストキャスティックス……203
ADXとエンベロープ……204
古典的ボリンジャーバンドの利用法……205
逆バリとしてのエンベロープ……207
エクストリーム売買システム……209

### 2. パニックトレード ──────── 213

相場にパニックはつきもの……213
対応策……215
実行プランの策定……218
パニックに対応するときの注意点……219
平均への回帰を取る……222

# 目次

## 第5章　資金管理の冒険

### 1．短期売買の資金管理 ───── 226
　　　売買リスクの3要素……226
　　　復元可能な損失額……228
　　　ハーフ・オン・ロス戦術……230
　　　総資金に対するリスク……232
　　　破産確率……233
　　　短期売買の本質……235

### 2．ラリー・ウィリアムズの大胆な資金管理 ───── 239
　　　ケリーの公式……239
　　　オプティマルf……240
　　　ライアン・ジョーンズの固定比率トレード……242
　　　ラリー・ウィリアムズの手法……243
　　　柳谷氏によるケリー公式の改良……246
　　　ボラティリティモデル……247

## 第6章　トレードの心得

### 1．ブレイクスルー ───── 252
　　　最初の成功……253
　　　利益の出し方……254
　　　消去……256

# CONTENTS

## 2. 売買頻度とレバレッジ ———————————— 260
　　過剰売買と経験値……260
　　ギャンの最適売買回数……261
　　レバレッジ……263
　　単純な建玉……264

## 3. 相場の役割と自分の建玉 ———————————— 266
　　理論と現実は違う……266
　　相場の皮肉……267
　　自分の建玉との相対化……268

## 4. 予測とは何か ———————————— 273
　　実は同じゲーム？……273
　　予想……274
　　予言……275
　　願望……276
　　テクニカル分析とファンダメンタル分析……276
　　ファンダメンタルズと予測……279
　　ギャンブルと相場……282
　　ゲームに勝つには……285

**さいごに 〜20msの世界で勝ち残るには〜** ———————————— 289
**用語集** ———————————— 291

# 第1章
# FXトレードとは どのような ゲームなのか

## 1．歴史の教訓

　筆者は1980年代後半以降、外国為替に深く関わってきた。
　80年代後半は、市場参加者の機関化が進み、過剰流動性を背景としたいわゆる「ジャパンマネー」が世界の資本市場を闊歩した時代だった。金融機関は過当競争に走り、日立がスイスフラン建債券を"マイナス金利"で発行したことなど、つい昨日のことのように思い出す。
　ちなみにマイナス金利とは、債券の最終的な利払いが債券発行者の利益になることを指す。つまり借金をしたのに金利をもらったのである。
　いわゆる「ハラキリ」をしてまでも金融機関がシェアを取りにいったために起きた現象であった。この「ハラキリ」は、一時業界用語として海外にも有名になったほどである。それだけ日本企業の過当競争というものは、すさまじいものであったわけだ。

### 80年代の外国為替市場

　そうした時代、外国為替市場にも革命的な発展がみられた。それでも筆者が最初、外国為替に携わったころは、なんと黒電話でブローカーに電話したものだった。

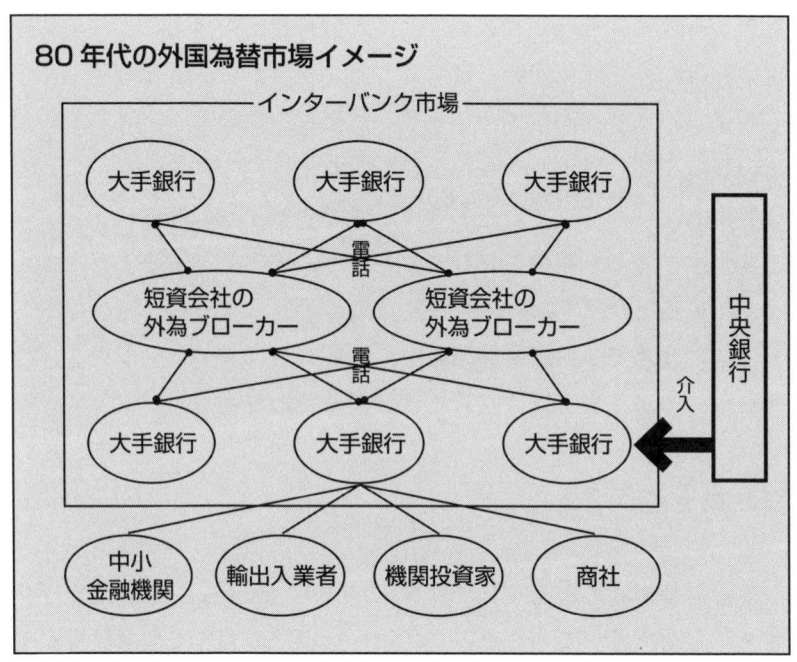

　ブローカーに電話をして、為替相場を聞く。しばらくして、顧客がその価格でよければもう一度電話をする。約定となると、さらに電話で確認である。
　冗談ではない。つい20年ほど前のことなのだ。
　その後、テレックスという装置ができて、為替相場もテレックスを打電するようになった。これで随分と取引の間違いが減った。とはいえ、極めて"牧歌的"であったといえる。
　革命的であったのは、80年代後半のボイスブローカーの登場である。有線放送のようにブローカーが為替レートを連呼し続け、しか

もディーラーはそのボイスボックスと直接話ができる。

いわばこの"専用回線"によってインフラが一気に高速化した。その後、ロイターが電子ディーリング装置を開発し、ディーラーはこの装置を使ってポジションを建てたり閉じたりすること（これを業界用語で「カバーする」と呼ぶ）ができるようになり、そしてボイスボックスから複数のブローカーが提示するレートをヒットすることが可能となった。

ここに及んで、外国為替相場史上最も野放図かつ巨大な資金「投機マネー」が世界を駆け巡ることとなったのである。

## 古き良き時代？

まだ為替相場の市場リスクはフォワード（先渡し）も含めて「リスク」と認識されていなかった。銀行は自己の判断で機関投資家や輸出入業者に巨額のポジションを保有させることを容認した。

そのため生命保険会社を中心とする機関投資家は、現在考えると信じられないほど巨額の資金を、当初は投資のため、徐々に投機の観点から為替市場につぎ込むようになった。なかにはメーカーであるにもかかわらず投機に走ったり、商社であるにもかかわらず巨大資金を投入したりする会社も数多く出た。

一度巨額の資金を市場に投入し、その結果として相場が大きく動くと、人間は相場を（一時的とはいえ）支配する快楽から逃れられなくなる。最初は100億円の為替ポジションに、わずか1〜2億円の自己ポジションを乗せてみただけであった……。ところが、そ

の結果１円動き、１億円のポジションで100万円が瞬時に儲かった……。すると今度は実需が100億円なのに150億円を乗せる……。残りの50億円は投機である……。

　もちろん、それを受ける銀行のディーラーのほうでも、巨大ポジションでマーケットに打ち込む機関投資家や商社、メーカーなどを優遇し、巨額なポジションに対して「一本値」を与えた。

　一本値とは市場の実勢を判断してカバーできる価格を顧客に提示する行為である。ポジションがマーケットの流動性に対して巨額になればなるほど、ディーラーとしてのリスクは高くなる。それでもディーラーがポジションを受けたのは、そのポジションに自らの投機マネーを乗せ、瞬時に開いた差額で儲けることができたからだ。

　一度、機関投資家とディーラーがマーケットに巨額の資金を打ち込み、その差額で巨利を上げると、その行為で蹂躙されたマーケットの参加者も「ならばおれも」となった。結果として、歴史的なマネーゲームが始まり、アジア市場ではほとんど日本の資本や投機資金が蹂躙するようになったのである。

　ばかげたことであった。しかし、それを非難するわけにはいかない。巷は皆バブルだったのだ。不動産投機で大儲けをした人々はもちろん、リゾート計画をいろいろな銀行に持ち込む青年実業家や空間プロデューサーなど、怪しげな人種が渦巻いていた時代だ。そう考えるのが普通だったのだ。

　相場は非常に「ボラタイル」になった。つまり短期的に値動きが非常に激しくなったのである。

## リスク管理の時代へ

　しかし、不思議なことが起こった。短期的なボラティリティ（変動性）の激しさとは別に、実際の相場は明らかにプラザ合意以降の３年間と違っていたのだ。220円が120円になった相場とは明らかに違っていた。
　これには大きく２つのことが影響していたと思われる。
　ひとつには投機資金が巨大化したものの、実際に「売りきり」「買いきり」とされる玉（実需）が、さほど増えていなかったことが挙げられる。マネーゲームにディーラーも含めて参加したとはいえ、日本の過剰流動性は、87年をピークに徐々に減少していった。
　つまり、90年ごろにはみかけの華やかさとは逆に、正味の資金流出入は減少していたわけだ。そして、この実質的資本流出入の一方通行（実需）が減少した結果、トレンドが出にくい相場になってしまったのである。
　もうひとつは、デリバティブ（金融派生商品）の興隆だ。金融機関のディスカウント競争によって、ディーリングで得られるマージン（利ザヤ）が縮小すると、金融機関はオプションなどのデリバティブを収益源とするようになった。
　例えば、輸出業を中心にゼロコストオプション（オプションの購入と売りを組み合わせてオプション料金の受け払いをゼロにしたオプション戦術）など、コストを抑えたオプション戦術が流行した。また機関投資家がカバードコール（保有する原資産の下落リスクをヘッジするために、そのコールの売りを組み合わせたオプション戦

**外国為替オプション**

　オプションとは、約束の期日（満期日）に、あらかじめ決められた単位の通貨を、あらかじめ決められたレート（権利行使価格）で売る、もしくは買う「権利」のこと。買う権利を「コール」。売る権利を「プット」という。それぞれの権利には代金があり（これを「プレミアム」という）、FX市場で売買されている。

　例えば、3カ月物で金額10万ドル、権利行使価格1ドル＝100.00円のコールを2.00円のプレミアムで1枚買ったとする。3カ月後に為替レートが1ドル＝105.00円と円安になっていれば、権利行使をして1ドル＝100.00円でドルを買えばよい。

　すると50万円（＝5.00円×10万通貨）が粗利益となる。ただしコールの購入に支払ったプレミアム20万円（＝2.00円×10万通貨）があるので、差し引き30万円の利益となる。

　権利を行使するかしないかはオプションの買い手の自由だ。例えば、先ほどの例で3カ月後に為替レートが1ドル＝95.00円であれば、単に権利を行使しなければよい。損失は支払ったプレミアムに限定される。

　一方、オプションの売り手（ライター）は相手が権利を行使すれば、それを実行する義務がある。その代わり相手からプレミアムを受け取ることができる。


**ボラティリティ**

　変動性のこと。過去の為替レートの動きを統計学的に算出した「ヒストリカルボラティリティ＝HV」と、為替オプションのプレミアムから逆算される「インプライドボラティリティ＝IV」がある。

　IVには「将来価格がこれくらい変動するであろう」という市場の期待が暗示されている。

術)を多用するようになった。

　オプションプレーヤーは、もっぱらオプションを「売った」。タイムディケイなどの日々のコストを嫌って、プロになればなるほど通常はオプションの売り手としてマーケットに存在するからだ。

　プロがオプションを売る（つまりボラティリティを売る）ことでマーケットの行き過ぎは抑制される。ディーラーの時代では、ある価格にストップがあると、それをヒットさせようとする値動きがあった。しかし、デリバティブの発展により、通常反対側（ボラティリティを減少させる行為）をすることが多くなったわけだ。

　こうして、金融機関の過当競争によるマージンの極端な減少、オプション売りによるボラティリティの低減、実質的な方向性を持った資金の減少などで、ディーリングは妙味のあるビジネスではなくなったのである。

　そして投機による巨額の損失がいくつか報道されるようになると、世界の監督官庁は金融機関に対する管理を強めた。もちろん、その前に自主的にポジションを小さくする金融機関も多かった。

　相場は自由に巨額の資金を右から左に動かすディーラーの時代ではなくなり、遅ればせながらリスク管理の時代になったのである。

## プロ＝勝者ではない

　こんな話は退屈であろうか。筆者はけっしてそうではないと思っている。なぜなら、昔このように大きなポジションで為替を取引してきた金融機関のディーラーの多くが損失で終わっているからだ。

円ドル直物レート（1980年1月1日～2008年4月11日）

　実は金融機関が巨大なポジションをディーラーに持たせていたころ、そのリスク管理は極めて甘かった。ON（オーバーナイト、1日の勘定を締めたあと、海外に持ち越す投機ポジション）には枠があったものの、ある程度のポジションはディーラーの裁量で大きくできた。日中の枠にいたっては自由であったり、極端に大きかったりする金融機関が多かった。
　そのポジションの大きさに何ら合理的な背景はない。感覚的なものである。結果、ポジションは目先のビジネスの拡大という名目で、野放図に大きくなり、結果として損益の管理がほとんど不可能になったのである。1年で上げる計画の収益を1日のトレードで失

うことがしばしばであった。

　またそれが武勇伝のように喧々と伝えられる時代でもあった。そして、ほとんどのディーラーが損失で年度を締めていたのである。その当時ディーラーとして活躍し、その後鬼籍に入られた方もいらっしゃるし、いまだ現役の方が多いので、はばかられる面もあるが、その方々の95％以上のディーリングによる生涯損益は赤字ではなかったか、と想像する。

　金融機関という最も情報の集中する場所で最強の情報武装を有し、さらに機関投資家、輸出入業者、個人など、あらゆる需給の情報を持ち、それを利用できる立場にいてもそうだったのである。なぜそうなってしまったのか？

　そう、金融機関（ならびにディーラー）に欠けていたのは「資金管理」だったのだ。だれしも年度収入計画に値するリスクを1日で取ってしまったら、相場は博打になってしまう。例えば、常に10億円のポジションを持つディーラーが、ある日突然1000億円のポジションを持たされれば、管理不可能だ。

　当然のことである。10億円の10銭が1000億円では0.1銭だ。こうなると、持たされたポジションがうまくいくのを天に祈るしかない。しかし、市場ではそのディーラーが巨額のポジションを抱えて苦労していることなど、すぐに知れわたる。

　弱いと知っている相場参加者がいればみんなで叩く。そうでなくとも同じ方向でポジションを抱えているディーラーは我先に手仕舞う。誰も負けるに決まっているポジションを作るものはいない。こうして1円あればカバーできると信じていたディーラーの甘い考え

は悲惨な結果を招くのである。

　誰もが、自分に管理できる以上の建玉をすれば、破綻するのである。それを自らの資本で証明してみせたのが、90年代初頭までの金融機関であったといえよう。

　その後、バーゼル委員会などで厳しい資本規制が取り入れられると「リスクバジェット」という考えで非常に洗練されたリスク管理が採用されるようになった。しかし、とにかく90年前半までは海外の金融機関も含めて「巨額の為替損失」が投機的失敗として新聞ネタになる時代であったのだ。

## 2．外国為替市場の内部構造

　外国為替市場は証券や先物などの市場とどう違うのであろうか。主だった特色を挙げてみよう。

①マザーマーケットの二重性
②流動性
③ファンダメンタルズと経済指標の重要性
④多様かつ巨大な参加者

### マザーマーケットの二重性

　「マザーマーケット」とは、通常「日本株であれば東京市場」というように、その銘柄が上場され、最も流通されているマーケットを指す。しかし為替では少々違ってくる。
　例えばドル円では、ドルという意味で米国が、円という意味で日本が、マザーマーケットとみることもできるかもしれない。しかし日本における日本株のような価格の支配性はない。外国為替は自国通貨と他国通貨の交換という"二重人格的性格"を帯びているからだ。
　通常、商品先物は「現金＋金利」と「商品」の間のゲームである。

商品先物は、その商品が実際に消費者の手元に届くまでの価格を予測するゲームである。したがって、その資金には当然金利の要素が絡んでくる。例えば、金先物は常に期先のほうが期近よりも値段が高い。期先の金先物購入者は将来の金を購入するために金利分を上乗せして買わなくてはならないからだ。

株式もまた「現金＋金利」と「株式」の間のゲームである。けっして「現金」との間に存在するゲームではない。株価上昇にかかるまでの時間、いわば「時間に置き換えた期待実現可能性」と「実際の現金＋実現までの金利利息」を等価とするゲームなのだ。

したがって、株式そのものが持つ本質と債券（現金＋金利）との裁定ということができる。債券価格は短期では政策金利動向、中期では成長力とインフレ期待で変動する。こうした債券、特に国債のような信用リスクの少ない債券に対し、株式は裁定が掛かるとみなすべきである。

簡単にいってしまえば「国債を持つほうがよい」と市場参加者が考えれば、株式は売られてしまうわけだ。1万ドルの元金を1年で100万ドルに殖やしたことで知られる伝説のトレーダー、ラリー・ウィリアムズが株価と債券価格との相関性を「ファンダメンタルズ」と主張するのには、一定の説得力がある。

株価はその企業自体のニュースよりも株式市場全体（株価指数）に動かされる。そして株価指数には金利とマネーとの裁定が強く働く。またその影には中央銀行の政策意図が見え隠れする。このため基本的に「株価」は「現金＋金利」＝「債券」と対比して考えればよい、というわけだ。

一方、為替相場は複雑なゲームとなる。それは為替相場があくまでも「交換比率」でしかないからだ。「ドル相場」という相場はない。「円相場」という相場もない。あるのは「ドル円相場」や「ユーロドル相場」である。

　日経225先物は日本がマザーマーケットである。シンガポールやニューヨークでの売買がマザーマーケットになることはあり得ない。同様にS&P500先物が日本の取引所に上場しても、永遠に米国市場の売買出来高を越えることはないだろう。通常、商品や株式には厳然とマザーマーケットが存在し、そこで形成される価格に最終的な決定力がある。

　ところが、為替市場にはそのようなマザーマーケットが少なくとも2つは存在するのだ。ドル円であれば、円のマザーマーケットである東京とドルのマザーマーケットであるニューヨーク、ユーロドルであればロンドンとニューヨーク、というように。

　常にマザーマーケットが二重に存在するということは、結果として為替相場の参加者は、ひとつのプロダクトを選ぶことで少なくとも常に2つの市場をみておく必要があることを意味する。日本のファンダメンタルズと米国のファンダメンタルズ、日本のマネーフロー（資金の流れ）と米国のマネーフロー、日本の金融政策と米国の金融政策などである。つまり、金利もフローも、双方同時または金利「差」、マネーフローの「格差」、政策タイミングのズレなどを意識しながら相場を張らなければならない、というわけだ。

　為替相場とは2つのマザーマーケット、2つのファンダメンタルズ、政策、金利などを「そのもの」として、あるいは「格差＝スプ

レッド」として意識する「二重性のマーケット」といえるのだ。

## 豊富な流動性

　二重性は厄介でもあるが、良いこともある。それが流動性の豊富さだ。先ほど述べたようにドル円であれば円のマザーマーケットである東京とドルのマザーマーケットであるニューヨークというように、常にマザーマーケットが二重に存在する。そして、いずれにも十分な流動性が供給される。

　またロンドン市場は巨大な裁定市場であり、さらには世界最大のオーバーレイマネジャー（為替部分のリスクを専門に管理するマネジャー）や為替プレーヤーが存在する市場である。したがって、事実上東京市場が開いて（東京オープン）からニューヨーク市場が閉まる（ニューヨーククローズ）まで、十分な流動性が供給され続ける市場といえる。

　もちろん、為替市場の朝である東京オープンや、為替市場の深夜となるニューヨークの15時以降は、極端に薄いマーケットとなることも頻繁にある。しかし、それでも株式や先物と比較すると圧倒的に流動性は高いといえる。

　この流動性の恩恵を受けて外国為替証拠金取引（FX）は非常に狭いスプレッド（買い気配と売り気配の差）を実現し、注文が即座に実行されている。相場参加者にとっては誠に喜ばしいことといえるだろう。

　ある一定の場合に極端に流動性が低くなることはあっても、非常

に高いときには、むしろ市場参加者が困惑するほどのときもあるのだ。筆者も5億ドル、10億ドルの注文が瞬時にさばけてしまった、という話をよく聞く。特にユーロドル市場で顕著であるが、ドル円でも同じようなケースがないわけではない。

近年の商品価格の高騰を受けて、商品先物市場に参入するヘッジファンドが増えている。しかし、筆者の知り合いのヘッジファンドマネジャーがいつも嘆くのが、その流動性の低さである。

自己資本の3～5倍のポジションを持とうとすれば、100億円規模の建玉は、すなわち300億円のポジションを意味する。これだけの資金を商品先物市場に投入すると市場のバランスを崩してしまう可能性が高い。

ところが、ドル300本（1本100万ドル≒1億円）ほどのポジションでは、極端にいえばユーロドルだけでもマーケットを壊すことなく作ることができるのだ。

このように流動性の恩恵は非常に大きい。しかし、値動きの小ささに安心してはならない。その裏側に巨大なマグマが渦巻いていることもあるのだ。

例えば、いくつかの日本の輸入企業が「長期フラット為替」というデリバティブの取引で巨大な損失を出した90年代前半の大円高がそうである。94～95年にドル円が100を割り、90台になったとき、多くの市場関係者は「ドル買いのポジションはほとんど吹っ飛び、市場にはこのレベルでドルを売る者はもういないだろう」と考えた。ところがこうした企業の投げが出て、さらにとてつもない円高が急激に進展したのである。

価格には、このように隠された"膿"を一挙に吹き飛ばすマグマがあるのだ。

## 日本円のファンダメンタルズ

まず日本円には、成長率が上がらない、金利も上がらない、だからポジションはだいたい外貨を買う、という円安歓迎の需給構造がある。しかも世界を融資する資本流出構造だ。相変わらず日本には巨額の財政赤字があり、その一方で「円キャリートレード」に代表されるように世界中の投機マネーを含め、大量の資本を円という通貨で融資している。つまり、みんな円を借りてトレードをしているわけだ。

そして、東京の外国為替市場は外国資本に蹂躙されている。かつて東京市場の主役は邦銀だった。邦銀が邦銀をたたいていたわけだ。しかし、現在では東京市場におけるインターバンクのカウンターパーティのほとんどが外銀である。売買量の90％が外銀相手の取引なのだ。これは東京市場が海外のポジションで動いていることを意味する。

外国支配で典型的な例が不動産である。日本の不動産の値段を吊り上げたのは日本の不動産業者ではない、アービトラージャー（裁定取引業者）だ。アービトラージャーは、ロンドンやニューヨークの不動産から得られる収益と東京の不動産から得られる収益とキャピタルゲインを比べ、東京が割安だといって買ってきたのである。

つまり裁定取引なのだ。その裁定取引に日本人がちょうちんをつ

けることで地価が上がったのである。いまや金利だけでなく、不動産や商品にも裁定取引の構造が起こっている。そして日本は裁定取引の場合、割安になる構造となっているわけだ。

「日本は物価が高くて外国人は大変だなあ」と思うかもしれない。しかし、実際は全く逆である。世界の主要都市のなかで一番物価が安いのは東京なのだ。例えば、東京で1泊2万5000円程度のホテルが、ニューヨークでは500ドルぐらいする。

最近では日本に外資系のホテルが増え「1泊5万円かあ。高いなあ」と思うかもしれない。しかし、そのホテルにしては世界の主要都市で最も安い価格設定であるのだ。日本はいつの間にか低成長でアービトラージを受ける国になってしまった。それが現実である。

## 多様な参加者

外国為替市場の主な参加者は実需、銀行、機関投資家、ヘッジファンド、政府といえる。そして最近では、新興国の政府系ファンド、個人トレーダーも見逃せない勢力となってきた。

それぞれが独自の意図（キャピタルゲインを目的としたトレードやリスクヘッジを目的とした為替オーバーレイ、金利裁定など）を持って市場に参加している。

自分がFXというゲームに参加している以上、参加者がどういう意図でどういう持ち札を持っているのか、何が彼らを動かすのかを知っておくことは非常に重要である。なぜなら相手が、こちらの手の内、行動形態、様式を知っているのに、自分が相手の行動形態、

様式を知らなければ、ゲームは不利な展開になるからだ。

裏を返せば、自分が相手の行動パターンを理解しておけば、有利な局面でゲームをすることができるわけだ。為替市場には「絶対的なプレーヤー」が存在しない。それぞれに強みと弱みがある。

為替市場の主要な参加者は次のとおり。

- 商社
- 輸入業者
- 輸出業者
- 銀行（自己勘定）
- 銀行（ブローキング）
- 機関投資家（ヘッジ）
- 機関投資家（投資）
- ヘッジファンド
- オーバーレイマネジャー
- 小口投資家
- 政府
- 中央銀行

かつて政府の介入は、為替市場の大きな変動要因となっていた。しかし、21世紀になってからは、ほとんど口先介入もなくなっている。日本の外貨準備高では動かせなくなってきたからだ。政府も日銀もこの公共市場の流動性をいじれなくなっている。

介入してもピクリとも動かないのは、それだけ「仮需」の占める

割合が強くなったからだ。時間の差こそあれ「買ったら売る」「売ったら買う」という仮需が圧倒的になっており、輸出入などの実体の裏づけがある為替は、ほんの数パーセントとなってしまった。

　個人トレーダーが最も注意すべきなのは、第一に同じ時間軸でゲームをする銀行の自己勘定、いわばディーリング部門である。商社や一部機関投資家にも自己勘定でディーリングをする参加者がいる。しかし、ほとんど同じ行動形態なので、ここではディーリング部門とほぼ同一として考えられる。

　さて、トレーダーが一番気にしなくてはならない銀行勘定のディーリング部門とは、どういったポジションを持っているのだろうか。

①顧客のポジションを受けながらディーリングを行い、銀行全体の持ち高を調整するデスク。
②ポジションテーカー。
③ジュニアあるいはリスクの小さいトレーダー。

　この３つに大別されるだろう。①は銀行の勘定、帳尻を合わせるまさにディーリングの中核であり、情報も玉もすべてここに集中する。秒刻みでポジションが変わり、持ち高も変わる。

　はっきりいって、個人トレーダーがこのデスクのポジションを推察することは不可能である。個人トレーダーよりもはるかに短い時間軸でのプレーヤーであり、情報量が圧倒的に違うからだ。たまにデスクにもポジションを長く抱えるタイプがいる。しかし、こうし

たディーラーは相当な力量を持っているか塩漬けになっているかのどちらかである。

　ただしデスクは、時間軸に多少の違いがあっても、結局のところ1日の終わりに、ほとんどのポジションを閉じる。したがって、デイトレーダーには大きな影響をもたらすものの、数日ポジションを抱えるトレーダーへの影響はさほどではない。

　確かに、実際にインターバンクの参加者となり、自己ディーラーたちと面談したりトレードしたりすると、こうしたデスクの一定のパターンなどが読めて、それなりに参考になる。しかし、デスクのメンバーも変わりやすく、一般情報では非常に動向が読みにくいプレーヤーだ。したがって、デスクのポジションは（大胆な割りきりではあるが）中立とみなす。

　一方、②のポジションテーカーは独特である。現在では、さまざまなタイプがいるようだ。ただし、多くはファンダメンタルズの材料に基づいたシナリオでトレードをする。

　ストップ（損切り水準）は、おのおのに割り当てられた絶対金額である。また金融機関によるものの、その絶対金額は4つの時間枠で縛られている。それは「日中ストップ」「週間ストップ」「月間ストップ」「期中ストップ」である。

　ポジションテーカーの技量によっては日中ストップと週間ストップが採用されないケースもあるようだ。おおよそ1～10日くらいのトレードをするポジションテーカーは、ほぼ短期トレーダーと同じ時間枠でプレーしている、といっていいだろう。

## ポジションテーカーの1日

　ポジションテーカーといっても多種多様である。しかし、その前提のうえで、ここでは一般的なポジションテーカーのシナリオ策定プロセスをみてみたい。
　まず、彼らは大変な勉強家であり、情報収集マニアである。1日中相場に没頭しているといってもよい。ポケットロイターのような情報端末を持ち、常に価格と経済ニュースをチェックしている。
　朝は通常5時台に起き、インターネットやニューヨークからの電話で情報交換をする。価格の値動きと相場を動かしたニュース、主なプレーヤーの動向などをざっと聞く。それから、しばし意見交換をして「ぼんやりと」シナリオを思い浮かべる。
　早朝にテレビの経済ニュース番組や情報ベンダーのニュースなどをみて出勤。7時から7時半くらいまでに出社し、サンドイッチをつまみながら、情報端末を操作する。前日の自分の注文や顧客の注文、会社全体のポジションと損益をみて、顧客やブローカーと情報交換。情報は、為替相場のみならず、株価・金利といった基本情報、商品相場、周辺国相場などもチェックする。
　朝のミーティングで重要事項を確認し、臨戦態勢に入る。8時50分には日本の重要な指標が発表されるケースが多いので、事前にポジションを持つか否かを決める。多くはファンダメンタルズに基づいてポジションの方向を決めており、参入レベルとストップロス（損切り水準）を決めている。場が開くと、自分の情報とシナリオに基づく値動きが実際に起こっているか、情報は自分のシナリオに沿っ

## 世界の主要市場と時差（二重枠は比較的活動的な時間帯）

| ウェリントン (NZ) | シドニー | 東京 | ロンドン | ニューヨーク | 中央銀行発表など主要情報があるときの時間（分） |
|---|---|---|---|---|---|
| 3 | 1 | 0 | 15 | 10 | |
| 4 | 2 | 1 | 16 | 11 | |
| 5 | 3 | 2 | 17 | 12 | |
| 6 | 4 | 3 | 18 | 13 | |
| 7 | 5 | 4 | 19 | 14 | 15　米FOMC発表 |
| 8 | 6 | 5 | 20 | 15 | |
| 9 | 7 | 6 | 21 | 16 | |
| 10 | 8 | 7 | 22 | 17 | |
| 11 | 9 | 8 | 23 | 18 | 50　日本経常収支 |
| 12 | 10 | 9 | 0 | 19 | |
| 13 | 11 | 10 | 1 | 20 | |
| 14 | 12 | 11 | 2 | 21 | |
| 15 | 13 | 12 | 3 | 22 | |
| 16 | 14 | 13 | 4 | 23 | |
| 17 | 15 | 14 | 5 | 0 | |
| 18 | 16 | 15 | 6 | 1 | 30　日本銀行発表 |
| 19 | 17 | 16 | 7 | 2 | |
| 20 | 18 | 17 | 8 | 3 | |
| 21 | 19 | 18 | 9 | 4 | |
| 22 | 20 | 19 | 10 | 5 | 00　欧州失業率 |
| 23 | 21 | 20 | 11 | 6 | |
| 0 | 22 | 21 | 12 | 7 | 00　英、45　欧州中銀発表 |
| 1 | 23 | 22 | 13 | 8 | 30　米貿易収支 |
| 2 | 0 | 23 | 14 | 9 | |

※サマータイムは＋1時間（2008年現在）
　ウェリントン：9月最終日曜日午前2時〜翌年4月第1日曜日午前3時
　シドニー：10月最終日曜日午前2時〜翌年3月最終日曜日午前3時
　イギリス：3月最終日曜日午前1時〜10月最終日曜日午前1時
　ニューヨーク：3月第2日曜日午前2時〜11月第1日曜日午前2時

ているか、考え続けながらポジションを維持する。

　15時前後になると、東京のプレーヤーが一息つき、欧州のプレーヤーが参加する。フランクフルトやロシアなどのプレーヤーも無視できない場合があるが、現在では、ほとんどのプレーヤーがロンドンに集中している。

　ロンドン市場の開けくらいに大きな値動きが起こりやすい最大の要因は、ロンドンのプレーヤーが世界最大であることだろう。つまり、ロンドン時間は、東京の値動きをみてポジションを取る、世界で最も多様かつ巨大なプレーヤーたちが参加する時間帯なのである。

　この時間がポジションテーカーにとって最大のストレステストになるケースは多い。東京の値動きが否定されたり、同じ値動きが加速されたり、あるいは全く値が動かなくなることもあるからだ。シナリオが間違っていた、あるいはポジションを見間違えていた場合、ここで大きく逆に持っていかれるケースが往々にしてある。

　後はストップ注文を置いて寝るか、ストップを置かずに「コールオーダー（相場が指定した水準に達したときにメールなどで通知する方法）」を置いて帰ることになる。そしてロンドン時間の指標は、海外の重要な指標以外、自宅で、あるいは会食中にみる。ただし雇用統計など非常に重要な指標の場合は、そのまま会社に残ってみるケースが多い。

　実際、筆者自身にポジションテーカーであった時代があるため、かなり詳細に書いてみた。このように、ポジションテーカーは1日をほとんど相場に費やしている。インターネットが広く普及してい

ても、やはりインターバンクのポジションテーカーと個人トレーダーには、情報の量、質、速さにおいてかなりの格差があることは事実であろう。

しかし、だからといって個人トレーダーがポジションテーカーよりも良い収益を上げられないわけではない。またポジションテーカーよりも良質なシナリオを描けないわけではない。

## ポジションテーカーのトレード

さて、ポジションテーカーは実際どのようなトレードをするのであろうか。ポジションの枠は少なくてもドルで10m（10億円相当）、多ければ100m（100億円相当）以上だ。したがって、ポジションテーカーの優位性は情報の量と質、ファンダメンタルズに基づくシナリオだけでなく、玉操作となる。

多くのポジションテーカーは、為替ゲームの本質が分かっており、情報、サイズ、時間、ストップなどで巧妙な「ランダム化」を実践している。このなかで最も巧妙なのは、情報のランダム化である。マーケット参加者に自分のポジションを悟らせないため、わざと自分と逆のポジションを取り、そのことをマーケット参加者にそれとなく知らしめたり、強気なのに弱気な相場観を述べたりして、相手のポジションを確かめようとするのだ。

もちろん、いつもウソばかりいっては信用されなくなるので、比較的小額のポジションを抱えているときは正確な情報を流す。肝心なときにのみ相手を欺くわけだ。

## 有効なパターンの無効化

　ランダム化の重要性は筆者も身をもって強く感じている。

　筆者は99年ごろからギャップを利用したトレードを多く解説してきた。ところが、このパターンが多くの人に知れわたった途端、成績が悪化したのである。

　こうしたケースで高名なのが、後述するタートルズの戦術を食い物にした「タートルスープ」という戦術である。これは結果的にタートルズの戦術の勝率が低いことを逆手に取った売買法である。詳細については、リンダ・ブラッドフォード・ラシュキ、ローレンス・A・コナーズ著『魔術師リンダ・ラリーの短期売買入門』、パンローリング編『株はチャートでわかる！［増補改訂版］』を参照してほしい。

　なぜ、有効なパターンが機能しなくなるのだろうか。有効なパターンの無効化は、次のようなプロセスを踏むと想定される。

①有効パターンが認知される。
②有効パターンに基づくポジションが作成される。
③有効パターンに基づく利益が確定される。
④有効パターンに基づくポジションが増加することで、マーケットに一定価格でのポジションと一定価格でのストップが増加する。
⑤そのストップロスや持値（227ページ参照）によって、想定された値動きが緩和される。

## ウップス

伝説のトレーダー、ラリー・ウィリアムズが開発した相場の行き過ぎの反動を利用した売買戦術。夜間や週末のニュースに驚いたトレーダーたちが、次の寄り付きに、いきなりそれまでのレンジを超えた価格で売買をしてしまう。しかし、結果的にその寄り付き付近が一時的な底や天井になりやすく、そこからの逆流をとらえるのがポイントとなっている。

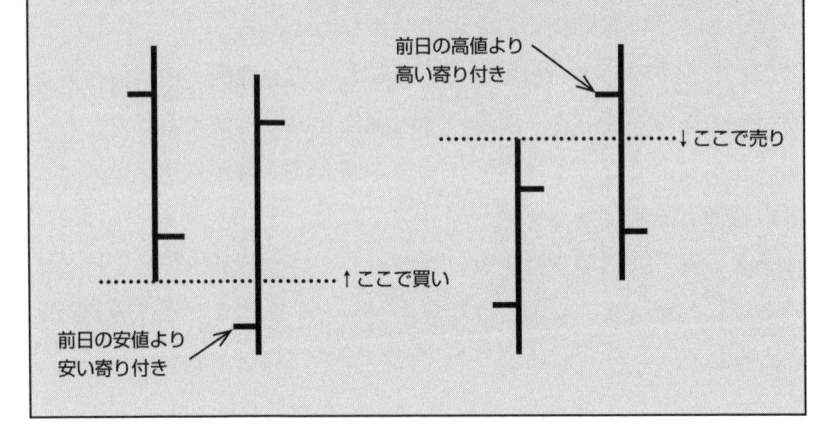

前日の高値より高い寄り付き
↓ここで売り
↑ここで買い
前日の安値より安い寄り付き

　例としてウップス戦術を挙げよう。ウップスは、ラリー・ウィリアムズが考案した短期売買法である。当日始値が前日高値よりも高く付いたものの、その後反落し、この前日高値を下回ってしまえば売り仕掛けるという戦術だ（買いはその逆）。

　この戦術の論理は「ギャップアップを買った参加者によって市場は『ロング＝買い持ち』だけになってしまい、その『投げ＝損切り』によって相当の価格低下があるはずだ」というものである。ところが、ウップス戦術が知れわたることによって、相場参加者はその先を想定するようになってしまった。つまり、前日高値の水準に形成

された多くの売りポジションの買い戻しが期待されるようになったのだ。

また、当日高値にストップ（損切りの買い注文）を置くのであれば、買い方としては大引けまでにその高値を１ポイントでも更新すればストップを誘発できることになる。こうして、有効パターンの中立化あるいは無効化が起こってしまうのである。

しかし、だからといって、しっかりとした心理的・市場的・統計的背景のある短期パターンは、その優位性の一部が失われたとしても、完全になくなるとは考えにくい。例えば、前述のウップスは大衆の恐怖と願望に基づくポジションである。タートルスープは「ブレイクアウトの約７割は失敗に終わる」という統計的背景を持っている。したがって、このような短期パターンを使うことは有効だといえる。

## 情報の非対称

しかし、ここで問題がある。マーケットがゼロサムゲームと仮定して、ここに自分ともう一人のプレーヤーしかいないとする。当然、自分は自分の持値とポジションが分からないように工夫するはずだし、相手の持値とポジション、できたら所持金を探るはずである。相手のポジションと持値、所持金が分かれば、ストップポイントを想定することが容易となるからだ。

ゼロサムゲームならば、相手の損失＝自分の利益である。そして相手の最大損失は所持金全額だ。したがって、価格が最大損失の水

準に達する前、おそらくその10分の1～3分の1のところで、相手は「投げる」はずだ。

　自分がそうした情報を持ち、相手が同様の情報を持たなければ、情報は一方に偏る。これを専門用語で「情報の非対称」という。

　逆にお互い全く情報を知らないか、すべて公開していれば、情報は「対称」となる。相場では基本的に持値、ポジション、所持金といったものは互いに知らないケースがほとんどである。となると、次に重要なのは「相手のパターン」を探ることとなる。

　「無くて七癖」ではないが、実は人間は意識しようとしまいが、ある特定のパターンを取ってしまうケースが多い。そうなると、相手の注意観察力が高ければ、自分のパターンを読まれてしまう。

　また相手が無意識でも行っているパターンを認識すれば、ゲームは有利に働く。例えば、次のようなパターンは相手に読まれやすいといえる。

①一定の政治的イベントに必ず反応する。
②重要な経済指標に必ず反応する。
③ある一定時間に必ず一定方向のポジションを取る。
④常に引け値では手仕舞う。
⑤常に短期パターンでポジションを取る。

　これらのことを一定程度以上繰り返すと、相場参加者から一定のパターンを持つトレーダー（またはその集団）と認識され、マーケットはそのストップロスや持値を意識しだすだろう。これは短期

トレーダーにとって全く好ましいことではない。

　この状態になると「コイン投げで買いか売りかを決めたほうが儲かる」という事態が冗談でなくなってしまう。全くランダムに売り買いするほうが「読まれてしまった自分のパターン」に忠実にポジションを取るよりもはるかに相場参加者からは読みづらく、結果として負ける金額が小さくなるわけだ。

　しかし、コイントスでの売買は最終的な勝率を50％に戻すことはできても、税金、手数料、スリッページ（理想とする約定値と実際の約定値のズレ）などを勘案すれば、あらゆる相場が「絶対敗北するゲーム」になってしまう。

## ランダム化

　それでは一体何をしたらよいのだろうか。筆者の考える回答のひとつは「ランダム化」である。

　ランダム化といっても、短期パターンをランダムにしてしまうのではない。いろいろな方法を使って自分のパターンをマーケットに読まれにくくするのである。例えば、次に挙げた方法である。

①いくつか有効な短期パターンのうち、利用するパターンをランダムに選ぶ。
②タイムフレーム（時間軸）をランダム化する。
③対象とする相場をランダムに選ぶ。

①は有効なパターンのなかから利用する戦術を2つほどランダムに選んでおき（冗談でなくサイコロで選ぶのが望ましい）、その戦術のみを当日適用することを意味する。

　②は通常日足で行う短期パターンを週足に拡大してみたり、逆に時間足や30分足で利用したりすることを指す。

　また③の対象とする市場をランダムに選ぶのも有効だ（ただし、ある程度習熟している市場に限る）。S&P500先物や日経225先物で使いづらいパターンもハンセン指数先物、KOSPI200先物、WTI原油先物では有効といったことも起こり得る。

　特に為替市場には欧米を中心にテクニカル系のトレーダーが多い。したがって非常に有効な戦略といえる。実際のところランダム化は、ゲームの理論においても重要な戦略のひとつなのだ。

## ３．新しい市場参加者

　最近では新しく４つの市場参加者が外国為替市場に大きな影響力を持つようになってきた。新興諸国の中央銀行とSWF（Sovereign Wealth Fund）、中進国の輸出企業、マージントレーダー（個人FXトレーダー）、デリバティブ投資家である。

### 新興諸国の中央銀行

　「国際通貨基金（IMF）の報告で、グレイターチャイナ（中国、台湾、香港）が日本の外貨準備高を抜いた」と大きく報じられたのは2004年のことであった。ところが07年には、中国だけで日本の1.5倍、グレイターチャイナでは日本の倍にまで膨らましている（**図表1-1**）。

　中国だけではない。ロシア、インド、ブラジルも、およそ３年で外貨準備高を倍にした。３国の合計は日本に匹敵するまでに急成長を遂げている。

　ただし、意外なことに、**図表1-1**にある国のなかで最も外貨準備の分散を計っているのは日本である。もっとも、日本の外貨準備でさえ90％が米ドルで、９％がユーロだ。

　これは裏を返せば、中国やロシア、インド、ブラジルが積み上げ

### 図表1-1　外貨準備高（単位：億ドル）

| 国名 | 金額 |
|---|---|
| 中国 | 14,356 |
| 日本 | 9,733 |
| ロシア | 4,635 |
| インド | 2,735 |
| 台湾 | 2,703 |
| 韓国 | 2,622 |
| ブラジル | 1,675 |
| シンガポール | 1,629 |
| 香港 | 1,527 |

(出所：IMF2007年11～12月)

たのはほとんどドルで、外貨準備を分散していないことを意味する。つまり、これらの国の中央銀行などがユーロや円に分散をかけ始めると、大きなドル安要因になることは想像に難くないわけだ。

## 新興諸国のSWF

さて、先ほどの**図表1-1**には最近新聞紙上をにぎわせている地域が抜けていることに気づいたかもしれない。そう、中東の産油国である。実は中東の産油国の外貨準備高が低くみえるのは、その多くがSWFを経由しているからだ。

　SWFとは政府が直接的もしくは間接的に運営し、主に海外資産を投資対象とするファンドである。一次産品（原油など）の輸出収入や貿易黒字などによる外貨準備を原資に、高い利回りを求めて株

図表 1-2　代表的な SWF

| 名前 | 運用額 |
|---|---|
| ADIA（アブダビ投資庁：UAE） | 8750億ドル |
| ノルウェー政府年金基金 | 3750億ドル |
| チャイナインベスト | 2000億ドル |
| 中央匯金投資（中国） | 1000億ドル |
| GIC（シンガポール政府投資公社） | 1800億ドル |
| KIA（クウェート投資庁） | 1800億ドル |

すべて推定：各種情報ソースから中原作成

式や不動産などに投資している。

　SWFは世界中に30本前後あり、IMFによると、資産規模は最大で総額2兆9000億ドル（約290兆円）に上る。ヘッジファンドが1.5～2兆ドルといわれており、すでに金額ではSWFが上回っているのである。SWFはヘッジファンドに比べて動きがおとなしいとはいえ、無視できないプレーヤーであることは明らかである。

　**図表1-2**は代表的なSWFの08年の運用額である。ADIAの運用額が日本の外貨準備高に匹敵する。

　08年現在、SWFは世界的にはまだ黎明期にある。例えば、中国の中央匯金投資は、試験的にとりあえず（！）1000億ドルから始まったばかりだ。

　SWFが管理している外貨は、ほとんどがドルである（正確には米国債で管理している）。したがって、SWFがサブプライムローン問題で多額の損失を抱えた米金融機関に投資した場合は、米国債を

売って米国企業に投資をしており、基本的に通貨の交換は発生しないことになる。

しかし、もしSWFが欧州や日本の企業や不動産を主な投資対象としてきた場合、どこかの時点で、また大手投資銀行などを経由して、密かに外国為替市場で通貨を交換してくる可能性がある。個人トレーダーはそうした潮目の変化に留意しておくとよいだろう。

## マージントレーダー

マージントレーダーとは、狭義には日本で急増しているFXトレーダーのことである。また広義には、投機的に外国為替市場で売買する世界各国のすべてのトレーダーを指す。

マージントレーダーがどれだけの影響力を持つかは、その数の増加とあわせて、東京市場がかつての栄光を取り戻し、トレードに申し分ない流動性を回復させたどころか、流動性を拡大したことからも分かる。

もちろん、中国、香港、シンガポールなどアジア各地のプレーヤーが大きくなったことも東京市場拡大の一因である。しかし、やはりマージントレーダーが東京市場の取引量の2割を占めるといわれるまでになったのが大きい。

## デリバティブを駆使した投資家

これはいろいろな形態をとるので、一筋縄ではいかない。こうし

た投資家が利用するのは主に外国為替オプションである。ただし、単純な売り買いだけではなく、ノックアウト（為替レートが所定の水準に達したときに権利が消滅するオプション）やノックイン（為替レートが所定の水準に達したときに権利が発生するオプション）、ディープ・イン・ザ・マネー（DITM＝権利行使価格が現在の為替レートよりもコールならばかなり低い、プットならばかなり高いオプション）などを利用する。

　例えば、会計規則の整備が遅れている発展途上国の企業は、利益を隠すためにDITMのオプションを購入する。そして決算後に権利行使をして為替市場に影響をもたらすのである。

　もうひとつは仕組み債の形をとるデリバティブである。金融機関が販売する「元本確保型」の投資信託や債券は、いろいろな外国為替オプションの合成で出来上がっている。

　サブプライム問題が示すように「影＝デリバティブ」が「実体＝現物」を動かす時代になった。しかし、為替デリバティブの世界は奥が深い。すべてを説明するとなると本1冊では足りないほどである。そこで、ここでは特に短期トレーダーであれば知っておきたい「為替オプションのスキュー」についての説明にとどめておく。

## 為替オプションのスキュー

　為替オプションのスキューとは、ボラティリティの「ゆがみ」を意味する。微笑んだ口の形状に似ていることから「スマイルカーブ」と呼ばれることがある。

## 図表1-3　ユーロドルオプションのスマイルカーブ

```
                                    11.27
                                     .51
                                  ← 10.05
                                    
                                    8.21
                                    7.45
                                    6.68
```

縦軸がインプライドボラティリティで、横軸が権利行使価格。Cがコール、Pがプットを意味する。

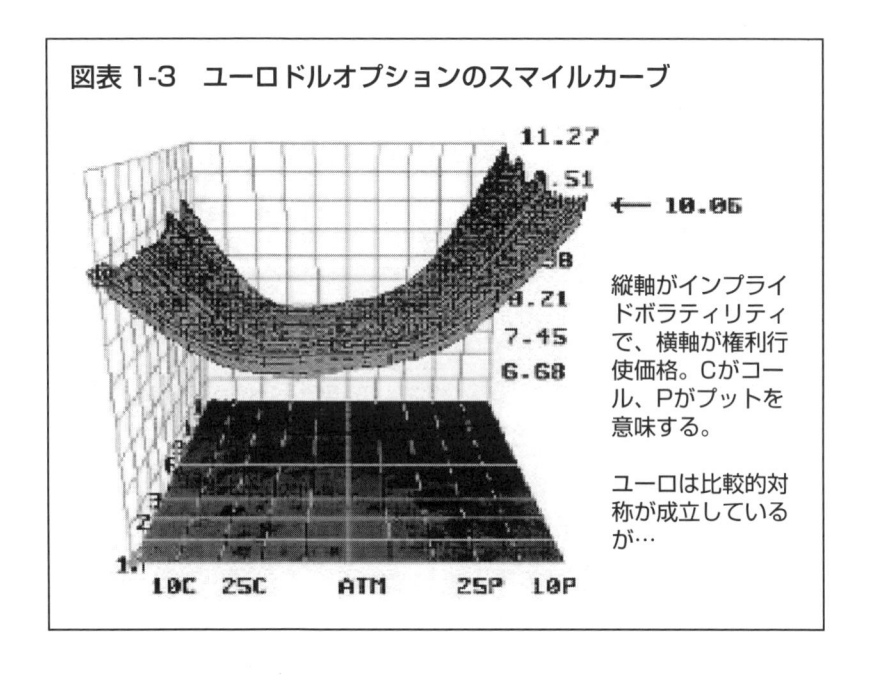

ユーロは比較的対称が成立しているが…

10C　25C　　ATM　　25P　10P

　オプション評価式の元祖であるブラック＝ショールズ式は「インプライドボラティリティ（IV）は価格帯、期間を通じて一定である」ことを大前提としている。ところが、実際には市場需給の偏りが各権利行使価格のオプション価格に反映するため、IVは一定でない。

　**図表1-3**は、Y軸にIV、X軸にストライクプライス（権利行使価格）、Z軸に満期までの期間をとったユーロドルオプションのグラフである。

　アット・ザ・マネー（ATM＝現在の直物レートを権利行使価格としたオプション）のIVよりもイン・ザ・マネーやアウト・オブ・ザ・マネーのボラティリティのほうが高い状態であると分かる。

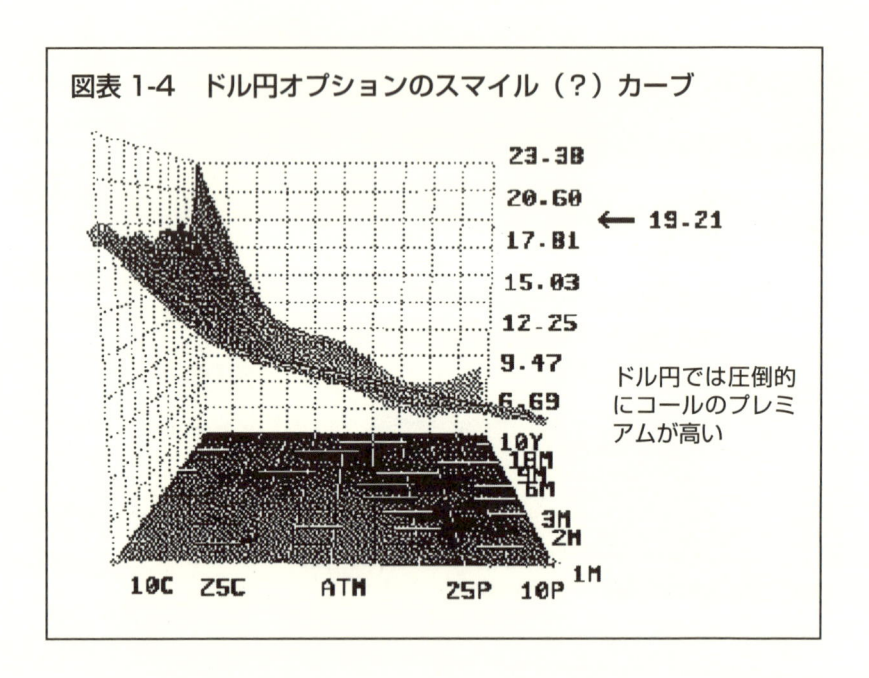

図表1-4　ドル円オプションのスマイル（?）カーブ

23.38
20.60　← 19.21
17.81
15.03
12.25
9.47
6.69

10Y
18M
6M
3M
2M
1M

10C　25C　ATM　25P　10P

ドル円では圧倒的にコールのプレミアムが高い

　ところが**図表1-4**をみてほしい。これはドル円オプションのグラフである。円プットのIVがどんどん下がっており、円コールのIVがどんどん上がっているのだ。
　このように円コールの値段が円プットの値段より高くなっている状態を「円コールオーバー」と呼ぶ。
　結論だけ述べると、これは円コールの需要が高いことを示唆している。つまり、市場は円に強気、ドルに弱気というわけだ。
　円コールオーバーの動きは、為替オプションのプレーヤーの動向を反映するため、注意が必要である。
　通常、オプションプレーヤーは逆バリ方針をとり、原資産の価格

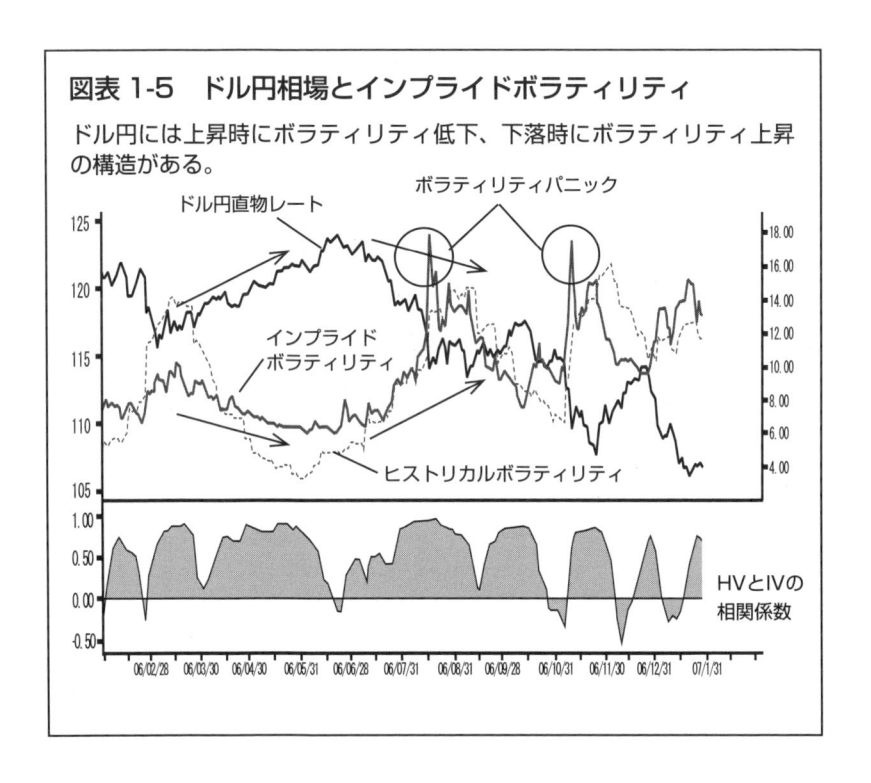

### 図表1-5　ドル円相場とインプライドボラティリティ

ドル円には上昇時にボラティリティ低下、下落時にボラティリティ上昇の構造がある。

が上昇するとIVを売り、原資産の価格が下落するとIVを買おうとする。ところが、原資産の価格が想定以上に動いてしまうとボラティリティが急騰し、円コールオーバーが異常値を示すのである。このようにボラティリティが急騰した状態を「ボラティリティパニック」と呼ぶ。

　**図表1-5**はドル円相場とIVのグラフである。市場がドルに強気だったことを反映して、ボラティリティパニックはドル円が急落したときに発生していることに注目してほしい。

## 金融工学とテクノロジーの実験場

　これまで「金融工学の実験場」といえば、円債や米ドル債であった。しかし、現在では間違いなく外国為替市場である。まさに日々新手のデリバティブや仕組み債などが開発され、実験されているのだ。外国為替市場でのデリバティブ投資家の動向は年々影響力を増しており、その動向とパターンに注目したい。

　またテクノロジーの発展によって、市場間や業者間のレートの微小なゆがみを利用した裁定取引や、他人の売買パターンを見破る行動解析を一瞬に自動処理してしまう「ロボット」が登場している。これは冗談でも夢物語でもない。海外の金融機関やヘッジファンドでは、すでに利用されているのである。

　このため、相場に出現する短期パターンの有効期間が縮まるようになった。また、トレンドが出にくく、平均に回帰しがちな相場となっている。しかし、ほとんどがレンジとはいえ、一度トレンドが出現すれば、その信頼性が高いのも外国為替市場の特徴である。

　個人FXトレーダーが1分や5分などの超短期売買でロボットに立ち向かうのは不利である。土俵が違うからだ。

　自動裁定ロボットを駆使するヘッジファンドなどは、インターバンクがカバーする1次データを使用している。一方、大半の個人トレーダーがもらうのは、通常インターバンクから2次データをもらったFXブローカーからの3次データである。むしろ個人トレーダーは、先ほど述べたようなトレードのランダム化によって手の内を知られない工夫を施すべきであろう。

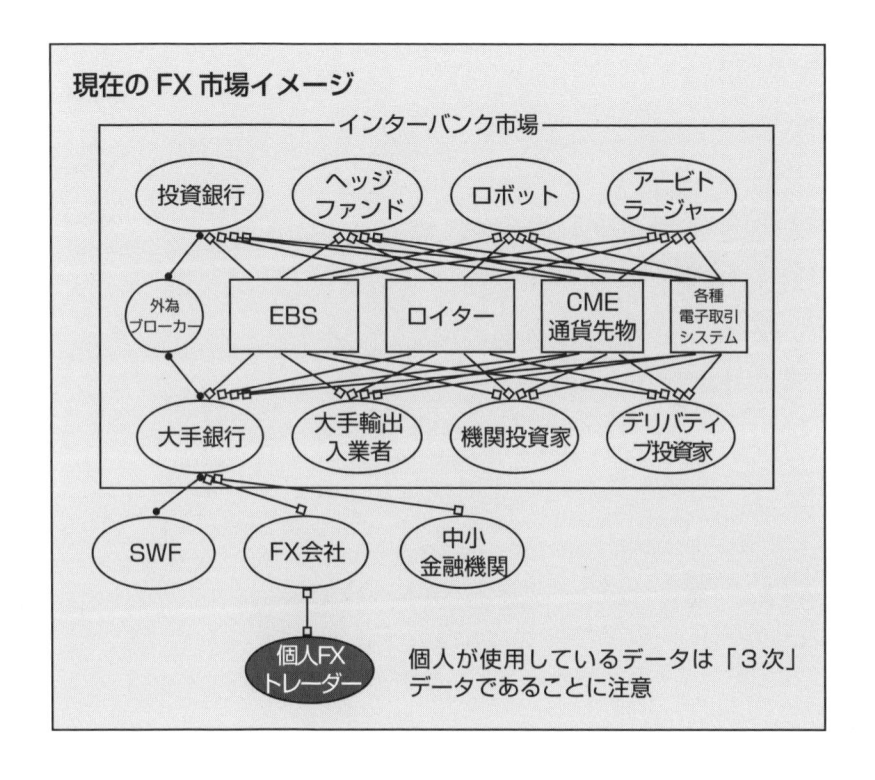

第1章　FXトレードとはどのようなゲームなのか

**現在のFX市場イメージ**

――― インターバンク市場 ―――

- 投資銀行
- ヘッジファンド
- ロボット
- アービトラージャー
- 外為ブローカー
- EBS
- ロイター
- CME通貨先物
- 各種電子取引システム
- 大手銀行
- 大手輸出入業者
- 機関投資家
- デリバティブ投資家

- SWF
- FX会社
- 中小金融機関

- 個人FXトレーダー

個人が使用しているデータは「3次」データであることに注意

51

# 第2章
# FXの
# トレンドフォロー
# 戦術

## 1．基本戦術

　トレンドフォロー（順バリ）とは、トレンドに沿った方向に仕掛ける手法をいう。通常、20くらいの単位時間（分、時間、日、週、月など）で値動きの上限下限（これをチャネルという）を把握し、その上限下限を突破（ブレイクアウト）したところを「トレンドに乗るタイミング」として仕掛ける。一般的に「チャネルブレイクアウト」といわれる戦術だ。

　このチャネルブレイクアウト戦術を考案したリチャード・ドンチャンは、この戦術に基づいた運用戦略で1949年に「先物ファンド」という新しい分野を切り開いたことで知られる。その後もキース・キャンベル、ビル・ダン、ジョン・W・ヘンリー（ボストン・レッドソックスのオーナー）など、彼の手法をもとに先物ファンドで大成功を遂げたトレンドフォロワーは数多い。

　そしてこうした伝説的トレンドフォロワーを語るうえで欠かせないトレーダーがリチャード・デニスである。デニスはトレンドフォロー戦略で、わずか数千ドルの資金を約10年で２億ドルにまで殖やした立志伝中の人物として高名だ（詳細はジャック・シュワッガー著『マーケットの魔術師』、マイケル・コベル著『トレンドフォロー入門』を参照のこと）。

　しかし特筆すべきは、相棒のウィリアム・エックハートとともに

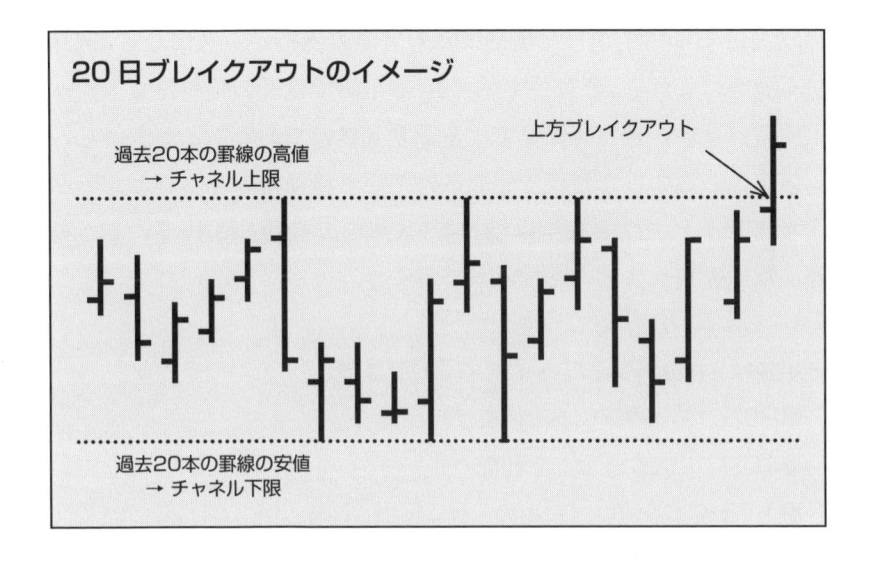

```
┌─────────────────────────────────────────────┐
│ 20日ブレイクアウトのイメージ                    │
│                                             │
│                          上方ブレイクアウト    │
│   過去20本の罫線の高値                        │
│   → チャネル上限                              │
│  ------------------------------------------- │
│                                             │
│         (チャート)                           │
│                                             │
│  ------------------------------------------- │
│   過去20本の罫線の安値                        │
│   → チャネル下限                              │
└─────────────────────────────────────────────┘
```

20数人のトレーダー志願者たちを「タートルズ」と呼ばれるスーパートレーダー集団に育て上げたことである。

## タートルズの基本戦術を検証する

　タートルズの運用戦略の基本もチャネルブレイクアウトである。
　FXトレーダーの大半は短い時間枠でトレードをするため、トレンドフォローが有効である可能性は高い。なぜなら、マーケット参加者の多くが短い時間枠でトレードするならば、トレンドフォローは、はるかに長い時間枠でのゲームであるからだ。
　一般的に時間を長く持っているほうが短いよりも有利である。ストップは遠くにおけるし、売買におけるスリッページ（マーケット

の状況によって注文した価格よりも実際の価格が不利になること）にも寛容になれる。筆者の実感でもFX市場では長い時間枠でトレードするほうが、短い時間枠でするよりも優位であることが多い。

　事実、いろいろな書籍で紹介されている検証結果をみると、チャネルブレイクアウト戦術は概してFX市場で有効とされている。実際に次の売買システムを検証してみよう。

単純なトレンドフォロー（20-10）システム
●20日ブレイクアウトで仕掛け。
●10日ブレイクアウトで利食い。
●1.75%で損切り（長期の2Nに相当。NあるいはATRについては後述する）。

　売買コストを5pips（ドル円で0.05円）で保守的に勘案し、検証ソフトにトレードステーションを利用した。取引単位は10万通貨単位で、単純に1枚ベースで売買したことにする。

　データはドル円（USD/JPY）が78年1月3日～08年4月11日、ドルスイス（USD/CHF）が84年7月16日～08年4月11日、ポンドドル（GBP/USD）が78年1月3日～08年4月11日、ユーロドル（EUR/USD）が99年1月3日～08年4月11日の日足を使用した（本章では以降の検証も同じデータを使用）。

　図表2-1はドル円の検証結果である（58ページ参照）。
　トレンドフォロー戦術として悪くなかった。勝率の42％は上々であるし、ペイオフレシオ（平均負けトレードに対する勝ちトレード

> **検証のポイント**
>
> ●トレード回数
> 　仕掛けから仕切るまでを「1」と数える。検証期間に対してどれだけの売買機会があり、期間によってバラつきがないかも押さえておきたい。
>
> ●勝率
> 　中長期トレンドフォロー、短期ブレイクアウト、逆バリといった戦術で一般的な勝率と乖離があれば、その理由を考えたい。
>
> ●ペイオフレシオ（損益率、プロフィットレシオ、ペイアウトレシオ）
> 　勝ちトレードの平均利益÷負けトレードの平均損失。損小利大の程度を表す指標である。
>
> ●最大ドローダウン（最大損失額）
> 　運用資産のピーク時からの減少額をドローダウンといい、そのなかでも過去最大のもの。
>
> ●プロフィットファクター（期待値）
> 　利益÷損失。どんなに勝率が高くても、プロフィットファクターが1.0以下であれば、いずれ破産してしまう。

の比率。大きければ大きいほど優れている）は3、プロフィットファクター（総損失に対する総利益の比率。大きければ大きいほど優れている）は2に近い水準である。つまり、勝率が5割に近く、勝ち負けの実際の金額が3対1に近いので「儲かる」システムになっているわけだ。

　しかし、資産曲線をみると、このルールの欠点が明らかになって

### 図表2-1　単純な20-10トレンドフォロー（ドル円）

**全トレード**

| | | | |
|---|---|---|---|
| 総損益 | ¥36,861,000 | 現在建玉中の損益 | ¥0 |
| 総利益 | ¥67,098,000 | 総損失 | (¥30,237,000) |
| トレード回数 | 312 | 勝率 | 42.31% |
| 勝ちトレード数 | 132 | 負けトレード数 | 180 |
| 最大勝ちトレード | ¥3,625,000 | 最大負けトレード | (¥470,000) |
| 1回当たり平均利益 | ¥508,318.18 | 1回当たり平均損失 | (¥167,983.33) |
| ペイオフレシオ | 3.03 | 1回当たり平均損益 | ¥118,144.23 |
| 最大連勝数 | 10 | 最大連敗数 | 8 |
| 勝ちトレードの平均建玉期間 | 29 | 負けトレードの平均建玉期間 | 9 |
| 日中最大ドローダウン | (¥1,915,000) | | |
| プロフィットファクター | 2.22 | 最大建玉数 | 1 |
| 口座に必要な資金 | ¥1,915,000 | 対口座リターン | 1924.86% |

**買いトレード**

| | | | |
|---|---|---|---|
| 総損益 | ¥13,195,000 | 現在建玉中の損益 | ¥0 |
| 総利益 | ¥26,112,000 | 総損失 | (¥12,917,000) |
| トレード回数 | 147 | 勝率 | 44.22% |
| 勝ちトレード数 | 65 | 負けトレード数 | 82 |
| 最大勝ちトレード | ¥2,188,000 | 最大負けトレード | (¥389,000) |
| 1回当たり平均利益 | ¥401,723.08 | 1回当たり平均損失 | (¥157,524.39) |
| ペイオフレシオ | 2.55 | 1回当たり平均損益 | ¥89,761.90 |
| 最大連勝数 | 7 | 最大連敗数 | 7 |
| 勝ちトレードの平均建玉期間 | 30 | 負けトレードの平均建玉期間 | 10 |
| 日中最大ドローダウン | (¥1,326,000) | | |
| プロフィットファクター | 2.02 | 最大建玉数 | 1 |
| 口座に必要な資金 | ¥1,326,000 | 対口座リターン | 995.10% |

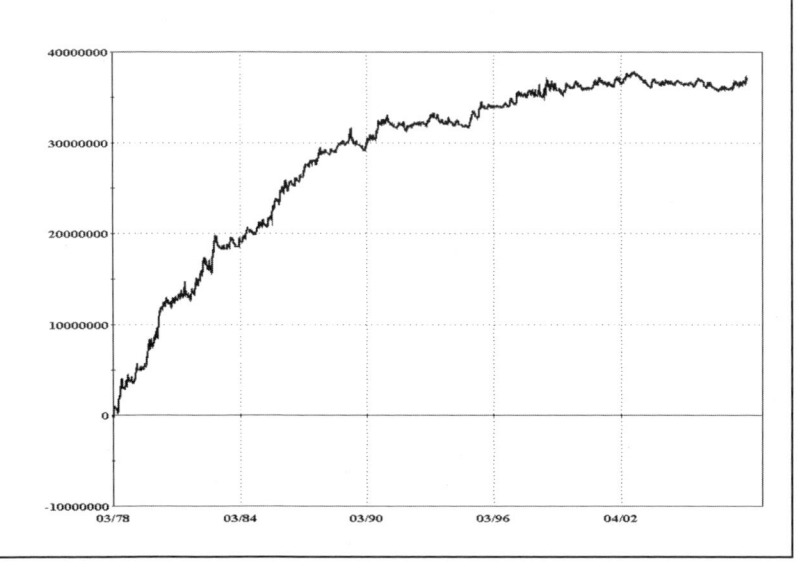

## 第2章　FXのトレンドフォロー戦術

| 売りトレード | | | |
|---|---|---|---|
| 総損益 | ¥23,666,000 | 現在建玉中の損益 | ¥0 |
| 総利益 | ¥40,986,000 | 総損失 | (¥17,320,000) |
| トレード回数 | 165 | 勝率 | 40.61% |
| 勝ちトレード数 | 67 | 負けトレード数 | 98 |
| 最大勝ちトレード | ¥3,625,000 | 最大負けトレード | (¥470,000) |
| 1回当たり平均利益 | ¥611,731.34 | 1回当たり平均損失 | (¥176,734.69) |
| ペイオフレシオ | 3.46 | 1回当たり平均損益 | ¥143,430.30 |
| 最大連勝数 | 6 | 最大連敗数 | 8 |
| 勝ちトレードの平均建玉期間 | 29 | 負けトレードの平均建玉期間 | 8 |
| 日中最大ドローダウン | (¥2,181,000) | | |
| プロフィットファクター | 2.37 | 最大建玉数 | 1 |
| 口座に必要な資金 | ¥2,181,000 | 対口座リターン | 1085.10% |

## 図表2-2 単純な20-10トレンドフォロー（ドルスイス）

### 全トレード

| | | | |
|---|---|---|---|
| 総損益 | CHF105,520.00 | 現在建玉中の損益 | CHF7,080.00 |
| 総利益 | CHF422,800.00 | 総損失 | (CHF317,280.00) |
| トレード回数 | 242 | 勝率 | 40.50% |
| 勝ちトレード数 | 98 | 負けトレード数 | 144 |
| 最大勝ちトレード | CHF17,940.00 | 最大負けトレード | (CHF6,000.00) |
| 1回当たり平均利益 | CHF4,314.29 | 1回当たり平均損失 | (CHF2,203.33) |
| ペイオフレシオ | 1.96 | 1回当たり平均損益 | CHF436.03 |
| 最大連勝数 | 4 | 最大連敗数 | 6 |
| 勝ちトレードの平均建玉期間 | 29 | 負けトレードの平均建玉期間 | 9 |
| 日中最大ドローダウン | (CHF21,860.00) | | |
| プロフィットファクター | 1.33 | 最大建玉数 | 1 |
| 口座に必要な資金 | 21,860.00 | 対口座リターン | 482.71% |

### 買いトレード

| | | | |
|---|---|---|---|
| 総損益 | CHF2,590.00 | 現在建玉中の損益 | CHF0.00 |
| 総利益 | CHF158,790.00 | 総損失 | (CHF156,200.00) |
| トレード回数 | 117 | 勝率 | 36.75% |
| 勝ちトレード数 | 43 | 負けトレード数 | 74 |
| 最大勝ちトレード | CHF17,940.00 | 最大負けトレード | (CHF4,780.00) |
| 1回当たり平均利益 | CHF3,692.79 | 1回当たり平均損失 | (CHF2,110.81) |
| ペイオフレシオ | 1.75 | 1回当たり平均損益 | CHF22.14 |
| 最大連勝数 | 6 | 最大連敗数 | 12 |
| 勝ちトレードの平均建玉期間 | 30 | 負けトレードの平均建玉期間 | 10 |
| 日中最大ドローダウン | (CHF40,070.00) | | |
| プロフィットファクター | 1.02 | 最大建玉数 | 1 |
| 口座に必要な資金 | CHF40,070.00 | 対口座リターン | 6.46% |

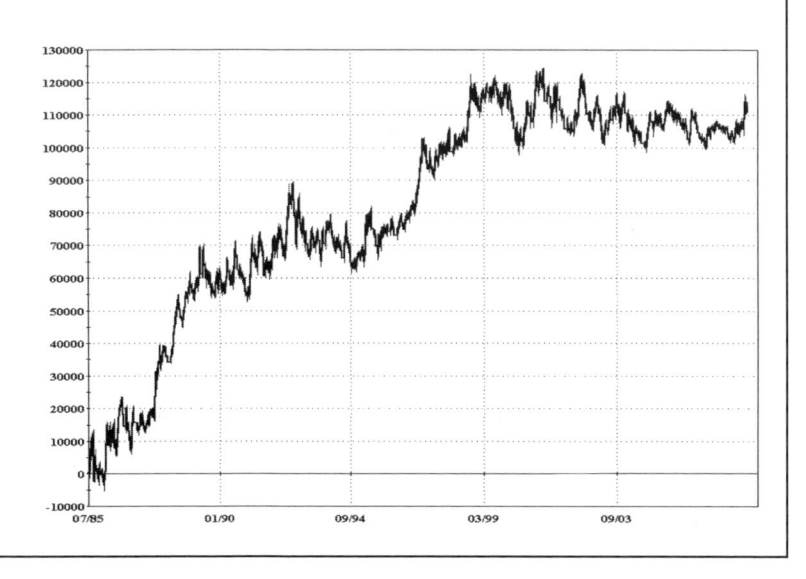

## 第2章 FXのトレンドフォロー戦術

| 売りトレード | | | | |
|---|---|---|---|---|
| 総損益 | CHF102,930.00 | 現在建玉中の損益 | CHF7,080.00 |
| 総利益 | CHF264,010.00 | 総損失 | (CHF161,080.00) |
| トレード回数 | 125 | 勝率 | 44.00% |
| 勝ちトレード数 | 55 | 負けトレード数 | 70 |
| 最大勝ちトレード | CHF16,180.00 | 最大負けトレード | (CHF6,000.00) |
| 1回当たり平均利益 | CHF4,800.18 | 1回当たり平均損失 | (CHF2,301.14) |
| ペイオフレシオ | 2.09 | 1回当たり平均損益 | CHF823.44 |
| 最大連勝数 | 3 | 最大連敗数 | 5 |
| 勝ちトレードの平均建玉期間 | 29 | 負けトレードの平均建玉期間 | 8 |
| 日中最大ドローダウン | (CHF19,000.00) | | |
| プロフィットファクター | 1.64 | 最大建玉数 | 1 |
| 口座に必要な資金 | CHF19,000.00 | 対口座リターン | 541.74% |

### 図表2-3　単純な20-10トレンドフォロー（ポンドドル）

**全トレード**

| | | | |
|---|---|---|---|
| 総損益 | $261,520.00 | 現在建玉中の損益 | $370.00 |
| 総利益 | $586,580.00 | 総損失 | ($325,060.00) |
| トレード回数 | 297 | 勝率 | 42.09% |
| 勝ちトレード数 | 125 | 負けトレード数 | 172 |
| 最大勝ちトレード | $36,760.00 | 最大負けトレード | ($4,900.00) |
| 1回当たり平均利益 | $4,692.64 | 1回当たり平均損失 | ($1,889.88) |
| ペイオフレシオ | 2.48 | 1回当たり平均損益 | $880.54 |
| 最大連勝数 | 6 | 最大連敗数 | 9 |
| 勝ちトレードの平均建玉期間 | 29 | 負けトレードの平均建玉期間 | 9 |
| 日中最大ドローダウン | ($59,060.00) | | |
| プロフィットファクター | 1.80 | 最大建玉数 | 1 |
| 口座に必要な資金 | $59,060.00 | 対口座リターン | 442.80% |

**買いトレード**

| | | | |
|---|---|---|---|
| 総損益 | $171,070.00 | 現在建玉中の損益 | $0.00 |
| 総利益 | $307,330.00 | 総損失 | ($136,260.00) |
| トレード回数 | 141 | 勝率 | 48.23% |
| 勝ちトレード数 | 68 | 負けトレード数 | 73 |
| 最大勝ちトレード | $19,480.00 | 最大負けトレード | ($4,900.00) |
| 1回当たり平均利益 | $4,519.56 | 1回当たり平均損失 | ($1,866.58) |
| ペイオフレシオ | 2.42 | 1回当たり平均損益 | $1,213.26 |
| 最大連勝数 | 6 | 最大連敗数 | 6 |
| 勝ちトレードの平均建玉期間 | 30 | 負けトレードの平均建玉期間 | 9 |
| 日中最大ドローダウン | ($31,680.00) | | |
| プロフィットファクター | 2.26 | 最大建玉数 | 1 |
| 口座に必要な資金 | $31,680.00 | 対口座リターン | 539.99% |

| 売りトレード | | | |
|---|---|---|---|
| 総損益 | $90,450.00 | 現在建玉中の損益 | $370.00 |
| 総利益 | $279,250.00 | 総損失 | ($188,800.00) |
| トレード回数 | 156 | 勝率 | 36.54% |
| 勝ちトレード数 | 57 | 負けトレード数 | 99 |
| 最大勝ちトレード | $36,760.00 | 最大負けトレード | ($4,850.00) |
| 1回当たり平均利益 | $4,899.12 | 1回当たり平均損失 | ($1,907.07) |
| ペイオフレシオ | 2.57 | 1回当たり平均損益 | $579.81 |
| 最大連勝数 | 4 | 最大連敗数 | 8 |
| 勝ちトレードの平均建玉期間 | 29 | 負けトレードの平均建玉期間 | 10 |
| 日中最大ドローダウン | ($64,890.00) | | |
| プロフィットファクター | 1.48 | 最大建玉数 | 1 |
| 口座に必要な資金 | $64,890.00 | 対口座リターン | 139.39% |

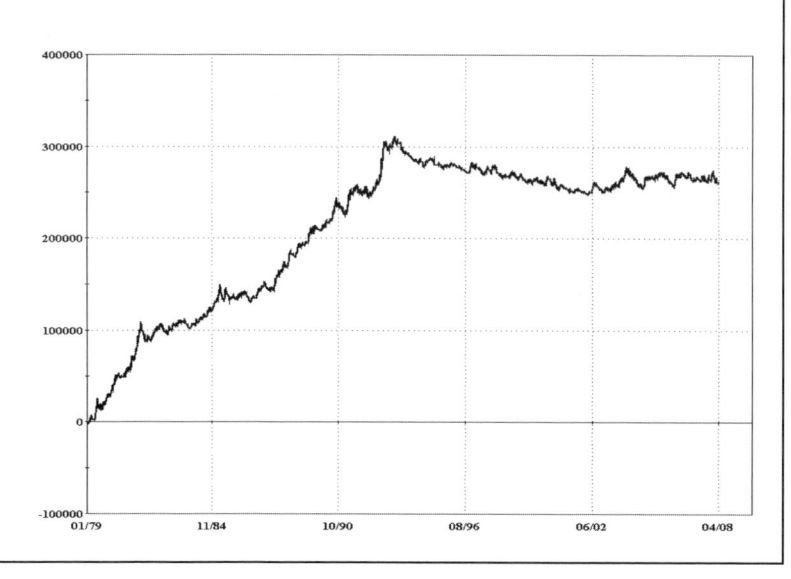

### 図表2-4　単純な20-10トレンドフォロー（ユーロドル）

| 全トレード | | | |
|---|---:|---|---:|
| 総損益 | $15,340.00 | 現在建玉中の損益 | $8,550.00 |
| 総利益 | $93,140.00 | 総損失 | ($77,800.00) |
| トレード回数 | 86 | 勝率 | 39.53% |
| 勝ちトレード数 | 34 | 負けトレード数 | 52 |
| 最大勝ちトレード | $9,730.00 | 最大負けトレード | ($3,080.00) |
| 1回当たり平均利益 | $2,739.41 | 1回当たり平均損失 | ($1,496.15) |
| ペイオフレシオ | 1.83 | 1回当たり平均損益 | $178.37 |
| 最大連勝数 | 4 | 最大連敗数 | 7 |
| 勝ちトレードの平均建玉期間 | 29 | 負けトレードの平均建玉期間 | 9 |
| 日中最大ドローダウン | ($9,640.00) | | |
| プロフィットファクター | 1.20 | 最大建玉数 | 1 |
| 口座に必要な資金 | $9,640.00 | 対口座リターン | 159.13% |

| 買いトレード | | | |
|---|---:|---|---:|
| 総損益 | $29,810.00 | 現在建玉中の損益 | $8,550.00 |
| 総利益 | $70,640.00 | 総損失 | ($40,830.00) |
| トレード回数 | 43 | 勝率 | 41.86% |
| 勝ちトレード数 | 18 | 負けトレード数 | 25 |
| 最大勝ちトレード | $9,730.00 | 最大負けトレード | ($3,080.00) |
| 1回当たり平均利益 | $3,924.44 | 1回当たり平均損失 | ($1,633.20) |
| ペイオフレシオ | 2.40 | 1回当たり平均損益 | $693.26 |
| 最大連勝数 | 6 | 最大連敗数 | 6 |
| 勝ちトレードの平均建玉期間 | 34 | 負けトレードの平均建玉期間 | 9 |
| 日中最大ドローダウン | ($9,710.00) | | |
| プロフィットファクター | 1.73 | 最大建玉数 | 1 |
| 口座に必要な資金 | $9,710.00 | 対口座リターン | 307.00% |

## 売りトレード

| | | | |
|---|---|---|---|
| 総損益 | ($14,470.00) | 現在建玉中の損益 | $0.00 |
| 総利益 | $22,500.00 | 総損失 | ($188,800.00) |
| トレード回数 | 43 | 勝率 | 37.21% |
| 勝ちトレード数 | 16 | 負けトレード数 | 27 |
| 最大勝ちトレード | $5,810.00 | 最大負けトレード | ($1,369.26) |
| 1回当たり平均利益 | $1,406.25 | 1回当たり平均損失 | ($1,907.07) |
| ペイオフレシオ | 1.03 | 1回当たり平均損益 | ($336.51) |
| 最大連勝数 | 6 | 最大連敗数 | 5 |
| 勝ちトレードの平均建玉期間 | 24 | 負けトレードの平均建玉期間 | 9 |
| 日中最大ドローダウン | ($18,930.00) | | |
| プロフィットファクター | .61 | 最大建玉数 | 1 |
| 口座に必要な資金 | $18,930.00 | 対口座リターン | -76.44% |

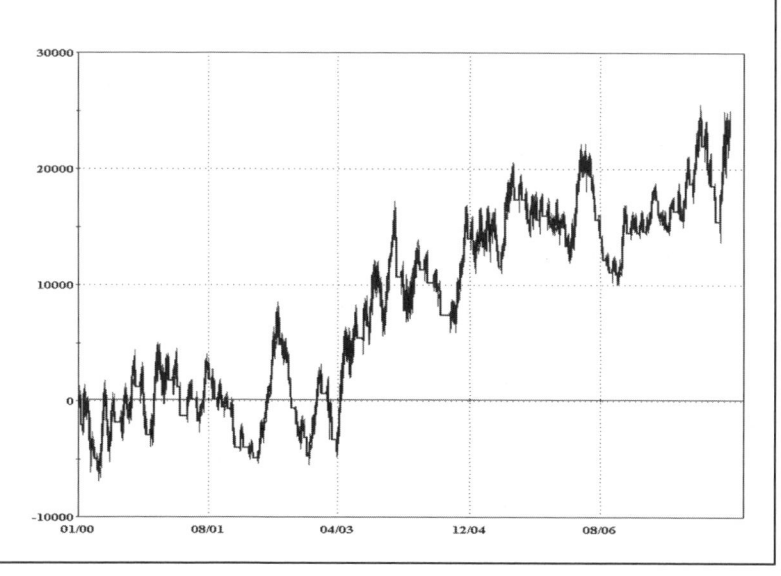

くる。端的にいえば、03年以降の成績が非常に悪いのだ。過去２年連続でのドローダウンは91～92年にみられたものの、03年以降ほどの厳しいドローダウンはなかった。資産増加の平均線を下回っている状態であり、このシステムに懸念を抱くに十分である。

それでは同じ条件でドルスイス（USD/CHF、以降「ドルスイス」に省略）を検証してみよう（**図表2-2**）。

勝率、ペイオフレシオともに落ちたものの、トレンドフォロー戦術としては、けっして悪くない数字となっている。２万2000ドル、つまり220万円もあればトレードを始められるわけだ。

ところが、こちらも資産曲線をみると、そうした好印象は俄然変わってしまう。01年以降、このルールはほとんど機能していないのだ。というよりも、損失を計上し続けているのだ。特に01年は悲惨であり、システム最大のドローダウンを出している。ドル円よりもはるかに悪い状態だ。

次にポンドドル（GBP/USD）でみてみよう（**図表2-3**）。

ペイオフレシオが2.48と高い。つまり、５回負けても２回勝てばトントンとなるわけだ。結果として、ドル円と遜色のない純益となっている。

ところが資産曲線をみると、これは尋常ならざることが起きているとみなさざるを得ない。93年をピークにほぼ10年負け続けなのだ。もっといってしまえば、それまでの６年で資産の半分以上を稼いでおり、実際には、この10年ほとんど無効であったのではないか、との疑問もわく。

最後に99年以降の通貨であるユーロドルをみてみよう（**図表**

2-4)。

　9年で86回のトレードがあり、1万5000ドルの利益だった。証拠金は1万ドル（100万円程度）なので、150万円ならば、年率5％のリターンとなる。
　勝率33.8％はトレンドフォロー戦術としては標準的だ。しかし、この勝率ならペイオフレシオはもう少し欲しいところである。
　資産増加曲線をみると、02年まではむしろ損失だ。3年負け続けてもこのシステムを使い続けるのは、勇気が必要であろう。

　こうみていくと、よくトレンドフォロー戦術は「市場分散」がカギとされているが、FX市場のなかだけで分散をかけているうちは、00年以降はほとんど機能していないシステムが出来上がってしまう可能性がある。ただし、筆者が検証したかぎり、この20-10システムは金属市場や株価指数市場でのパフォーマンスもあまりよくなく、まだFXのほうが良好といえるくらいなのである。

## タートルズは死んだのか

　『タートルズの秘密』を著したラッセル・サンズによると、デニスとエックハートは「20日ブレイクアウト以外に10～13週ブレイクアウトが有効になるのではないか」と語っていたという。では、実際に50日（10週）ブレイクアウトがどのような結果になるか検証してみよう。比較のために全く同じ通貨ペアとする。
　まずドル円からみてみよう（**図表2-5**）。

### 図表2-5　50-10 トレンドフォロー（ドル円）

**全トレード**

| | | | |
|---|---:|---|---:|
| 総損益 | ¥26,324,000 | 現在建玉中の損益 | ¥0 |
| 総利益 | ¥43,748,000 | 総損失 | (¥17,424,000) |
| トレード回数 | 188 | 勝率 | 44.68% |
| 勝ちトレード数 | 84 | 負けトレード数 | 104 |
| 最大勝ちトレード | 2,813,000 | 最大負けトレード | (¥389,000) |
| 1回当たり平均利益 | ¥520,809.52 | 1回当たり平均損失 | (¥167,538.46) |
| ペイオフレシオ | 3.11 | 1回当たり平均損益 | ¥140,021.28 |
| 最大連勝数 | 4 | 最大連敗数 | 7 |
| 勝ちトレードの平均建玉期間 | 30 | 負けトレードの平均建玉期間 | 9 |
| 日中最大ドローダウン | (¥1,791,000) | | |
| プロフィットファクター | 2.51 | 最大建玉数 | 1 |
| 口座に必要な資金 | ¥1,791,000 | 対口座リターン | 1469.79% |

**買いトレード**

| | | | |
|---|---:|---|---:|
| 総損益 | ¥9,751,000 | 現在建玉中の損益 | ¥0 |
| 総利益 | ¥17,435,000 | 総損失 | (¥7,684,000) |
| トレード回数 | 89 | 勝率 | 47.19% |
| 勝ちトレード数 | 42 | 負けトレード数 | 47 |
| 最大勝ちトレード | ¥2,188,000 | 最大負けトレード | (¥353,000) |
| 1回当たり平均利益 | ¥415,119.05 | 1回当たり平均損失 | (¥163,489.36) |
| ペイオフレシオ | 2.54 | 1回当たり平均損益 | ¥109,561.80 |
| 最大連勝数 | 4 | 最大連敗数 | 6 |
| 勝ちトレードの平均建玉期間 | 30 | 負けトレードの平均建玉期間 | 9 |
| 日中最大ドローダウン | (¥1,227,000) | | |
| プロフィットファクター | 2.27 | 最大建玉数 | 1 |
| 口座に必要な資金 | ¥1,227,000 | 対口座リターン | 794.70% |

## 売りトレード

| | | | |
|---|---:|---|---:|
| 総損益 | ¥16,573,000 | 現在建玉中の損益 | ¥0 |
| 総利益 | ¥26,313,000 | 総損失 | (¥9,740,000) |
| トレード回数 | 99 | 勝率 | 42.42% |
| 勝ちトレード数 | 42 | 負けトレード数 | 57 |
| 最大勝ちトレード | ¥2,813,000 | 最大負けトレード | (¥389,000) |
| 1回当たり平均利益 | ¥626,500.00 | 1回当たり平均損失 | (¥170,877.19) |
| ペイオフレシオ | 3.67 | 1回当たり平均損益 | ¥167,404.04 |
| 最大連勝数 | 3 | 最大連敗数 | 6 |
| 勝ちトレードの平均建玉期間 | 29 | 負けトレードの平均建玉期間 | 9 |
| 日中最大ドローダウン | (¥1,414,000) | | |
| プロフィットファクター | 2.70 | 最大建玉数 | 1 |
| 口座に必要な資金 | ¥1,414,000 | 対口座リターン | 1172.07% |

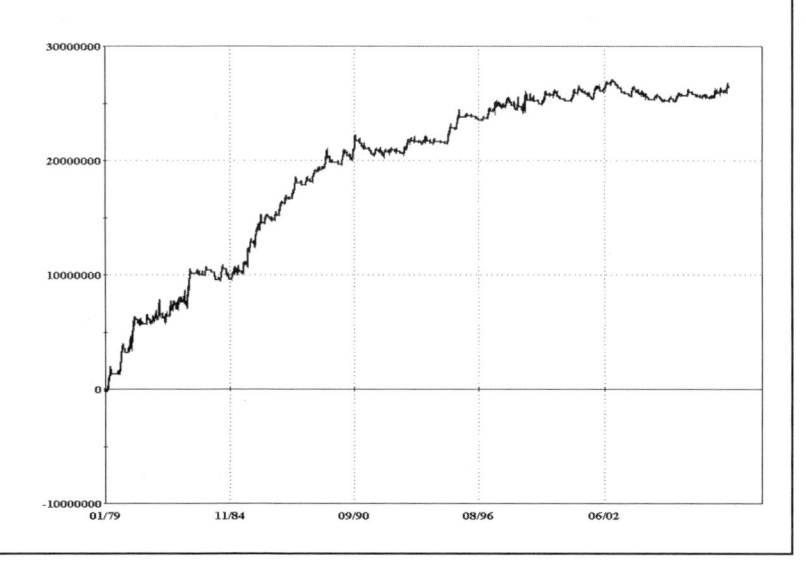

### 図表 2-6　50-10 トレンドフォロー（ドルスイス）

**全トレード**

| | | | |
|---|---|---|---|
| 総損益 | CHF121,980.00 | 現在建玉中の損益 | CHF7,080.00 |
| 総利益 | CHF300,580.00 | 総損失 | (CHF178,600.00) |
| トレード回数 | 150 | 勝率 | 42.00% |
| 勝ちトレード数 | 63 | 負けトレード数 | 87 |
| 最大勝ちトレード | CHF17,940.00 | 最大負けトレード | (CHF7,380.00) |
| 1回当たり平均利益 | CHF4,771.11 | 1回当たり平均損失 | (CHF2,052.87) |
| ペイオフレシオ | 2.32 | 1回当たり平均損益 | CHF813.20 |
| 最大連勝数 | 4 | 最大連敗数 | 9 |
| 勝ちトレードの平均建玉期間 | 31 | 負けトレードの平均建玉期間 | 11 |
| 日中最大ドローダウン | (CHF23,260.00) | | |
| プロフィットファクター | 1.68 | 最大建玉数 | 1 |
| 口座に必要な資金 | CHF23,260.00 | 対口座リターン | 524.42% |

**買いトレード**

| | | | |
|---|---|---|---|
| 総損益 | CHF5,930.00 | 現在建玉中の損益 | CHF0.00 |
| 総利益 | CHF97,630.00 | 総損失 | (CHF91,700.00) |
| トレード回数 | 70 | 勝率 | 38.57% |
| 勝ちトレード数 | 27 | 負けトレード数 | 43 |
| 最大勝ちトレード | CHF17,940.00 | 最大負けトレード | (CHF4,780.00) |
| 1回当たり平均利益 | CHF3,615.93 | 1回当たり平均損失 | (CHF2,132.56) |
| ペイオフレシオ | 1.70 | 1回当たり平均損益 | CHF84.71 |
| 最大連勝数 | 3 | 最大連敗数 | 8 |
| 勝ちトレードの平均建玉期間 | 30 | 負けトレードの平均建玉期間 | 11 |
| 日中最大ドローダウン | (CHF42,480.00) | | |
| プロフィットファクター | 1.06 | 最大建玉数 | 1 |
| 口座に必要な資金 | CHF42,480.00 | 対口座リターン | 13.96% |

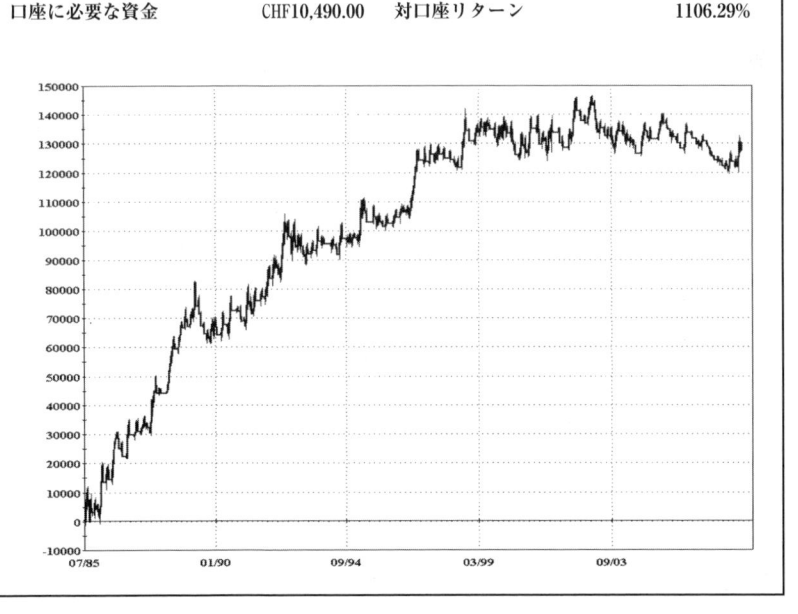

第2章 FXのトレンドフォロー戦術

| 売りトレード | | | |
|---|---:|---|---:|
| 総損益 | CHF116,050.00 | 現在建玉中の損益 | CHF7,080.00 |
| 総利益 | CHF202,950.00 | 総損失 | (CHF86,900.00) |
| トレード回数 | 80 | 勝率 | 45.00% |
| 勝ちトレード数 | 36 | 負けトレード数 | 44 |
| 最大勝ちトレード | CHF14,780.00 | 最大負けトレード | (CHF7,380.00) |
| 1回当たり平均利益 | CHF5,637.50 | 1回当たり平均損失 | (CHF1,975.00) |
| ペイオフレシオ | 2.85 | 1回当たり平均損益 | CHF1,450.63 |
| 最大連勝数 | 5 | 最大連敗数 | 7 |
| 勝ちトレードの平均建玉期間 | 31 | 負けトレードの平均建玉期間 | 11 |
| 日中最大ドローダウン | (CHF10,490.00) | | |
| プロフィットファクター | 2.34 | 最大建玉数 | 1 |
| 口座に必要な資金 | CHF10,490.00 | 対口座リターン | 1106.29% |

### 図表2-7　50-10 トレンドフォロー（ポンドドル）

| 全トレード | | | |
|---|---|---|---|
| 総損益 | $207,370.00 | 現在建玉中の損益 | $0.00 |
| 総利益 | $400,340.00 | 総損失 | ($192,970.00) |
| トレード回数 | 182 | 勝率 | 46.70% |
| 勝ちトレード数 | 85 | 負けトレード数 | 97 |
| 最大勝ちトレード | $35,190.00 | 最大負けトレード | ($4,850.00) |
| 1回当たり平均利益 | $4,709.88 | 1回当たり平均損失 | ($1,989.38) |
| ペイオフレシオ | 2.37 | 1回当たり平均損益 | $1,139.40 |
| 最大連勝数 | 9 | 最大連敗数 | 8 |
| 勝ちトレードの平均建玉期間 | 29 | 負けトレードの平均建玉期間 | 10 |
| 日中最大ドローダウン | ($47,580.00) | | |
| プロフィットファクター | 2.07 | 最大建玉数 | 1 |
| 口座に必要な資金 | $47,580.00 | 対口座リターン | 435.83% |

| 買いトレード | | | |
|---|---|---|---|
| 総損益 | $113,150.00 | 現在建玉中の損益 | $0.00 |
| 総利益 | $198,340.00 | 総損失 | ($85,190.00) |
| トレード回数 | 90 | 勝率 | 53.33% |
| 勝ちトレード数 | 48 | 負けトレード数 | 42 |
| 最大勝ちトレード | $19,480.00 | 最大負けトレード | ($4,850.00) |
| 1回当たり平均利益 | $4,132.08 | 1回当たり平均損失 | ($2,028.33) |
| ペイオフレシオ | 2.04 | 1回当たり平均損益 | $1,257.22 |
| 最大連勝数 | 7 | 最大連敗数 | 5 |
| 勝ちトレードの平均建玉期間 | 29 | 負けトレードの平均建玉期間 | 9 |
| 日中最大ドローダウン | ($14,840.00) | | |
| プロフィットファクター | 2.33 | 最大建玉数 | 1 |
| 口座に必要な資金 | $14,840.00 | 対口座リターン | 762.47% |

| 売りトレード | | | |
|---|---|---|---|
| 総損益 | $94,220.00 | 現在建玉中の損益 | $0.00 |
| 総利益 | $202,000.00 | 総損失 | ($107,780.00) |
| トレード回数 | 92 | 勝率 | 40.22% |
| 勝ちトレード数 | 37 | 負けトレード数 | 55 |
| 最大勝ちトレード | $35,190.00 | 最大負けトレード | ($4,580.00) |
| 1回当たり平均利益 | $5,459.46 | 1回当たり平均損失 | ($1,959.64) |
| ペイオフレシオ | 2.79 | 1回当たり平均損益 | $1,024.13 |
| 最大連勝数 | 5 | 最大連敗数 | 9 |
| 勝ちトレードの平均建玉期間 | 30 | 負けトレードの平均建玉期間 | 11 |
| 日中最大ドローダウン | ($52,460.00) | | |
| プロフィットファクター | 1.87 | 最大建玉数 | 1 |
| 口座に必要な資金 | $52,460.00 | 対口座リターン | 179.60% |

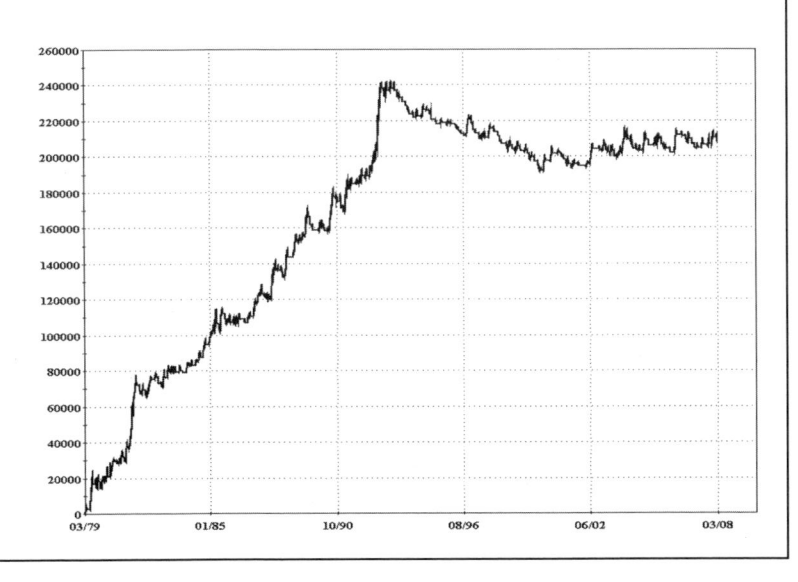

### 図表 2-8　50-10 トレンドフォロー（ユーロドル）

**全トレード**

| | | | |
|---|---|---|---|
| 総損益 | $24,060.00 | 現在建玉中の損益 | $8,550.00 |
| 総利益 | $69,730.00 | 総損失 | ($45,670.00) |
| トレード回数 | 51 | 勝率 | 43.14% |
| 勝ちトレード数 | 22 | 負けトレード数 | 29 |
| 最大勝ちトレード | $9,650.00 | 最大負けトレード | ($3,010.00) |
| 1回当たり平均利益 | $3,169.55 | 1回当たり平均損失 | ($1,574.83) |
| ペイオフレシオ | 2.01 | 1回当たり平均損益 | $471.76 |
| 最大連勝数 | 3 | 最大連敗数 | 4 |
| 勝ちトレードの平均建玉期間 | 30 | 負けトレードの平均建玉期間 | 8 |
| 日中最大ドローダウン | ($12,490.00) | | |
| プロフィットファクター | 1.53 | 最大建玉数 | 1 |
| 口座に必要な資金 | $12,490.00 | 対口座リターン | 192.63% |

**買いトレード**

| | | | |
|---|---|---|---|
| 総損益 | $34,660.00 | 現在建玉中の損益 | $8,550.00 |
| 総利益 | $54,340.00 | 総損失 | ($19,680.00) |
| トレード回数 | 26 | 勝率 | 53.85% |
| 勝ちトレード数 | 14 | 負けトレード数 | 12 |
| 最大勝ちトレード | $9,650.00 | 最大負けトレード | ($3,010.00) |
| 1回当たり平均利益 | $3,881.43 | 1回当たり平均損失 | ($1,640.00) |
| ペイオフレシオ | 2.37 | 1回当たり平均損益 | $1,333.08 |
| 最大連勝数 | 5 | 最大連敗数 | 5 |
| 勝ちトレードの平均建玉期間 | 34 | 負けトレードの平均建玉期間 | 8 |
| 日中最大ドローダウン | ($9,050.00) | | |
| プロフィットファクター | 2.76 | 最大建玉数 | 1 |
| 口座に必要な資金 | $9,050.00 | 対口座リターン | 382.98% |

## 第2章 FXのトレンドフォロー戦術

| 売りトレード | | | |
|---|---|---|---|
| 総損益 | ($10,600.00) | 現在建玉中の損益 | $0.00 |
| 総利益 | $15,390.00 | 総損失 | ($25,990.00) |
| トレード回数 | 25 | 勝率 | 32.00% |
| 勝ちトレード数 | 8 | 負けトレード数 | 17 |
| 最大勝ちトレード | $5,810.00 | 最大負けトレード | ($2,670.00) |
| 1回当たり平均利益 | $1,923.75 | 1回当たり平均損失 | ($1,528.82) |
| ペイオフレシオ | 1.26 | 1回当たり平均損益 | ($424.00) |
| 最大連勝数 | 2 | 最大連敗数 | 5 |
| 勝ちトレードの平均建玉期間 | 24 | 負けトレードの平均建玉期間 | 7 |
| 日中最大ドローダウン | ($13,280.00) | | |
| プロフィットファクター | 0.59 | 最大建玉数 | 1 |
| 口座に必要な資金 | $13,280.00 | 対口座リターン | -79.82% |

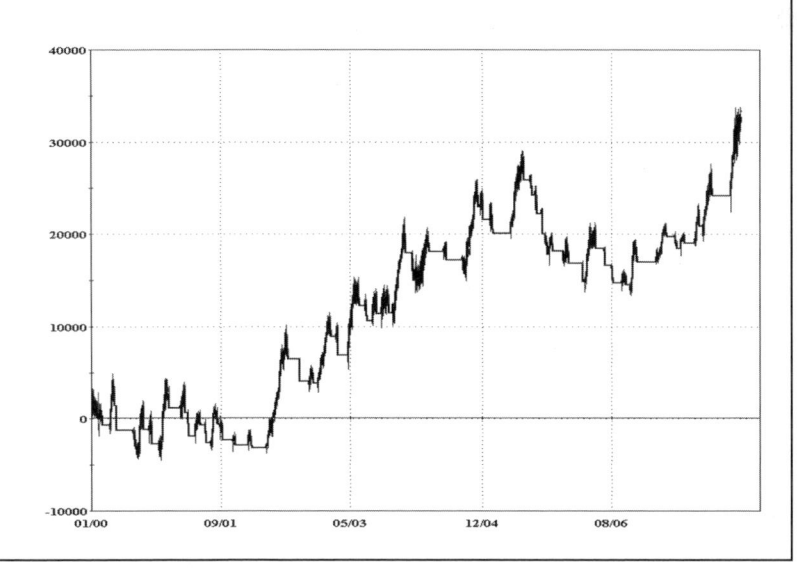

やはり、70年代以降の結果をみると、明らかに20日ブレイクアウトのほうが機能している。しかも残念ながら、資産曲線は20日ブレイクアウトとほぼ同じであった。同様に03年から極端に成績が悪化している。

次はドルスイスで検証してみよう（**図表2-6**）。

これは明らかに20日ブレイクアウトよりも良い結果となっている。最終利益、プロフィットファクター、勝率、ペイアウトともに向上している。資産曲線をみると03年の不調はあるものの、20日ブレイクアウトよりもはるかに良い。ただ、それを考慮に入れても01年以降の収益性の低下は隠し切れない。

ポンドドル（**図表2-7**）では、最終損益でドル円のパターンよりわずかに劣っている。93年以降、ほぼ負け続けなのも変わらないようだ。ただし、機能しだすのは00年からと、20日ブレイクアウトよりはまだ早いようである。

ユーロドル（**図表2-8**）では、ドルスイス同様、20日ブレイクアウトよりも良い結果となっていた。

結論をいうと、50日ブレイクアウトが20日ブレイクアウトを必ずしも上回っているわけではないことになる。またこの5年に限っても50日がベターとはいえない。

なお、00年以降のチャネルブレイクアウトで最も有効に機能したのは、通貨では豪ドル円（AUD/JPY）であった。これは50日、20日を問わずである。

## 2．応用戦術の検証

　もっとも、ここで紹介した50日や20日のチャネルブレイクアウトが、タートルズの本当の戦略ではない、という批判があるだろう。その代表的な問題点として次の2点が挙げられる。

①P/Lフィルターが使用されていない。
②1/2N戦術が採用されていない。

### P/Lフィルターの効果

　P/Lフィルターとは「一定のトレンドが継続された後は、レンジまたはダマシになる可能性が高い」ため「利益が出た直近のトレードと反対方向に出たシグナルは無視する」というフィルターである。もっとも、サンズによるとFX市場ではP/Lフィルターの効果はさほどではないという。つまりFX市場では、一定のトレンドが継続した後、その反対側でもトレンドが発生している可能性が高い、というわけだ。
　では、実際に先ほどの20-10システムにP/Lフィルターを加えた場合、ドル円相場ではどうなったか検証してみよう（**図表2-9**）。

### 図表2-9　20-10にP/Lフィルターを追加（ドル円）

**全トレード**

| | | | |
|---|---|---|---|
| 総損益 | ¥29,130,000 | 現在建玉中の損益 | ¥0 |
| 総利益 | ¥45,109,000 | 総損失 | (¥15,979,000) |
| トレード回数 | 193 | 勝率 | 46.63% |
| 勝ちトレード数 | 90 | 負けトレード数 | 103 |
| 最大勝ちトレード | ¥3,147,000 | 最大負けトレード | (¥379,000) |
| 1回当たり平均利益 | ¥501,211.11 | 1回当たり平均損失 | (¥155,135.92) |
| ペイオフレシオ | 3.23 | 1回当たり平均損益 | ¥150,932.64 |
| 最大連勝数 | 6 | 最大連敗数 | 8 |
| 勝ちトレードの平均建玉期間 | 30 | 負けトレードの平均建玉期間 | 8 |
| 日中最大ドローダウン | (¥1,699,000) | | |
| プロフィットファクター | 2.82 | 最大建玉数 | 1 |
| 口座に必要な資金 | ¥1,699,000 | 対口座リターン | 1714.54% |

**買いトレード**

| | | | |
|---|---|---|---|
| 総損益 | ¥8,281,000 | 現在建玉中の損益 | ¥0 |
| 総利益 | ¥15,499,000 | 総損失 | (¥7,218,000) |
| トレード回数 | 86 | 勝率 | 45.35% |
| 勝ちトレード数 | 39 | 負けトレード数 | 47 |
| 最大勝ちトレード | ¥1,499,000 | 最大負けトレード | (¥329,000) |
| 1回当たり平均利益 | ¥397,410.26 | 1回当たり平均損失 | (¥153,574.47) |
| ペイオフレシオ | 2.59 | 1回当たり平均損益 | ¥96,290.70 |
| 最大連勝数 | 4 | 最大連敗数 | 8 |
| 勝ちトレードの平均建玉期間 | 31 | 負けトレードの平均建玉期間 | 9 |
| 日中最大ドローダウン | (¥1,524,000) | | |
| プロフィットファクター | 2.15 | 最大建玉数 | 1 |
| 口座に必要な資金 | ¥1,524,000 | 対口座リターン | 543.37% |

第2章　FXのトレンドフォロー戦術

| 売りトレード | | | |
|---|---:|---|---:|
| 総損益 | ¥20,849,000 | 現在建玉中の損益 | $0 |
| 総利益 | ¥29,610,000 | 総損失 | (¥8,761,000) |
| トレード回数 | 107 | 勝率 | 47.66% |
| 勝ちトレード数 | 51 | 負けトレード数 | 56 |
| 最大勝ちトレード | ¥3,147,000 | 最大負けトレード | (¥379,000) |
| 1回当たり平均利益 | ¥580,588.24 | 1回当たり平均損失 | (¥156,446.43) |
| ペイオフレシオ | 3.71 | 1回当たり平均損益 | ¥194,850.47 |
| 最大連勝数 | 5 | 最大連敗数 | 6 |
| 勝ちトレードの平均建玉期間 | 29 | 負けトレードの平均建玉期間 | 8 |
| 日中最大ドローダウン | (¥1,093,000) | | |
| プロフィットファクター | 3.38 | 最大建玉数 | 1 |
| 口座に必要な資金 | ¥1,093,000 | 対口座リターン | 1907.50% |

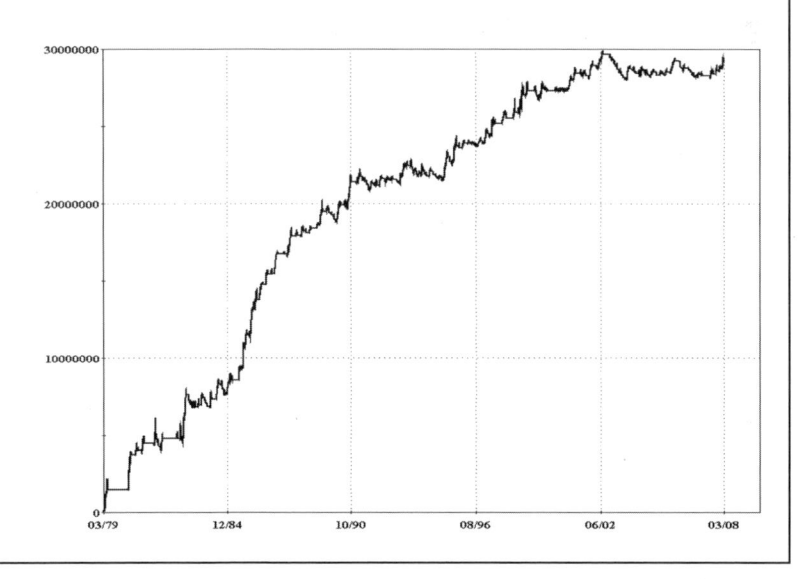

79

## 図表2-10　20-10にP/Lフィルターを追加（ドルスイス）

### 全トレード

| | | | |
|---|---:|---|---:|
| 総損益 | CHF82,710.00 | 現在建玉中の損益 | CHF7,080.00 |
| 総利益 | CHF302,270.00 | 総損失 | (CHF219,560.00) |
| トレード回数 | 161 | 勝率 | 39.13% |
| 勝ちトレード数 | 63 | 負けトレード数 | 98 |
| 最大勝ちトレード | CHF16,280.00 | 最大負けトレード | (CHF6,460.00) |
| 1回当たり平均利益 | CHF4,797.94 | 1回当たり平均損失 | (CHF2,240.41) |
| ペイオフレシオ | 2.14 | 1回当たり平均損益 | CHF513.73 |
| 最大連勝数 | 3 | 最大連敗数 | 6 |
| 勝ちトレードの平均建玉期間 | 29 | 負けトレードの平均建玉期間 | 9 |
| 日中最大ドローダウン | (CHF27,320.00) | | |
| プロフィットファクター | 1.38 | 最大建玉数 | 1 |
| 口座に必要な資金 | CHF27,320.00 | 対口座リターン | 302.75% |

### 買いトレード

| | | | |
|---|---:|---|---:|
| 総損益 | (CHF5,050.00) | 現在建玉中の損益 | CHF0.00 |
| 総利益 | CHF92,840.00 | 総損失 | (CHF97,890.00) |
| トレード回数 | 63 | 勝率 | 34.92% |
| 勝ちトレード数 | 22 | 負けトレード数 | 41 |
| 最大勝ちトレード | CHF16,280.00 | 最大負けトレード | (CHF4,780.00) |
| 1回当たり平均利益 | CHF4,220.00 | 1回当たり平均損失 | (CHF2,387.56) |
| ペイオフレシオ | 1.77 | 1回当たり平均損益 | (CHF80.16) |
| 最大連勝数 | 3 | 最大連敗数 | 13 |
| 勝ちトレードの平均建玉期間 | 30 | 負けトレードの平均建玉期間 | 10 |
| 日中最大ドローダウン | (CHF36,760.00) | | |
| プロフィットファクター | 0.95 | 最大建玉数 | 1 |
| 口座に必要な資金 | CHF36,760.00 | 対口座リターン | -13.74% |

| 売りトレード | | | |
|---|---|---|---|
| 総損益 | CHF87,760.00 | 現在建玉中の損益 | CHF7,080.00 |
| 総利益 | CHF209,430.00 | 総損失 | (CHF121,670.00) |
| トレード回数 | 98 | 勝率 | 41.84% |
| 勝ちトレード数 | 41 | 負けトレード数 | 57 |
| 最大勝ちトレード | CHF15,150.00 | 最大負けトレード | (CHF6,460.00) |
| 1回当たり平均利益 | CHF5,108.05 | 1回当たり平均損失 | (CHF2,134.56) |
| ペイオフレシオ | 2.39 | 1回当たり平均損益 | CHF895.51 |
| 最大連勝数 | 4 | 最大連敗数 | 6 |
| 勝ちトレードの平均建玉期間 | 29 | 負けトレードの平均建玉期間 | 9 |
| 日中最大ドローダウン | (CHF14,120.00) | | |
| プロフィットファクター | 1.72 | 最大建玉数 | 1 |
| 口座に必要な資金 | CHF14,120.00 | 対口座リターン | 621.53% |

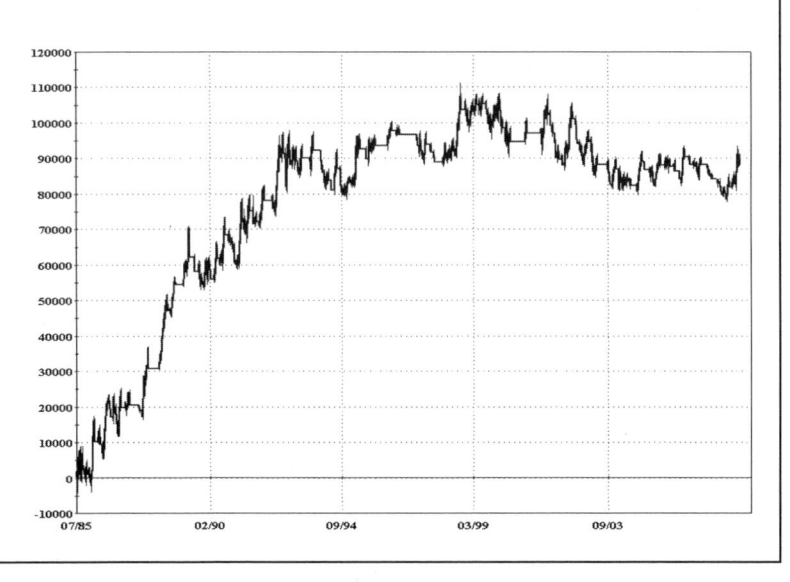

### 図表2-11　20-10にP/Lフィルターを追加（ポンドドル）

| 全トレード | | | |
|---|---|---|---|
| 総損益 | $101,130.00 | 現在建玉中の損益 | ($280.00) |
| 総利益 | $334,000.00 | 総損失 | ($232,870.00) |
| トレード回数 | 196 | 勝率 | 40.31% |
| 勝ちトレード数 | 79 | 負けトレード数 | 117 |
| 最大勝ちトレード | $35,760.00 | 最大負けトレード | ($7,900.00) |
| 1回当たり平均利益 | $4,227.85 | 1回当たり平均損失 | ($1,990.34) |
| ペイオフレシオ | 2.12 | 1回当たり平均損益 | $515.97 |
| 最大連勝数 | 5 | 最大連敗数 | 9 |
| 勝ちトレードの平均建玉期間 | 28 | 負けトレードの平均建玉期間 | 9 |
| 日中最大ドローダウン | ($69,350.00) | | |
| プロフィットファクター | 1.43 | 最大建玉数 | 1 |
| 口座に必要な資金 | $69,350.00 | 対口座リターン | 145.83% |

| 買いトレード | | | |
|---|---|---|---|
| 総損益 | $49,510.00 | 現在建玉中の損益 | $0.00 |
| 総利益 | $137,580.00 | 総損失 | ($88,070.00) |
| トレード回数 | 82 | 勝率 | 43.90% |
| 勝ちトレード数 | 36 | 負けトレード数 | 46 |
| 最大勝ちトレード | $16,640.00 | 最大負けトレード | ($4,900.00) |
| 1回当たり平均利益 | $3,821.67 | 1回当たり平均損失 | ($1,914.57) |
| ペイオフレシオ | 2.00 | 1回当たり平均損益 | $603.78 |
| 最大連勝数 | 4 | 最大連敗数 | 7 |
| 勝ちトレードの平均建玉期間 | 28 | 負けトレードの平均建玉期間 | 8 |
| 日中最大ドローダウン | ($23,450.00) | | |
| プロフィットファクター | 1.56 | 最大建玉数 | 1 |
| 口座に必要な資金 | $23,450.00 | 対口座リターン | 211.13% |

## 第2章 FXのトレンドフォロー戦術

| 売りトレード | | | |
|---|---|---|---|
| 総損益 | $51,620.00 | 現在建玉中の損益 | ($280.00) |
| 総利益 | $196,420.00 | 総損失 | ($144,800.00) |
| トレード回数 | 114 | 勝率 | 37.72% |
| 勝ちトレード数 | 43 | 負けトレード数 | 71 |
| 最大勝ちトレード | $35,760.00 | 最大負けトレード | ($7,900.00) |
| 1回当たり平均利益 | $4,567.91 | 1回当たり平均損失 | ($2,039.44) |
| ペイオフレシオ | 2.24 | 1回当たり平均損益 | $452.81 |
| 最大連勝数 | 3 | 最大連敗数 | 9 |
| 勝ちトレードの平均建玉期間 | 27 | 負けトレードの平均建玉期間 | 10 |
| 日中最大ドローダウン | ($67,560.00) | | |
| プロフィットファクター | 1.36 | 最大建玉数 | 1 |
| 口座に必要な資金 | $67,560.00 | 対口座リターン | 76.41% |

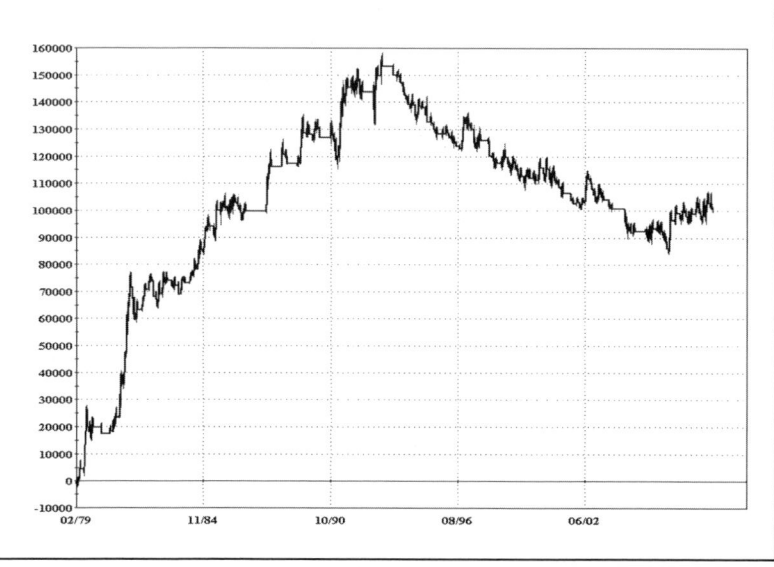

83

## 図表2-12　20-10にP/Lフィルターを追加（ユーロドル）

| 全トレード | | | |
|---|---:|---|---:|
| 総損益 | $20,290.00 | 現在建玉中の損益 | $8,550.00 |
| 総利益 | $70,680.00 | 総損失 | ($50,390.00) |
| トレード回数 | 52 | 勝率 | 44.23% |
| 勝ちトレード数 | 23 | 負けトレード数 | 29 |
| 最大勝ちトレード | $9,730.00 | 最大負けトレード | ($3,080.00) |
| 1回当たり平均利益 | $3,073.04 | 1回当たり平均損失 | ($1,737.59) |
| ペイオフレシオ | 1.77 | 1回当たり平均損益 | $390.19 |
| 最大連勝数 | 4 | 最大連敗数 | 6 |
| 勝ちトレードの平均建玉期間 | 30 | 負けトレードの平均建玉期間 | 8 |
| 日中最大ドローダウン | ($9,750.00) | | |
| プロフィットファクター | 1.40 | 最大建玉数 | 1 |
| 口座に必要な資金 | $9,750.00 | 対口座リターン | 208.10% |

| 買いトレード | | | |
|---|---:|---|---:|
| 総損益 | $29,190.00 | 現在建玉中の損益 | $8,550.00 |
| 総利益 | $56,690.00 | 総損失 | ($27,500.00) |
| トレード回数 | 28 | 勝率 | 46.43% |
| 勝ちトレード数 | 13 | 負けトレード数 | 15 |
| 最大勝ちトレード | $9,730.00 | 最大負けトレード | ($3,080.00) |
| 1回当たり平均利益 | $4,360.77 | 1回当たり平均損失 | ($1,833.33) |
| ペイオフレシオ | 2.38 | 1回当たり平均損益 | $1,042.50 |
| 最大連勝数 | 6 | 最大連敗数 | 3 |
| 勝ちトレードの平均建玉期間 | 36 | 負けトレードの平均建玉期間 | 7 |
| 日中最大ドローダウン | ($6,740.00) | | |
| プロフィットファクター | 2.06 | 最大建玉数 | |
| 口座に必要な資金 | $6,740.00 | 対口座リターン | 433.09% |

## 売りトレード

| | | | |
|---|---|---|---|
| 総損益 | ($8,900.00) | 現在建玉中の損益 | $0.00 |
| 総利益 | $13,990.00 | 総損失 | ($22,890.00) |
| トレード回数 | 24 | 勝率 | 41.67% |
| 勝ちトレード数 | 10 | 負けトレード数 | 14 |
| 最大勝ちトレード | $4,820.00 | 最大負けトレード | ($2,670.00) |
| 1回当たり平均利益 | $1,399.00 | 1回当たり平均損失 | ($1,635.00) |
| ペイオフレシオ | 0.86 | 1回当たり平均損益 | ($370.83) |
| 最大連勝数 | 2 | 最大連敗数 | 5 |
| 勝ちトレードの平均建玉期間 | 23 | 負けトレードの平均建玉期間 | 8 |
| 日中最大ドローダウン | ($13,570.00) | | |
| プロフィットファクター | 0.61 | 最大建玉数 | 1 |
| 口座に必要な資金 | $13,570.00 | 対口座リターン | -65.59% |

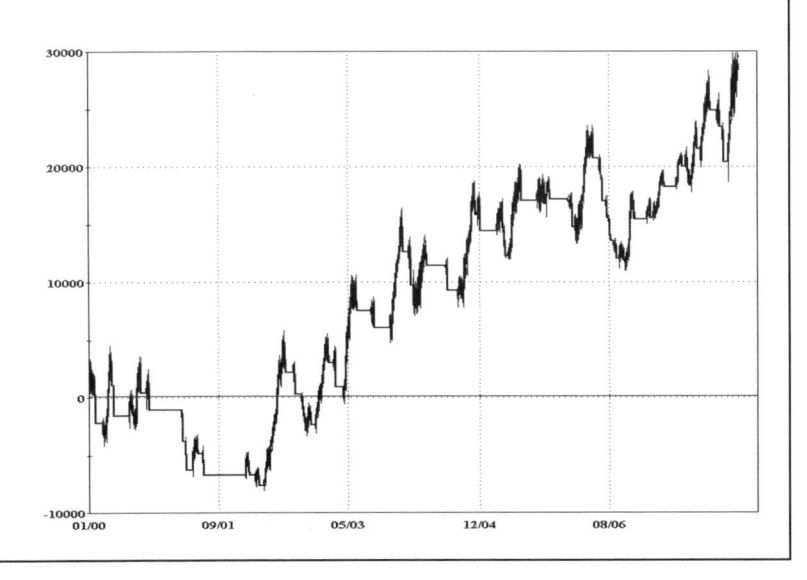

90年以降のドル円相場での比較
　P/Lフィルターによって除外されたトレード総数　　62
　その内損失に終わったもの　47
　P/Lフィルタートレードによる勝率増　　7.35%
（ドル円相場で検証。期間1990〜2008年　総トレード　153回）

　90年以降のトレードで30.6％が除外され、損益は約262万円改善された。約35％増の損益改善効果であり、P/Lフィルターで除去されたトレードの多くが損失に終わっているので「ドル円に関してはP/Lフィルターの効果はある」という結論になる。
　いくつか大きな収益性のあるトレードを除外してしまってはいた（例えば07年7月の売り仕掛け）。しかし、特に98年以降のP/Lフィルターで除外したトレードは多くが損失となっており、フィルター自体の効果は失われていないといえそうだ。
　したがって、ことドル円相場に限っていえば、P/Lフィルター自体はそれなりに機能しているといえるだろう。
　ただし、同じようにドルスイスの97年以降の損益をみてみるとトントンに近く、勝率も改善しなかった。ドル円よりもずっと悪い(**図表2-10**)。
　またポンドドル(**図表2-11**)は、負けトレードが99年以降頻発しているわりに、利益が出た後のトレードが必ずしも損失になっていないなど、フィルター効果そのものに疑問が残る結果となってしまった。
　**図表2-12**はユーロドルの結果である。残念ながら、こと欧州通

貨に関してP/Lフィルター戦術は「使ってもよいが、使わなくても中長期的にはさほど差が無い」といえる。

## ボラティリティで損切り

では、もうひとつの1/2N戦術はどうであろうか。1/2N戦術とは値動き自体がリスクを決めるという考えで、ボラティリティを利用して損切る戦術である

ちなみに、ここでいう「ボラティリティ」とは「レンジ＝一定時間内に価格が動いた幅＝値幅」をもとに指標化することによって相場の動きを数字で表したものである。オプションなどで利用するインプライドボラティリティのことではない。

まず、この戦術について説明する前に「N」の計算方法について紹介しよう。Nとは「ATR」のことであり、ATRとは真のレンジ（TR＝True Range）の平均値のことである。そしてTRとは、次の①〜③の最大値である。

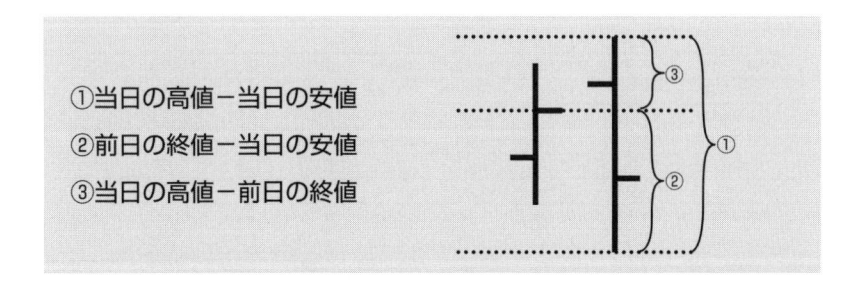

①当日の高値－当日の安値
②前日の終値－当日の安値
③当日の高値－前日の終値

ひとつ前の罫線の終値を勘案するのは、次の罫線がストップ高や

### 図表2-13 ドル円相場のボラティリティ

| 日付 | 始値 | 高値 | 安値 | 終値 | TR | ATR | 2ATR | 1/2ATR |
|---|---|---|---|---|---|---|---|---|
| 08.02.19 | 108.12 | 108.28 | 107.20 | 107.83 | | | | |
| 08.02.20 | 107.84 | 108.35 | 107.47 | 108.06 | 0.88 | | | |
| 08.02.21 | 108.05 | 108.33 | 107.14 | 107.29 | 1.19 | | | |
| 08.02.22 | 107.30 | 107.56 | 106.71 | 107.16 | 0.85 | | | |
| 08.02.25 | 107.26 | 108.21 | 107.22 | 108.09 | 1.05 | | | |
| 08.02.26 | 108.10 | 108.13 | 107.14 | 107.29 | 0.99 | | | |
| 08.02.27 | 107.26 | 107.39 | 105.94 | 106.38 | 1.45 | | | |
| 08.02.28 | 106.39 | 106.63 | 105.06 | 105.30 | 1.57 | | | |
| 08.02.29 | 105.28 | 105.37 | 103.68 | 103.72 | 1.69 | | | |
| 08.03.03 | 103.19 | 103.70 | 102.61 | 103.42 | 1.11 | | | |
| 08.03.04 | 103.43 | 103.56 | 102.65 | 103.46 | 0.91 | | | |
| 08.03.05 | 103.47 | 104.18 | 103.27 | 103.89 | 0.91 | | | |
| 08.03.06 | 103.90 | 104.00 | 102.46 | 102.56 | 1.54 | | | |
| 08.03.07 | 102.57 | 103.23 | 101.41 | 102.67 | 1.82 | | | |
| 08.03.10 | 102.12 | 102.44 | 101.55 | 101.74 | 1.12 | 1.22 | 2.44 | 0.61 |
| 08.03.11 | 101.73 | 103.59 | 101.42 | 103.40 | 2.17 | 1.31 | 2.62 | 0.66 |
| 08.03.12 | 103.41 | 103.44 | 101.09 | 101.55 | 2.35 | 1.40 | 2.79 | 0.70 |
| 08.03.13 | 101.54 | 101.69 | 99.76 | 100.68 | 1.93 | 1.47 | 2.94 | 0.74 |
| 08.03.14 | 100.69 | 101.15 | 98.89 | 99.07 | 2.26 | 1.56 | 3.12 | 0.78 |
| 08.03.17 | 98.71 | 99.09 | 95.73 | 97.36 | 3.36 | 1.73 | 3.46 | 0.86 |
| 08.03.18 | 97.35 | 100.45 | 96.84 | 100.05 | 3.61 | 1.88 | 3.76 | 0.94 |
| 08.03.19 | 100.06 | 100.18 | 97.66 | 98.75 | 2.52 | 1.95 | 3.90 | 0.98 |
| 08.03.20 | 98.74 | 100.20 | 98.44 | 99.08 | 1.76 | 1.96 | 3.91 | 0.98 |
| 08.03.21 | 99.06 | 99.73 | 99.01 | 99.55 | 0.72 | 1.93 | 3.85 | 0.96 |
| 08.03.24 | 99.52 | 100.89 | 99.47 | 100.69 | 1.42 | 1.96 | 3.93 | 0.98 |
| 08.03.25 | 100.70 | 101.02 | 99.62 | 99.96 | 1.40 | 2.00 | 4.00 | 1.00 |
| 08.03.26 | 99.98 | 100.33 | 98.76 | 98.97 | 1.57 | 2.00 | 4.00 | 1.00 |
| 08.03.27 | 98.96 | 100.15 | 98.55 | 99.51 | 1.60 | 1.99 | 3.97 | 0.99 |
| 08.03.28 | 99.52 | 100.39 | 99.10 | 99.22 | 1.29 | 2.00 | 3.99 | 1.00 |
| 08.03.31 | 98.87 | 100.17 | 98.81 | 99.90 | 1.36 | 1.94 | 3.88 | 0.97 |
| 08.04.01 | 99.89 | 102.15 | 99.58 | 101.75 | 2.57 | 1.96 | 3.91 | 0.98 |
| 08.04.02 | 101.74 | 102.83 | 101.51 | 102.30 | 1.32 | 1.91 | 3.82 | 0.96 |
| 08.04.03 | 102.31 | 102.94 | 102.07 | 102.25 | 0.87 | 1.81 | 3.62 | 0.91 |
| 08.04.04 | 102.26 | 102.68 | 101.45 | 101.46 | 1.23 | 1.66 | 3.32 | 0.83 |
| 08.04.07 | 101.72 | 102.85 | 101.52 | 102.36 | 1.39 | 1.50 | 3.00 | 0.75 |
| 08.04.08 | 102.37 | 102.68 | 101.75 | 102.56 | 0.93 | 1.39 | 2.78 | 0.69 |
| 08.04.09 | 102.57 | 102.83 | 101.49 | 101.73 | 1.34 | 1.36 | 2.72 | 0.68 |
| 08.04.10 | 101.74 | 102.04 | 100.02 | 101.76 | 2.02 | 1.45 | 2.90 | 0.73 |
| 08.04.11 | 101.77 | 102.26 | 100.64 | 101.00 | 1.62 | 1.47 | 2.93 | 0.73 |

ストップ安になったときにも適正なレンジ（つまり真のレンジ＝TR）を計測できるからだ。

ATRは値動きの激しさ（ボラティリティ）をみるために一定期間のTRを平均化したものである。基本的にタートルズは、15日間（もしくは14日間）のTRの平均値をATRとしていた。つまり、ATRとは「真のレンジの15日（14日）移動平均」である。

このATRを基準にリスクについて考えていくのである。タートルズは当初、最大２％のリスクしか取らない。つまり、２ATR＝全資産の２％とするわけだ。１ATRが全資産の１％のリスクに等しくなるように建玉を調整するのである。

具体例でみてみよう（**図表2-13**）。１ATR＝２円というのが妥当と考えると、１万ドル×２円＝２万円が１％相当の資金となる。つまり、200万円が１万ドルのポジションを持つのに（トレンドフォローを行うのに）十分な資金となる。

ちなみに1/2ATRであれば、１万ドル当たり50万円の資金でよい。したがって、同じ200万円で４枚（１枚１万ドルとして）を持つことができる。

## 1/2N戦術は有効か

1/2N戦術は、サンズいわく「ブレイクアウトのダマシを避ける戦術」である。例として、ある友人のココア相場での損切りを挙げていた。寄り付きからのギャップダウンで売り仕掛け、1/2N反発したところで素早く切ったため（要するにウップスで損切りさせら

れているほうだ)、さらに大きな損失を免れたという。

　しかし、昔から疑問に思うことがある。２Ｎものリスクを当初から取るのは、チャネルブレイクアウト直後に相場がブレるリスクから逃れるためであるはずだ。したがってトレンドに乗ってからは２Ｎものリスクは必要ないであろう。20日ブレイクが「ダマシ」に終わる可能性があるときとは一体どう判断するのであろうか？　ウップスであったら損切りするのであろうか？　１日２日逆行しても、結果的にはトレンドに戻ることもあり得る。

　一方、20日ブレイクアウトで1/2Ｎを使うと、かえって損失が大きくなったりはしないのだろうか。そうでないとすれば、そもそも1/2Ｎを損切りに使ったほうがリスクリターンは改善するのではないか……。

　歴史的にはドル円のＮは大雑把にいって１円だ。平均的には0.7～0.8％程度である。２Ｎは1.75％程度。1/2Ｎはざっと50銭、0.45％程度とみて間違いないであろう。

　では実際にストップを２Ｎ相当とした場合と1/2Ｎ相当にした場合の違いをみてみよう（**図表2-1と2-14**）。

　90年以降のデータで最終的なネット損益だけをみると、さほどの違いはなさそうにみえた。しかし実際には、かなり違うトレードとなった。トレード回数が202に対して338と136回も増えていたのだ。それ自体は必ずしも問題ではないが、勝率が非常に悪化している。２Ｎストップの場合、トレンドフォローとしては例外的な42.4％もの勝率であるが、1/2Ｎでは22.9％と平均以下のレベルである。

　1/2Ｎとしたわりにはドローダウンがさほど改善されておらず

### 図表2-14　1/2Nストップロスの場合（ドル円）

| 全トレード | | | |
|---|---:|---|---:|
| 総損益 | ¥15,492,000 | 現在建玉中の損益 | $0 |
| 総利益 | ¥48,396,000 | 総損失 | (¥32,904,000) |
| トレード回数 | 589 | 勝率 | 17.15% |
| 勝ちトレード数 | 101 | 負けトレード数 | 488 |
| 最大勝ちトレード | ¥3,625,000 | 最大負けトレード | ¥414,000 |
| 1回当たり平均利益 | ¥479,168.32 | 1回当たり平均損失 | (¥67,426.23) |
| ペイオフレシオ | 7.11 | 1回当たり平均損益 | ¥26,302.21 |
| 最大連勝数 | 3 | 最大連敗数 | 40 |
| 勝ちトレードの平均建玉期間 | 27 | 負けトレードの平均建玉期間 | 2 |
| 日中最大ドローダウン | (¥2,556,000) | | |
| プロフィットファクター | 1.47 | 最大建玉数 | 1 |
| 口座に必要な資金 | ¥2,556,000 | 対口座リターン | 606.10% |

### 図表2-15 1/2Nストップロスの場合（ドルスイス）

| 全トレード | | | |
|---|---|---|---|
| 総損益 | CHF24,690.00 | 現在建玉中の損益 | CHF7,080.00 |
| 総利益 | CHF331,220.00 | 総損失 | (CHF306,530.00) |
| トレード回数 | 453 | 勝率 | 17.66% |
| 勝ちトレード数 | 80 | 負けトレード数 | 373 |
| 最大勝ちトレード | CHF16,760.00 | 最大負けトレード | (CHF2,580.00) |
| 1回当たり平均利益 | CHF4,140.25 | 1回当たり平均損失 | (CHF821.80) |
| ペイオフレシオ | 5.04 | 1回当たり平均損益 | CHF54.50 |
| 最大連勝数 | 4 | 最大連敗数 | 49 |
| 勝ちトレードの平均建玉期間 | 26 | 負けトレードの平均建玉期間 | 2 |
| 日中最大ドローダウン | (CHF47,940.00) | | |
| プロフィットファクター | 1.08 | 最大建玉数 | |
| 口座に必要な資金 | CHF47,940.00 | 対口座リターン | 51.50% |

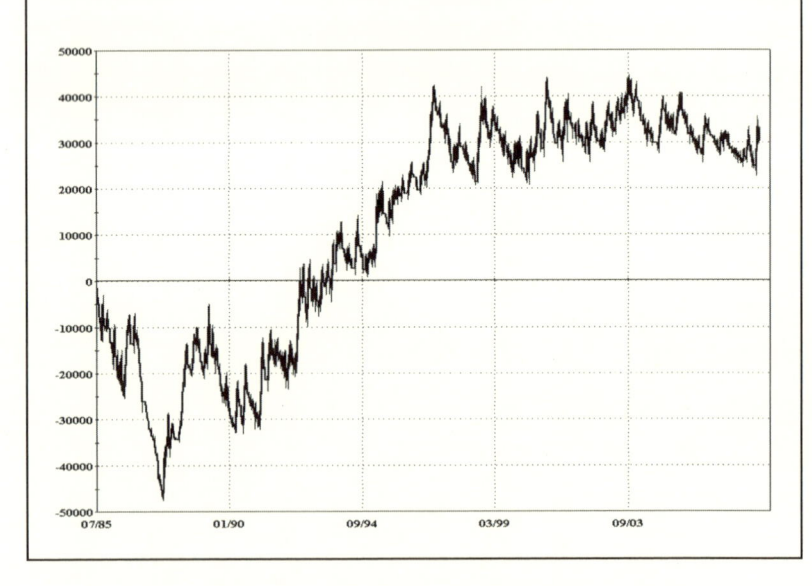

（2000ドル程度）、一方で連続負けはなんと８から19になっている。連続するロスは精神的にも金銭的にも打撃であるが、19ではさすがにシステムを放棄したくなるはずだ。

２Ｎ戦術が03年以降ほとんど損益的にはトントン以下であるのは、すでに述べたとおりである。1/2Ｎ戦術も03年以降、非常に厳しい結果となっている。そのひとつの要因としてトレンドフォローとしては異例ともいえる勝率の高さがあるかもしれない。そこで、より一般的なトレンドフォロー戦略の勝率に近いドルスイスで再度検証してみよう（**図表2-2と2-15**）。

ドルスイスのＮは100～150ポイント（0.0100～0.0150）であった。したがって1/2Ｎは約50～75ポイントに相当する。これは相場変動の0.40～0.60％であるから0.5％が妥当であろう。ここでは２Ｎを２％、1/2Ｎを0.5％としてシミュレーションをした。

90年以降のデータをみるとドルスイスでは1/2Ｎストップのほうが、最終損益はいくらか良くなっている。しかし、勝率の大幅ダウン（43.3％→22.3％）と連続負けトレードが６（それでも多いが）から14と悪化している。

続いて資産増加曲線をみてみよう。00年から明らかにパフォーマンスが悪化しているのは、ドンチャンシステムのパターンだ。ただし、それにしても04年から４年連続のマイナス成績では、システムの有効性が著しく下がっているとしかいいようがない。

1/2Ｎはさらに早く、97年から悪化している。だが、下がってもいないという意味で、まさにプラスマイナスゼロのトレードである。

1/2Ｎ戦術ではストップが近い分、トレードのできる回数は増え

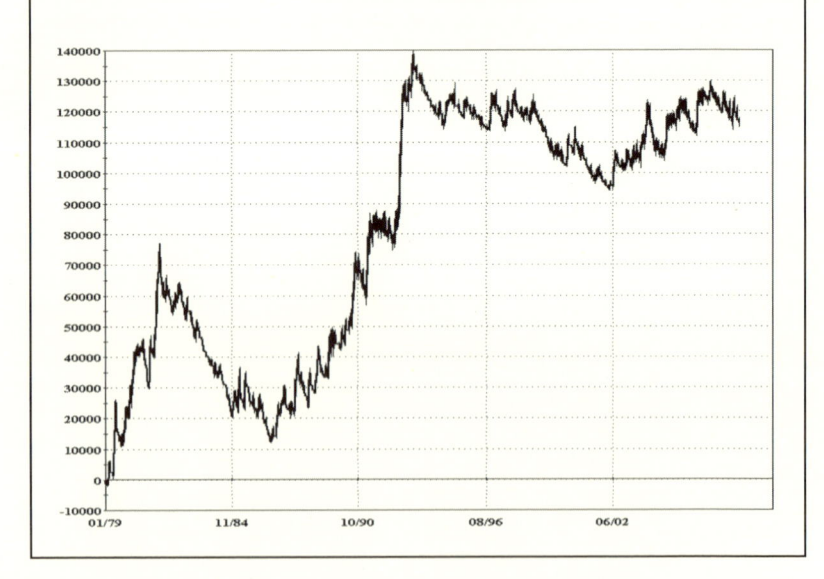

### 図表2-16　1/2Nストップロスの場合（ポンドドル）

**全トレード**

| | | | |
|---|---|---|---|
| 総損益 | $115,820.00 | 現在建玉中の損益 | $0.00 |
| 総利益 | $464,450.00 | 総損失 | ($348,630.00) |
| トレード回数 | 589 | 勝率 | 16.64% |
| 勝ちトレード数 | 98 | 負けトレード数 | 491 |
| 最大勝ちトレード | $36,760.00 | 最大負けトレード | ($4,490.00) |
| 1回当たり平均利益 | $4,739.29 | 1回当たり平均損失 | ($710.04) |
| ペイオフレシオ | 6.67 | 1回当たり平均損益 | $196.64 |
| 最大連勝数 | 3 | 最大連敗数 | 29 |
| 勝ちトレードの平均建玉期間 | 27 | 負けトレードの平均建玉期間 | 2 |
| 日中最大ドローダウン | ($59,880.00) | 最大ドローダウン | |
| プロフィットファクター | 1.33 | 最大建玉数 | 1 |
| 口座に必要な資金 | $59,880.00 | 対口座リターン | 193.42% |

## 図表 2-17　1/2N ストップロスの場合（ユーロドル）

| 全トレード | | | |
|---|---|---|---|
| 総損益 | $11,220.00 | 現在建玉中の損益 | $8,550.00 |
| 総利益 | $75,300.00 | 総損失 | ($64,080.00) |
| トレード回数 | 140 | 勝率 | 22.14% |
| 勝ちトレード数 | 31 | 負けトレード数 | 109 |
| 最大勝ちトレード | $9,730.00 | 最大負けトレード | ($970.00) |
| 1回当たり平均利益 | $2,429.03 | 1回当たり平均損失 | ($587.89) |
| ペイオフレシオ | 4.13 | 1回当たり平均損益 | $80.14 |
| 最大連勝数 | 4 | 最大連敗数 | 15 |
| 勝ちトレードの平均建玉期間 | 25 | 負けトレードの平均建玉期間 | 3 |
| 日中最大ドローダウン | ($10,480.00) | | |
| プロフィットファクター | 1.18 | 最大建玉数 | 1 |
| 口座に必要な資金 | $10,480.00 | 対口座リターン | 107.06% |

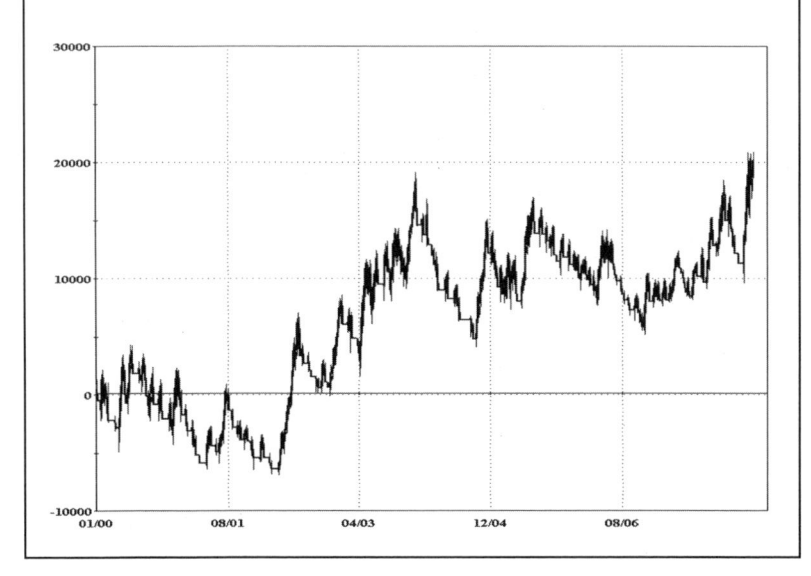

る。また損失が４分の１になることは精神衛生的に良いことだろう。だが、それを続けると結果的には連続負けトレードが増え、トレンド初期の激しい値動きに耐えられなくなってしまう。

　結果として「ほとんど変わらない」のだ。したがって「戦略」や「戦術」ではなく、感覚的なものに過ぎないのではないかと思われる。

　もっといってしまえば、損切り水準の引き下げは、勝率、連敗、トレード回数とのペイオフとなっており、最終損益や戦略の分散にはほとんど効果がないといえるだろう。

### 市場分散

　タートル戦略のキーワードのひとつが「分散」である。しかし、例えばドル円で円売り、ユーロドルでユーロ売り、ポンドドルでポンド売りをしている場合、実はドル買いで、リスクはほとんど同じ方向で取っているといえる（相関係数はおのおの80％以上である）。

　逆に同じ通貨といっても、ユーロ買いポンド売り、ドル買い円売り、豪ドル買いカナダドル売り、などのポジションは分散がかかっているといえる。

　例えば、ユーロ買いポンド売りのポジションでは、円のニュースも米国のファンダメンタルズも基本的には関係ない。また豪ドルとカナダドルにとっては欧州、英国のファンダメンタルズは、ほとんど影響しない。ところが、ドル円、ポンドドル、ユーロドルでは、すべてドルの影響を受けるために、米国のファンダメンタルズに関するニュースがすべてのポジションに損益を与えてしまう。

## 3．トレンドフォローの資金管理

　さて、ドンチャンテクニックを基にしたタートルズの戦略の骨子は次の5点にまとめられるだろう。

> ①ブレイクアウトに20日を使い、利食いはその半分とする。
> ②ストップは2ATR（N）とする。
> ③P/Lフィルターを使用する。
> ④投資対象を分散する。
> ⑤資金管理。

　最後の資金管理については、ラリー・ウィリアムズをはじめ多くの市場参加者がその重要性について強調している。主にポジションの大きさ、ドローダウンといったところがポイントと思われる。ここでは「攻め」の資金管理としてピラミディングについて考えてみたい。

### ピラミディング戦術

　一般にトレンドが継続する確率はトレンドが終焉する確率よりも高いとされ、なかでも外国為替相場は長くトレンドが続くとされて

いる。トレンドが続く要因はいろいろであろう。一般に金融政策、マクロといった部分に関する二国間格差、ブームとバーストといったものが3～5年を中心的な期間としているため、そうした「長いトレンド」がFX市場に起こりやすいといえる。

例えば、日米貿易での日本の輸出超過状態は20年以上継続しており、そのドル余剰は構造的なものになっている。逆に日米成長力の逆転が90年代前半に起こり、その認識が深まるにつれてドル円は一定以上の円高が起こりにくくなった。これは成長力期待に基づく金利差が一定以上の為替のオーバーシュートを許さない構造になっていることを示唆している。

いずれにせよ、相場とはトレンドが発生するところであり、なかでも為替相場はトレンドが継続しやすいといえる。では、実際にピラミディングをしてみたらどうなったであろうか。

**図表2-18**で紹介するシミュレーションは、ドル円相場において「20日ブレイクアウト、2Nストップロス、10日ブレイクで利食い」という戦術に、同じ方向で再シグナルがあったときに増し玉をするというピラミディング戦術を加えたシステムである。具体的には、20日ブレイクで建玉中に再度20日ブレイクがあったとき、さらに1枚加えるというもので、最大ポジション規模を10枚とした。

ピラミディングを行わなかった場合（**図表2-1**）と比較して分かるように、ピラミディングによってトレード回数が約5倍になるものの、利益はなんと3.8倍となっている。

しかし、ほとんどすべてのトレード指標は悪化している。ピラミディングによって勝率はわずかながら上昇するものの最大負けト

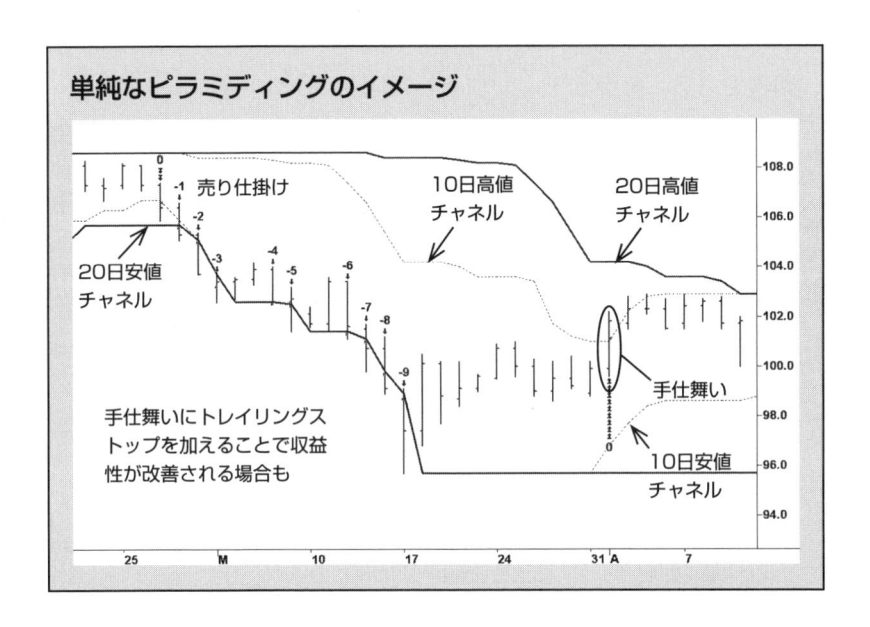

**単純なピラミディングのイメージ**

レード、連敗数、平均損失、プロフィットファクターともに低下しているのだ。資産曲線もむしろ悪化している。

さらに、ピラミディングの結果、必要となる証拠金額は急上昇する。1枚ベースの場合、200万円程度あれば十分であったのに対し、10枚までピラミディングを許可すると約1500万円が必要だ。

しかし、トレードの最終目標が「早く期待損益に到達する」ということであれば（なにせ人生は有限である）、ピラミディングは十分考慮に値するだろう。

続いてドルスイスでどのような結果となるかみてみよう（**図表2-19**）。

ピラミディングをしなかった場合（**図表2-2**）と比較してみると、

## 図表2-18　ピラミディングをした場合（ドル円）

### 全トレード

| | | | |
|---|---|---|---|
| 総損益 | ¥139,934,272 | 現在建玉中の損益 | $0 |
| 総利益 | ¥320,306,144 | 総損失 | (¥180,371,872) |
| トレード回数 | 1,587 | 勝率 | 42.41% |
| 勝ちトレード数 | 673 | 負けトレード数 | 914 |
| 最大勝ちトレード | ¥3,625,000.00 | 最大負けトレード | (¥1,114,000.00) |
| 1回当たり平均利益 | $475,937.81 | 1回当たり平均損失 | (¥197,343.40) |
| ペイオフレシオ | 2.41 | 1回当たり平均損益 | ¥88,175.34 |
| 最大連勝数 | 24 | 最大連敗数 | 27 |
| 勝ちトレードの平均建玉期間 | 29 | 負けトレードの平均建玉期間 | 10 |
| 日中最大ドローダウン | (¥14,445,008.00) | | |
| プロフィットファクター | 1.78 | 最大建玉数 | 10 |
| 口座に必要な資金 | ¥14,445,008.00 | 対口座リターン | 968.74% |

### 買いトレード

| | | | |
|---|---|---|---|
| 総損益 | ¥49,144,032 | 現在建玉中の損益 | ¥0 |
| 総利益 | ¥141,988,032 | 総損失 | (¥92,844,000.00) |
| トレード回数 | 832 | 勝率 | 41.71% |
| 勝ちトレード数 | 347 | 負けトレード数 | 485 |
| 最大勝ちトレード | ¥2,188,000 | 最大負けトレード | (¥1,114,000.00) |
| 1回当たり平均利益 | ¥409,187.41 | 1回当たり平均損失 | (¥191,430.93) |
| ペイオフレシオ | 2.14 | 1回当たり平均損益 | ¥59,067.35 |
| 最大連勝数 | 24 | 最大連敗数 | 22 |
| 勝ちトレードの平均建玉期間 | 29 | 負けトレードの平均建玉期間 | 11 |
| 日中最大ドローダウン | (¥13,557,000) | | |
| プロフィットファクター | 1.53 | 最大建玉数 | 10 |
| 口座に必要な資金 | ¥13,557,000 | 対口座リターン | 362.50% |

## 第2章　FXのトレンドフォロー戦術

| 売りトレード | | | |
|---|---|---|---|
| 総損益 | ¥90,790,048 | 現在建玉中の損益 | ¥0 |
| 総利益 | ¥178,318,048 | 総損失 | (¥87,528,000) |
| トレード回数 | 755 | 勝率 | 43.18% |
| 勝ちトレード数 | 326 | 負けトレード数 | 429 |
| 最大勝ちトレード | ¥3,625,000 | 最大負けトレード | (¥775,000) |
| 1回当たり平均利益 | ¥546,987.88 | 1回当たり平均損失 | (¥204,027.97) |
| ペイオフレシオ | 2.68 | 1回当たり平均損益 | ¥120,251.72 |
| 最大連勝数 | 17 | 最大連敗数 | 24 |
| 勝ちトレードの平均建玉期間 | 29 | 負けトレードの平均建玉期間 | 9 |
| 日中最大ドローダウン | (¥12,825,968) | | |
| プロフィットファクター | 2.04 | 最大建玉数 | 10 |
| 口座に必要な資金 | ¥12,825,968 | 対口座リターン | 707.86% |

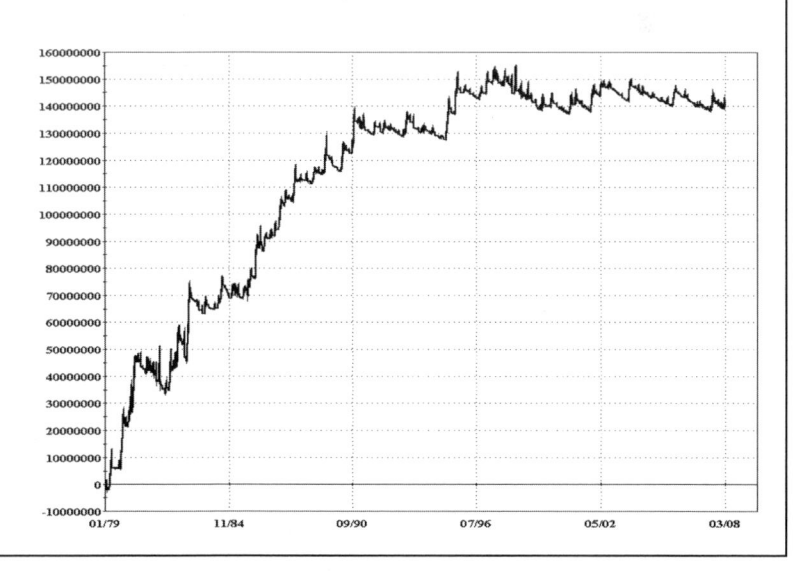

101

### 図表2-19 ピラミディングをした場合（ドルスイス）

**全トレード**

| | | | |
|---|---:|---|---:|
| 総損益 | CHF424,690.00 | 現在建玉中の損益 | CHF35,730.00 |
| 総利益 | CHF2,114,580.00 | 総損失 | (CHF1,689,890.00) |
| トレード回数 | 1,262 | 勝率 | 41.52% |
| 勝ちトレード数 | 524 | 負けトレード数 | 738 |
| 最大勝ちトレード | CHF17,940.00 | 最大負けトレード | (CHF9,550.00) |
| 1回当たり平均利益 | CHF4,035.46 | 1回当たり平均損失 | (CHF2,289.82) |
| ペイオフレシオ | 1.76 | 1回当たり平均損益 | CHF336.52 |
| 最大連勝数 | 16 | 最大連敗数 | 29 |
| 勝ちトレードの平均建玉期間 | 29 | 負けトレードの平均建玉期間 | 10 |
| 日中最大ドローダウン | (CHF139,060.00) | | |
| プロフィットファクター | 1.25 | 最大建玉数 | 10 |
| 口座に必要な資金 | CHF139,060.00 | 対口座リターン | 305.40% |

**買いトレード**

| | | | |
|---|---:|---|---:|
| 総損益 | (CHF129,640.00) | 現在建玉中の損益 | $0 |
| 総利益 | CHF774,060.00 | 総損失 | (CHF903,700.00) |
| トレード回数 | 613 | 勝率 | 34.75% |
| 勝ちトレード数 | 213 | 負けトレード数 | 400 |
| 最大勝ちトレード | CHF17,940.00 | 最大負けトレード | (CHF9,550.00) |
| 1回当たり平均利益 | CHF3,634.08 | 1回当たり平均損失 | (CHF2,259.25) |
| ペイオフレシオ | 1.61 | 1回当たり平均損益 | (CHF211.48) |
| 最大連勝数 | 10 | 最大連敗数 | 36 |
| 勝ちトレードの平均建玉期間 | 31 | 負けトレードの平均建玉期間 | 11 |
| 日中最大ドローダウン | (CHF296,750.00) | | |
| プロフィットファクター | .86 | 最大建玉数 | 10 |
| 口座に必要な資金 | CHF296,750.00 | 対口座リターン | -43.69% |

第2章 FXのトレンドフォロー戦術

| 売りトレード | | | |
|---|---|---|---|
| 総損益 | CHF554,330.00 | 現在建玉中の損益 | CHF35,730.00 |
| 総利益 | CHF1,340,520.00 | 総損失 | (CHF786,190.00) |
| トレード回数 | 649 | 勝率 | 47.92% |
| 勝ちトレード数 | 311 | 負けトレード数 | 338 |
| 最大勝ちトレード | CHF16,180.00 | 最大負けトレード | (CHF7,200.00) |
| 1回当たり平均利益 | CHF4,310.35 | 1回当たり平均損失 | (CHF2,326.01) |
| ペイオフレシオ | 1.85 | 1回当たり平均損益 | $854.13 |
| 最大連勝数 | 12 | 最大連敗数 | 17 |
| 勝ちトレードの平均建玉期間 | 27 | 負けトレードの平均建玉期間 | 10 |
| 日中最大ドローダウン | (CHF73,720.00) | | |
| プロフィットファクター | 1.71 | 最大建玉数 | 10 |
| 口座に必要な資金 | CHF73,720.00 | 対口座リターン | 751.94% |

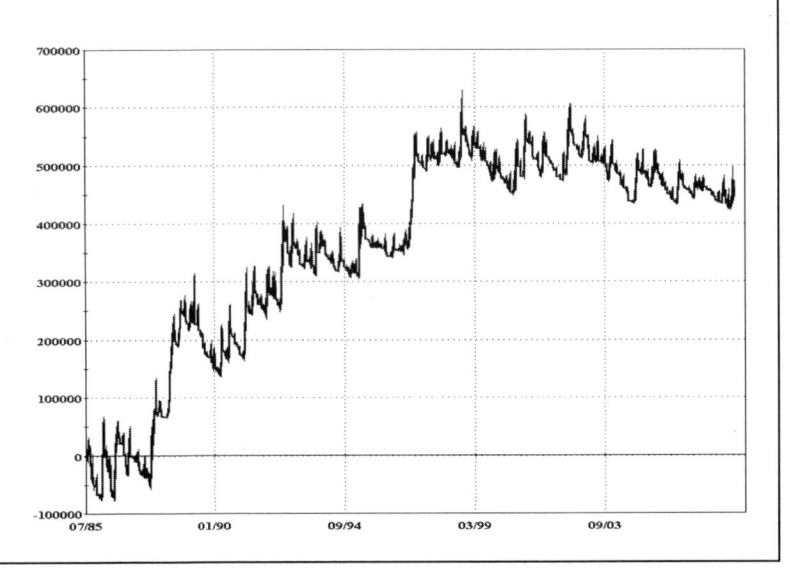

103

### 図表2-20 ピラミディングをした場合（ポンドドル）

| 全トレード | | | |
|---|---|---|---|
| 総損益 | $1,313,920.00 | 現在建玉中の損益 | $90.00 |
| 総利益 | $3,178,380.00 | 総損失 | ( $1,864,460.00) |
| トレード回数 | 1,536 | 勝率 | 42.51% |
| 勝ちトレード数 | 653 | 負けトレード数 | 883 |
| 最大勝ちトレード | $36,760.00 | 最大負けトレード | ( $9,190.00) |
| 1回当たり平均利益 | $4,867.35 | 1回当たり平均損失 | ( $2,111.51) |
| ペイオフレシオ | 2.31 | 1回当たり平均損益 | $855.42 |
| 最大連勝数 | 30 | 最大連敗数 | 28 |
| 勝ちトレードの平均建玉期間 | 29 | 負けトレードの平均建玉期間 | 11 |
| 日中最大ドローダウン | ( $452,440.00) | | |
| プロフィットファクター | 1.70 | 最大建玉数 | 10 |
| 口座に必要な資金 | $452,440.00 | 対口座リターン | 290.41% |

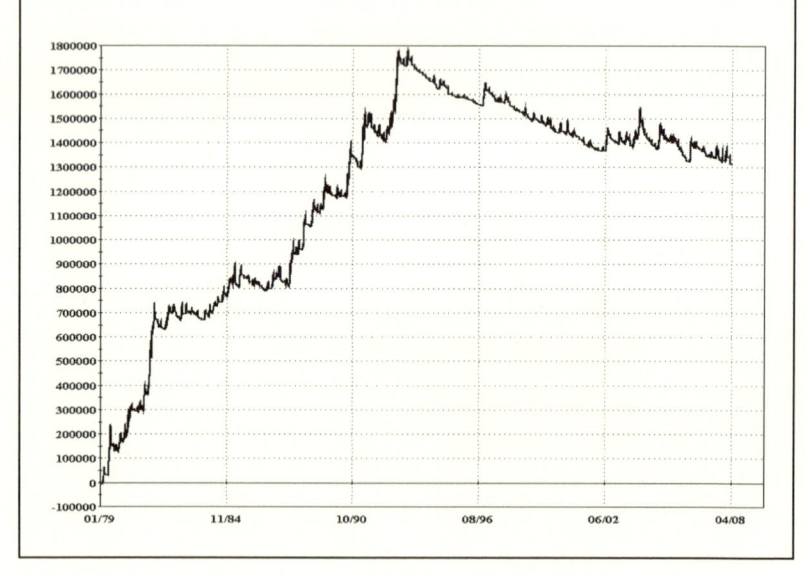

### 図表2-21　ピラミディングをした場合（ユーロドル）

| 全トレード | | | |
|---|---|---|---|
| 総損益 | $84,400.00 | 現在建玉中の損益 | $55,230.00 |
| 総利益 | $494,840.00 | 総損失 | ($410,440.00) |
| トレード回数 | 434 | 勝率 | 40.32% |
| 勝ちトレード数 | 175 | 負けトレード数 | 259 |
| 最大勝ちトレード | $9,730.00 | 最大負けトレード | ($4,100.00) |
| 1回当たり平均利益 | $2,827.66 | 1回当たり平均損失 | ($1,584.71) |
| ペイオフレシオ | 1.78 | 1回当たり平均損益 | $194.47 |
| 最大連勝数 | 16 | 最大連敗数 | 24 |
| 勝ちトレードの平均建玉期間 | 29 | 負けトレードの平均建玉期間 | 9 |
| 日中最大ドローダウン | ($63,670.00) | | |
| プロフィットファクター | 1.21 | 最大建玉数 | 10 |
| 口座に必要な資金 | $63,670.00 | 対口座リターン | 132.56% |

トレード回数が5倍になり、利益は4倍になっている。やはりピラミディングの効果は非常に大きい。しかし、わずかな勝率の上昇はあったものの、プロフィットファクター、平均損失ともに上昇している。

ポンドドル（**図表2-20**）についても、ほぼ同様な結果となった。ピラミディングによって総損益は大きく、勝率はわずかながら上昇するものの、そのほかの要素は低下している。

ユーロドルも同様だ（**図表2-21**）。

ピラミディングをした場合、しない場合と比べて05年以降のパフォーマンスが悪い。ただし、同じ期間で4倍以上の収益を上げている。

## タートルズのピラミディング戦術

さて、タートルズに詳しい方は、ここまでのピラミディングの解説をみて当然「正しいタートルズの戦略と違う」と思うであろう。先ほどのシミュレーションでは、利益が乗って初めてできるピラミディングを「同方向でのシグナル」で実行しているからだ。

実際のタートルズのピラミディングは、1Nを資金の1％とし、最大5Nまでリスクを取るというものであった。つまり、14日（または15日）平均の真の値幅（ATR）を出し、その値幅による損益を投資資金の1％となるように調整するわけである。

例えば、2007年1月4日現在で14日のATRを出すと以下のようになる。

|  | レート | ATR |
| --- | --- | --- |
| ドル円 | 119.03 | 0.62 |
| ドルスイス | 1.2304 | 0.0099 |
| ポンドドル | 1.9427 | 0.0137 |
| ユーロドル | 1.3082 | 0.0096 |

　ドル円の真の値幅は1日62銭。これが資金の1％以下となるようにポジションを操作しなければならない。建玉は外貨ですることになるので次のようになる。

```
1ドル＝62銭
100ドル＝62円
1,000ドル＝620円
10,000ドル＝6,200円　→　必要資産62万円
100,000ドル＝62,000円　→　必要資産620万円
1,000,000ドル＝620,000円　→　必要資産6200万円
```

　10万ドルで6万2000円であり、これが資金の1％とすると、必要な資産（証拠金）は「6万2000円×100＝620万円」となる。通常、タートルズの戦略では、この2％（例えば、10万ドルの取引であれば12万4000円）にストップロスを置き、ピラミディングで最大5％（例えば、10万ドルの取引であれば31万円）のリスクを取っていくわけだ。これは、現代の資金管理において、ほぼ限界に近いリスクといえる。

ボラティリティの関係から円の真の値幅が最も小さい。ユーロやポンドでリスクを取る場合、必要な証拠金はユーロで倍近く、ポンドで4倍近くになる。ボラティリティの高さと掛け算通貨のマジックといえる。
　一般に証拠金は元本の1～2％相当となっているので、ユーロドルの証拠金はドル円の1.3倍程度にすぎない。しかし、実際にマーケットのリスクを考えれば倍のリスクを取っている。この点は注意が必要だ。

### 実際は限界なき戦術

　『タートルズの秘密』によると、サンズは最初の建玉の含み益が1Ｎ以上になったとき、増し玉を建てるとしている。そして、最初の建玉のリスクを2Ｎから1.5Ｎまで縮小するという。
　1Ｎは評価益にすぎないので、その半分＝0.5Ｎだけストップを近づけるというわけだ（あまり近づけると相場のブレで発動しやすくなり、トレンドフォローが難しくなる）。
　そして最初の建玉の含み益が2Ｎ以上になったとき、さらに増し玉をする。このとき、最初に建てた玉のストップは、1.5Ｎから0.5Ｎ近づけて1Ｎにする。そして増し玉（2回目の建玉）のストップを2Ｎから1.5Ｎに近づける。この場合、当初の資金額からみれば3％＝3Ｎの利益が乗っていることになる。
　このように大きなトレンドに乗り、ストップを2→1.5→1→0.5と近づけていくと、結果的に最初の建玉は利食いすることになる。

### 図表2-22 増し玉のN（リスク）の推移

| 枚数 | 最初のN | 2つ目のN | 3つ目のN | 4つ目のN | 5つ目のN | 6つ目のN | 7つ目のN | …… | Nの合計 | 新たに必要な利益 | 必要な利益 |
|---|---|---|---|---|---|---|---|---|---|---|---|
| 1 | 2 | | | | | | | | 2.0 | 0.5 | 1% |
| 2 | 2 | 1.5 | | | | | | | 3.5 | 1.0 | 3% |
| 3 | 2 | 1.5 | 1 | | | | | | 4.5 | 1.5 | 6% |
| 4 | 2 | 1.5 | 1 | 0.5 | | | | | 5.0 | 2.0 | 10% |
| 5 | 2 | 1.5 | 1 | 0.5 | 0 | | | | 5.0 | 2.5 | 15% |
| 6 | 2 | 1.5 | 1 | 0.5 | 0 | 0 | | | 5.0 | 3.0 | 21% |
| 7 | 2 | 1.5 | 1 | 0.5 | 0 | 0 | 0 | | 5.0 | 3.5 | 28% |
| 8 | 2 | 1.5 | 1 | 0.5 | 0 | 0 | 0 | | 5.0 | 4.0 | 36% |
| 9 | 2 | 1.5 | 1 | 0.5 | 0 | 0 | 0 | | 5.0 | 4.5 | 45% |
| 10 | 2 | 1.5 | 1 | 0.5 | 0 | 0 | 0 | | 5.0 | | |

出所：ラッセル・サンズ著『タートルズの秘密』より。一部著者による改変あり

コスト以上のところにストップが置ければ（それが確実に執行されるかぎり）その建玉のリスクは「ゼロ」と考える。するとストップが付いた結果、最大5Ｎ＝5％の損失で済むのであるから、リスクゼロであるかぎり、建玉はいくらでも建てることが可能となるわけだ（**図表2-22**）。

## 攻めの資金管理

「資金管理」というと、どうしても「ストップロス」が真っ先に頭に浮かぶ。しかし実際のところ資金管理には2つの種類がある。

①守りの資金管理
②攻めの資金管理

①は「必ずあるドローダウンとその連続をいかにしのぐか」である。これはいうまでもなく、トレーダーにとって非常に大切な要素だ。昔から多くの人々がその重要性について言及している。

一方、②は「資金をいかに効率的に増やしていくか」にある。その意味では「取れるリスクは取る」ということにつきる。実際のところ、筆者の周りをみても、損益比率を改善させているのは、このように数値で表わしにくい「確信度」の高さによってリスクを引き上げているトレーダーなのだ。

このトレーダーの取り得る最大リスクとして極めて合理的なのがケリーの公式である。その概念については第5章で後述するので、ここではケリーの公式を紹介するにとどめておこう。

$$K = \frac{(1+R)P - 1}{R}$$

K＝ケリー値（最適賭け率）
R＝平均利益／平均損失（またはペイオフレシオ）
P＝勝率

こうして数式を眺めていると、何となくイメージがわいてこないだろうか。ポイントは「変数は2つしかない」ということだ。すなわち、勝率が上がるか、ペイオフレシオが向上すれば、より多くの

お金をリスクにさらしてもよいことになる。

では具体的にどうなるのか、表にしてみよう。

| 勝率 | ペイオフレシオ | ケリー値 |
|---|---|---|
| 50.0% | 1.00 | 0% |
| 55.0% | 1.00 | 10% |
| 60.0% | 1.00 | 20% |
| 65.0% | 1.00 | 30% |
| 70.0% | 1.00 | 40% |
| 75.0% | 1.00 | 50% |
| 80.0% | 1.00 | 60% |
| 85.0% | 1.00 | 70% |
| 90.0% | 1.00 | 80% |
| 95.0% | 1.00 | 90% |
| 100.0% | 1.00 | 100% |

　この表は勝ち負けの平均損益率（ペイオフレシオ）を1.00に固定して——つまり利益と損失がほぼイーブンとして——勝率のみを変化させたものである。

　なんとケリーの公式では、勝率が５％上がるたびにケリー値（賭け金率）が10％も上がってしまうのだ。例えば、勝率65％でケリー値は30％にも上ってしまう。

　しかし勝率65％でも５連続ドローダウンなどはよく起こり得る。その場合、資金の減少は「100×0.7×0.7×0.7×0.7×0.7＝16.807」

となる。つまり総資金の80％以上を失うことになるわけだ。もっとも、5連勝すれば資金は371％に達するわけだが……。いずれにせよ、勝率5％刻みでケリー値が10％というのは、あまりに極端といえるだろう。

では、勝率ではなくペイオフレシオを変えるとどうなるだろうか。それが次の表である。

| 勝率 | ペイオフレシオ | ケリー値 |
|---|---|---|
| 50.0% | 1.00 | 0% |
| 50.0% | 1.20 | 8% |
| 50.0% | 1.40 | 14% |
| 50.0% | 1.60 | 19% |
| 50.0% | 1.80 | 22% |
| 50.0% | 2.00 | 25% |
| 50.0% | 2.20 | 27% |
| 50.0% | 2.40 | 29% |
| 50.0% | 2.60 | 31% |
| 50.0% | 2.80 | 32% |
| 50.0% | 3.00 | 33% |

ペイオフレシオを0.20刻みで上昇させた。勝率に比べると、はるかにそのケリー値の変化は小さい。この理由は公式をよくよくみれば分かる。

勝率は数式の上部（分子）にのみあるが、ペイオフレシオは上下

にあるのだ。変数としての効きは当然小さいと分かる。

　勝率よりも、はるかに緩やかな掛け金率の上昇だ。しかし、それでもペイオフレシオが2.00でケリー値25％は、あまりに巨額との印象は避けられないであろう。

　では、もう少し現実に近づけてみよう。まず短期売買の典型的なパターン（小さく勝って大きく負ける）に変えてみたのが次の表だ。

| 勝率 | ペイオフレシオ | ケリー値 |
| --- | --- | --- |
| 65.0% | 0.50 | -5% |
| 67.0% | 0.50 | 1% |
| 70.0% | 0.50 | 10% |
| 73.0% | 0.50 | 19% |
| 75.0% | 0.50 | 25% |
| 77.0% | 0.50 | 31% |
| 80.0% | 0.50 | 40% |
| 82.0% | 0.50 | 46% |
| 85.0% | 0.50 | 55% |
| 87.0% | 0.50 | 61% |
| 90.0% | 0.50 | 70% |

　なんと勝率65％までケリー値はマイナスだ。つまり70％の勝率がなければ、賭けないほうがよいとなる。これは「ストップロスのコントロールができなければ短期トレーダーは市場に参加しないほうがよい」という筆者の感覚とも合致する。

ところが、勝率60％程度でペイオフレシオ0.30という短期トレーダーは意外と多い。利益のコントロールよりも最大損失のコントロールが「できなさすぎる」のである。ちなみに勝率65％、ペイオフレシオ0.30であれば、ケリー値はマイナス52％である。すさまじいスピードで「マーケットにカモにされる」トレーダーであると分かる。

　では、典型的なトレンドフォローで考えてみよう。トレンドフォローでは、勝率が50％を超えることはまずない。一方、ペイオフレシオは1.5倍以上である。

　次の表は勝率35％という典型的なトレンドフォロワーの勝率において、どれくらいのペイオフレシオが必要かみたものである。

| 勝率 | ペイオフレシオ | ケリー値 |
| --- | --- | --- |
| 35.0% | 1.50 | -8% |
| 35.0% | 1.70 | -3% |
| 35.0% | 1.90 | 1% |
| 35.0% | 2.10 | 4% |
| 35.0% | 2.30 | 7% |
| 35.0% | 2.50 | 9% |
| 35.0% | 2.70 | 11% |
| 35.0% | 2.90 | 13% |
| 35.0% | 3.10 | 14% |
| 35.0% | 3.30 | 15% |
| 35.0% | 3.50 | 16% |

残念ながら「ペイオフレシオが２倍に到達するまではトレードそのものをすべきではない」という結果となる。そして勝率35％ならば、やはりペイオフレシオは３倍必要ということになる。

　ただし、ケリー値は高く出がちであることを考えると「勝率35％、ペイオフレシオ３倍」でリスク５％というのが妥当な値であるように思う。

　参考に、勝率が30％となった場合と40％になった場合のケリー値を載せておく。勝率30％では、ペイオフレシオが3.5以上でなければ、ほとんど利益の出る可能性はない。一方、勝率40％を確保すれば（トレンドフォロワーとしては困難な目標であろうが）、2.5倍の平均利益で十分マーケットに参戦する価値があるといえる。

| 勝率 | ペイオフレシオ | ケリー値 |
| --- | --- | --- |
| 30.0% | 1.50 | -17% |
| 30.0% | 1.70 | -11% |
| 30.0% | 1.90 | -7% |
| 30.0% | 2.10 | -3% |
| 30.0% | 2.30 | 0% |
| 30.0% | 2.50 | 2% |
| 30.0% | 2.70 | 4% |
| 30.0% | 2.90 | 6% |
| 30.0% | 3.10 | 7% |
| 30.0% | 3.30 | 9% |
| 30.0% | 3.50 | 10% |

| 勝率 | ペイオフレシオ | ケリー値 |
|---|---|---|
| 40.0% | 1.50 | 0% |
| 40.0% | 1.70 | 5% |
| 40.0% | 1.90 | 8% |
| 40.0% | 2.10 | 11% |
| 40.0% | 2.30 | 14% |
| 40.0% | 2.50 | 16% |
| 40.0% | 2.70 | 18% |
| 40.0% | 2.90 | 19% |
| 40.0% | 3.10 | 21% |
| 40.0% | 3.30 | 22% |
| 40.0% | 3.50 | 23% |

# 第3章
# FXの短期ブレイクアウト戦術

## 1. 失敗から学ぶもの

　筆者は、これまでさまざまなトレード手法を試してきた。なかでも、かなりの時間を費やして研究してきたのが短期ブレイクアウト戦術である。
　では、どうだったか……残念ながら、ほとんど使いものにならなかった。本節では、これが一体なぜだったのかを含めて短期売買で収益を出すコツについて考えてみたいと思う。

### ブレイクアウトの定義

　ラリー・ウィリアムズは著書『ラリー・ウィリアムズの短期売買法』のなかで、トレンドは「価格変動の爆発」と呼ばれるものによって始動すると説明している。

> 「簡潔にいうと、もし価格が1時間、1日間、1週間、1カ月間（各自トレンド識別のために時間枠を選ぶこと）上昇しているか、あるいは下落していて爆発的な値動きを持っているなら、それと等しいか、あるいはより大きい爆発的値動きが反対方向にあるまで、マーケットはその方向に動き続けるだろう。これはボラティリティの増大として知られる」

ラリーのボラティリティは、オプションのインプライドボラティリティともヒストリカルボラティリティとも違い、価格そのものの変動の大きさである。またラリーがブレイクアウトを定義しているとき、それは以下の３つの条件を同時に満たす必要がある。

①一定の価格枠を越えること
②「爆発的な値動き」によって確認されること
③反対の「爆発的な値動き」が発生していないこと

逆をいえば、以上の条件が満たされるかぎり、トレンドは継続されるわけだ。ではブレイクアウトの実際の値幅とは何か。ウィリアムズは単純に１日の値幅を利用するのがよいと述べている。これについては後ほど解説しよう。

### 短期ブレイクアウト戦術の問題点

さて、筆者が失敗した一連のトレードはこうした手順を踏んだ。

①順調な拡大と極端な損失。
②まずまずの利益と許容できる損失。
③わずかな損失による破綻。

意外であろうか。筆者にとっては非常に意外であった。しかし、いま振り返ると、理論どおりの破綻であったといえる。

まず、①のトレードは1ティックの素早い仕掛けと非常に遠いストップロスによって構成されていた。非常に遠いストップを置くことは、トレンドに逆らっていない間、ほとんどの負けトレードを勝ちトレードに転化させる強力さをもたらしている。したがって、勝率は①〜③のなかで最も高く、収益の伸びも爆発的であった。

　ところが、このトレードは「非常に遠いストップロス」がついてしまう時点で「負ければ収益のほとんどが吹っ飛ぶ」という宿命を背負っているトレードであったのである。逆をいえば、ストップがつかないことを前提とした「短期売買とみなしながらのトレンドフォロー」であったともいえる。約半年で元本を6倍にしたものの、わずか5〜6回の負けトレードで利益は半減した。

　そこでラリー・ウィリアムズの「最大ドローダウン理論」を取り入れてみたのが、②のトレードである。最大ドローダウン理論とは、1回当たりの最大許容損失を決めてからトレードするというもので、理にかなっていると思われた。

　ところが、最大許容損失と建玉の関係から、どうしてもストップが近くなってしまい、結果として収益と損失がほぼ比例して起こるような資産曲線になってしまった。つまり、トレードの損益がトントンであるのに手数料の分だけ負けていくという、短期トレーダーにとって恐怖の状態となったわけだ。結局1年くらい試行錯誤した挙句、泣かず飛ばずとなり、この方式は捨てることにした。

　最後に行った③のトレードは、結果的に最も愚かなトレードとなった。

　1年半におよぶトレードを検証した結果、損失になるトレードの

88％は0.5％逆行していた時点で決定されていた。そこで1.5～3％ものストップがついてしまうよりも、0.5％近辺にストップを置くのが妥当と考えたのである。

結果、損切りは極めて心地良いものになった。ストップが発動しても「ああそうか」というくらいのものである。分かっていてもかなり打ちひしがれる①、②の段階よりも、はるかに精神衛生上、楽であったといえる。

しかし、これがいけなかった。結局レンジブレイクが起こるわずかな押し／戻りでもストップが発動してしまうので、結果としてブレイクアウトで最も取らなければならないワイドレンジデイ（大きく一方向に価格が動く日）に乗れなくなってしまったのである。結果、小さい勝ちともっと小さい負けが連続して起こり、いつの間にか資金が枯渇するという状態に陥ってしまったわけだ。

逆説的であるが、破綻はわずかな連敗で起こってしまった。では、筆者のブレイクアウト戦術はそもそも間違っていたのであろうか。

## 短期ブレイクアウトで利益を残すコツ

『システムデイトレード』の著者マレー・ルジェーロは「短期売買の損益の出し方は、実のところトレンドフォローの時間を集約した形が理想である」と指摘している。ルジェーロは、短期売買が多くのトントンのトレードと数少ない（ルジェーロによれば5％程度）80日平均レンジの倍近くの進展があるワイドレンジデイに稼いだ利益で構成されなければならないというのである。

一方、筆者の利益の出方は80％以上の勝率をわずか20％以下の負けトレードでトントンにされてしまうというトレードであった。ルジェーロの指摘は、筆者にとって（基本的なことであるが）目からウロコであった。
　繰り返そう。短期ブレイクアウト売買の収益は「**多くの僅少の勝ち負けトレードから構成され、ワイドレンジデイのトレードをつかむことによって決定する**」のである。一方、筆者の戦法は「僅少の負けトレードを勝ちトレードとし、ワイドレンジデイトレードは大勝か大敗。大敗が続けば崩壊」というものだったのだ。

## 2. オープニングレンジ・ブレイクアウト

　トム・デマークはジャック・シュワッガーに「魔術師のなかの魔術師」と賞賛されたおそらく現代最高のテクニカルアナリストである。彼が一緒に仕事をした著名ヘッジファンドマネジャーには、チューダーファンドを率いるポール・チューダー・ジョーンズ、ジョージ・ソロス、マイケル・スタインハルトなどが挙げられる。特にポール・チューダー・ジョーンズとの親密な関係は有名である。
　デマークが開発したテクニカル指標や売買システムは数多く、世界的に人気が高い。そのいくつかは、著書『デマークのチャート分析テクニック』にも掲載されており、ここで取り上げるのは同書第6章「価格ブレイクアウト」に紹介されている「TDトラップ」である。

### TDトラップ戦術

　TDトラップとは「捕らわれた始値」という意味だ。「始値が前日の高値・安値のレンジ内にあり、前日の高値を抜けたら買い、安値を抜けたら売り」という単純な売買戦術である。
　筆者はTDトラップをシンプルで、かなり有効な手段と考えてトレードをしてきた。ところが近年、非常に使いにくいと感じるよう

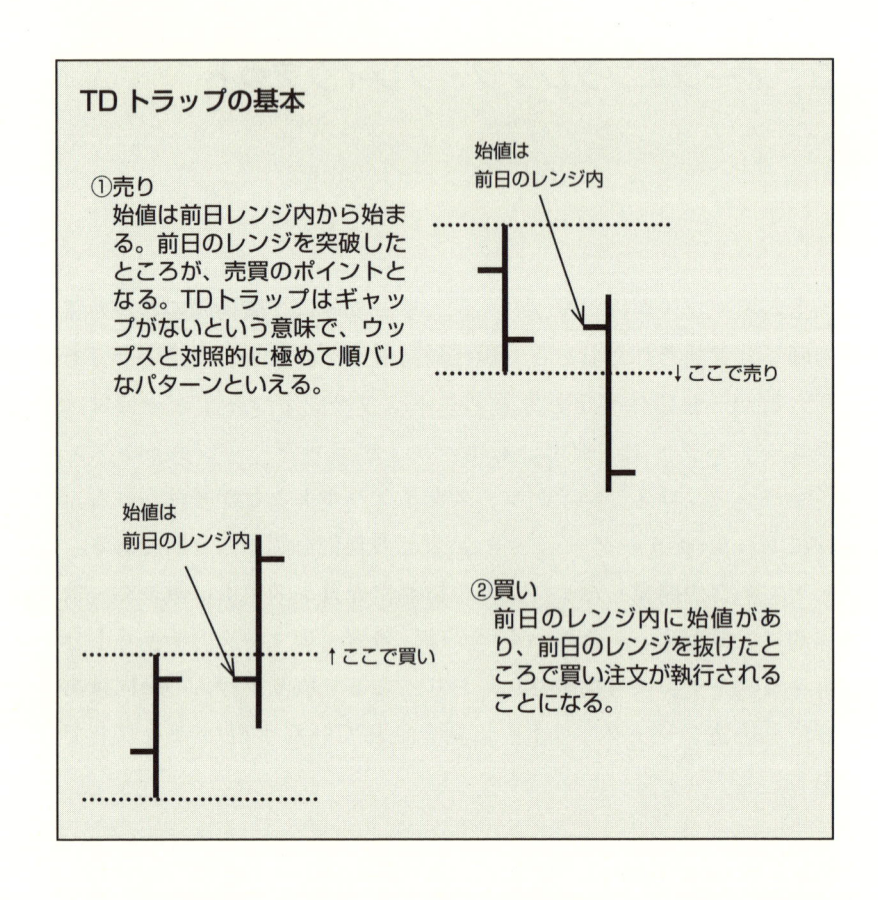

**TD トラップの基本**

① 売り
　始値は前日レンジ内から始まる。前日のレンジを突破したところが、売買のポイントとなる。TDトラップはギャップがないという意味で、ウップスと対照的に極めて順バリなパターンといえる。

始値は前日のレンジ内
↓ここで売り

始値は前日のレンジ内
↑ここで買い

② 買い
　前日のレンジ内に始値があり、前日のレンジを抜けたところで買い注文が執行されることになる。

になった。実際、ジェネシス社のトレードナビゲーターで1977年からのデータを用いてCME上場の日本円先物つなぎ足をストップロスなしで検証してみると（※本章の検証データは06年までのものを使用しており、検証結果の金額はすべて米ドルで表示）惨憺たる成績であった（**図表3-1**）。

　勝率59％、ペイオフレシオ0.62はけっして悪くない。しかし平均の勝ちより平均の負けが多すぎる。資産曲線はさらに悲惨で、95年

### 図表3-1　単純なTDトラップ（CME円通貨先物）

| 全トレード | | | |
|---|---|---|---|
| 総損益 | -$94,458 | 現在建玉中の損益 | $843 |
| 総利益 | $748,995 | 総損失 | -$843,453 |
| トレード回数 | 2,751 | 勝率 | 59.0% |
| 勝ちトレード数 | 1,624 | 負けトレード数 | 1,127 |
| 最大勝ちトレード | $5,955 | 最大負けトレード | -$4,770 |
| 1回当たり平均利益 | $461 | 1回当たり平均損失 | -$748 |
| ペイオフレシオ | 0.62 | 1回当たり平均損益 | -$34 |
| 最大連勝数 | 17 | 最大連敗数 | 8 |
| 勝ちトレードの平均建玉期間 | 1.51 | 負けトレードの平均建玉期間 | 2.39 |
| 日中最大ドローダウン | -$147,398 | | |
| プロフィットファクター | 0.89 | 最大建玉数 | 1 |
| 口座に必要な資金 | $149,558 | 対口座リターン | -63.2% |

※本章で掲載されている検証データは2006年までのものです。

### 図表3-2 単純なTDトラップ（ユーロドル）

| 全トレード | | | |
|---|---|---|---|
| 総損益 | -$19,190 | 現在建玉中の損益 | $0 |
| 総利益 | $292,015 | 総損失 | -$311,205 |
| トレード回数 | 742 | 勝率 | 61.7% |
| 勝ちトレード数 | 458 | 負けトレード数 | 284 |
| 最大勝ちトレード | $4,243 | 最大負けトレード | -$4,233 |
| 1回当たり平均利益 | $638 | 1回当たり平均損失 | -$1,096 |
| ペイオフレシオ | 0.58 | 1回当たり平均損益 | -$26 |
| 最大連勝数 | 16 | 最大連敗数 | 6 |
| 勝ちトレードの平均建玉期間 | 1.41 | 負けトレードの平均建玉期間 | 1.92 |
| 日中最大ドローダウン | -$37,448 | | |
| プロフィットファクター | 0.94 | 最大建玉数 | 1 |
| 口座に必要な資金 | $39,743 | 対口座リターン | -48.3% |

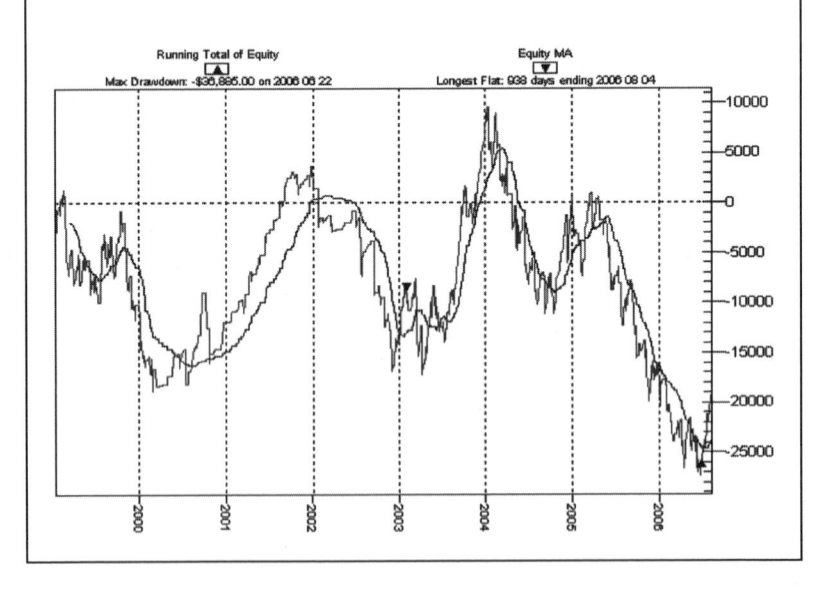

後半から全く勝てなくなっている。これでは使いものにならない。

同じものをユーロドルで検証してみた（**図表3-2**）。

やはり最終損失となっていた。勝率はわずかに改善していたものの、638ドルの平均利益に対して1096ドルの平均損失ではたまらない。資産曲線も極めて悪くなっており、この戦術はそのままでは使えないだろう。

しかし、筆者はTDトラップのアプローチを気に入っており、この戦術を単純に捨てるにはやはり惜しい。何らかの有益な論理性、理論的な背景のある優位性をみつけて改良を図りたいと考えた。

## 改良方法

売買戦略の改良方法として次の３点が挙げられる。

①基本戦術の理論そのものの変更。
②仕掛けの工夫（仕掛ける価格に新たなロジックを加える）。
③手仕舞いの工夫（引け値・始値での利食い、目標値を決めるなど）。

まずはTDトラップにこだわることにして、①はしないこととする。では、②の仕掛けの工夫であるが、これはさらに２つのアプローチに分かれる。

ⅰ）相場環境の変更
ⅱ）仕掛け値の変更

## 相場環境の変更

相場環境の変更例として次のようなものが考えられる。

●条件A：前日が陰線のときは買い、陽線のときは売る。
●条件B：前日がレンジ縮小のときにかぎって仕掛ける。

図表3-3はTDトラップに「前日が陽線であれば売り、陰線であれば買い」という「条件A」を付けて、ドル円で検証したものだ。「まるで良くなっていないじゃないか……」といえば、そのとおりである。しかし、資産曲線をみると様相が違ってくる。

お分かりだろうか。当初10年間の損益をみると、非常にうまくいっているオリジナルのTDトラップに比べて悲惨である。

ドル円は95年まで、下げ相場では下げ続け、上げ相場では上げ続けた。大きな意味でトレンドが持続していた相場であったと想定される。

一方、FRB（米連邦準備理事会）と日本銀行による大規模介入で相場が反転した95年4月以降、この戦略はほぼトントンといっていい状態になっている。そして前日の条件を変えるだけで、実際の損益の出方、トレードの論理は大きく変わっていると分かる。

またユーロドルで検証してみると、損益は改善したものの、まだ利益になっていなかった。結局、さほどの改善になっていない（図表3-4）。

そこで、レンジ縮小の「条件B」を加えてみた。条件は単純に「前

### 図表3-3　相場環境を変更したTDトラップA（CME円先物）

| 全トレード | | | |
|---|---:|---|---:|
| 総損益 | －$92,273 | 現在建玉中の損益 | $255 |
| 総利益 | $492,638 | 総損失 | －$584,910 |
| トレード回数 | 1,563 | 勝率 | 62.7% |
| 勝ちトレード数 | 980 | 負けトレード数 | 583 |
| 最大勝ちトレード | $4,080 | 最大負けトレード | －$4,745 |
| 1回当たり平均利益 | $503 | 1回当たり平均損失 | －$1,003 |
| ペイオフレシオ | 0.50 | 1回当たり平均損益 | －$59 |
| 最大連勝数 | 15 | 最大連敗数 | 7 |
| 勝ちトレードの平均建玉期間 | 1.85 | 負けトレードの平均建玉期間 | 2.99 |
| 日中最大ドローダウン | －$102,055 | | |
| プロフィットファクター | 0.84 | 最大建玉数 | 1 |
| 口座に必要な資金 | $104,215 | 対口座リターン | －88.5% |

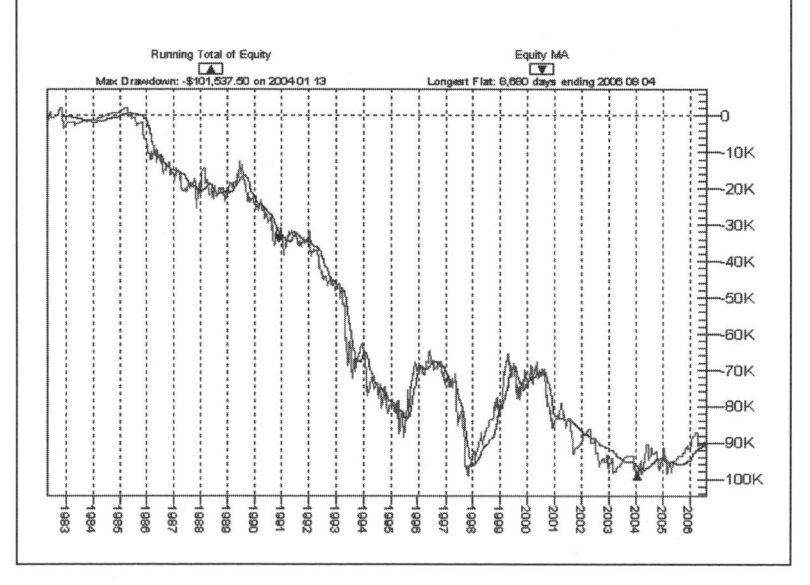

### 図表3-4 相場環境を変更したTDトラップA（ユーロドル）

| 全トレード | | | |
|---|---|---|---|
| 総損益 | －$11,288 | 現在建玉中の損益 | $680 |
| 総利益 | $205,153 | 総損失 | －$216,440 |
| トレード回数 | 485 | 勝率 | 65.6% |
| 勝ちトレード数 | 318 | 負けトレード数 | 167 |
| 最大勝ちトレード | $205,153 | 最大負けトレード | －$216,440 |
| 1回当たり平均利益 | $645 | 1回当たり平均損失 | －$1,296 |
| ペイオフレシオ | 0.50 | 1回当たり平均損益 | －$23 |
| 最大連勝数 | 18 | 最大連敗数 | 7 |
| 勝ちトレードの平均建玉期間 | 1.79 | 負けトレードの平均建玉期間 | 2.75 |
| 日中最大ドローダウン | －$35,250 | | |
| プロフィットファクター | 0.95 | 最大建玉数 | 1 |
| 口座に必要な資金 | 37,545 | 対口座リターン | －30.1% |

　日のレンジが前々日のレンジより小さかったとき」という条件である（**図表3-5**）。

　残念ながら、依然マイナスであった。しかし、ペイオフレシオなどに改善がみられている。

　資産曲線をみると、筆者の資産曲線そのままともいえる。つまり比較的単純な戦略では03～04年にかけて爆発的に利益が増え、その後すってんてん……というわけだ。筆者のトレードが主にユーロドルに左右されていたことも再確認できた。

　続いてCME日本円通貨先物でも検証してみた（**図表3-6**）。全体に改善はされているものの、やはり長期的には機能していない。

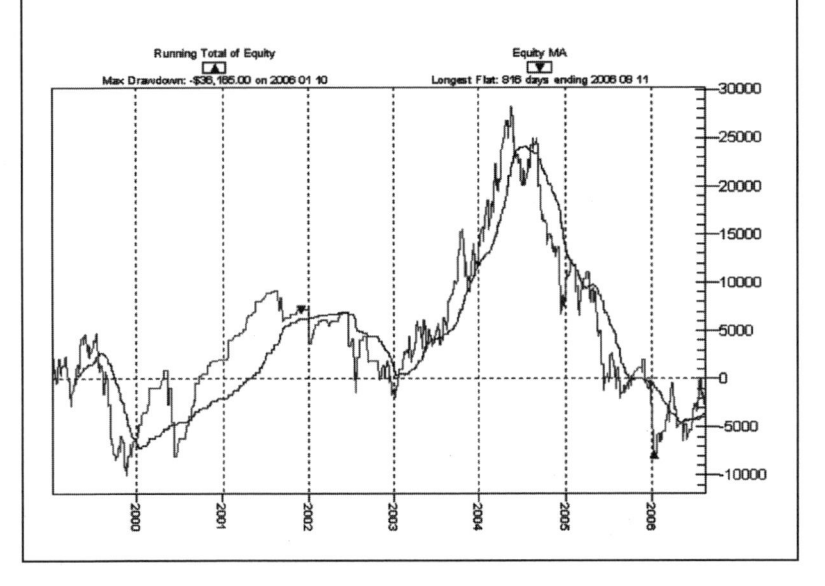

### 図表3-5 相場環境を変更したTDトラップB（ユーロドル）

| 全トレード | | | |
|---|---|---|---|
| 総損益 | -$1,693 | 現在建玉中の損益 | $0 |
| 総利益 | $219,055 | 総損失 | -$220,748 |
| トレード回数 | 529 | 勝率 | 64.5% |
| 勝ちトレード数 | 341 | 負けトレード数 | 188 |
| 最大勝ちトレード | $3,118 | 最大負けトレード | -$4,208 |
| 1回当たり平均利益 | $642 | 1回当たり平均損失 | -$1,174 |
| ペイオフレシオ | 0.55 | 1回当たり平均損益 | -$3 |
| 最大連勝数 | 25 | 最大連敗数 | 6 |
| 勝ちトレードの平均建玉期間 | 1.62 | 負けトレードの平均建玉期間 | 0.45 |
| 日中最大ドローダウン | -$37,360 | | |
| プロフィットファクター | 0.99 | 最大建玉数 | 1 |
| 口座に必要な資金 | $39,655 | 対口座リターン | -4.3% |

### 図表 3-6　相場環境を変更した TD トラップ B（CME 円先物）

| 全トレード | | | |
|---|---|---|---|
| 総損益 | - $38,900 | 現在建玉中の損益 | $0 |
| 総利益 | $628,795 | 総損失 | - $667,695 |
| トレード回数 | 2,180 | 勝率 | 62.6% |
| 勝ちトレード数 | 1,364 | 負けトレード数 | 816 |
| 最大勝ちトレード | $4,868 | 最大負けトレード | - $5,033 |
| 1回当たり平均利益 | $461 | 1回当たり平均損失 | - $818 |
| ペイオフレシオ | 0.56 | 1回当たり平均損益 | - $18 |
| 最大連勝数 | 22 | 最大連敗数 | 7 |
| 勝ちトレードの平均建玉期間 | 1.54 | 負けトレードの平均建玉期間 | 2.56 |
| 日中最大ドローダウン | - $70,105 | | |
| プロフィットファクター | 0.94 | 最大建玉数 | 1 |
| 口座に必要な資金 | $72,265 | 対口座リターン | -53.8% |

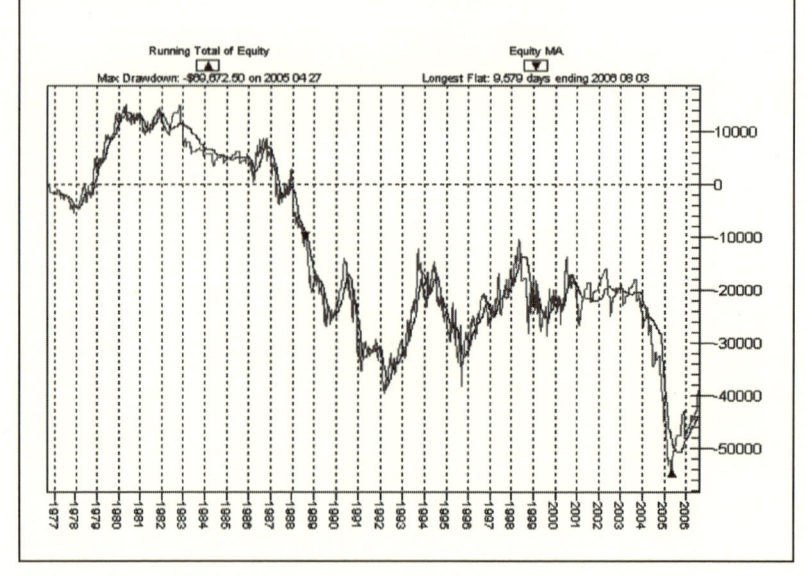

ユーロドルと同じように、04年から極端に損益が悪化していた。ドル円はトントンに近かったので、レンジ縮小＋ブレイクアウト戦略は残念ながら通貨先物市場で極端に利益の出ないシステムとなってしまっていたことが分かる。
　意外なことにプラザ合意からの円高局面でもダメだった。こうなると市場環境の変更（相関などは一切無視して、相場そのもののレンジ縮小などを条件とするもの）で一定の損益改善はみられるものの、収益の上がるシステムにするのは厳しいようだ。

## 仕掛け値の変更

　では、仕掛け値に条件を付け加えていく方法について考えてみよう。この方法で有名なのが、トビー・クレイベルやラリー・ウィリアムズの出発点ともなったオープニングレンジ・ブレイクアウト（ORB）戦術だ。
　ブレイクアウトあるいはトレンドの発生というものは、それまでのレンジの収縮がきっかけとなって起こる。したがって、あらゆるトレーダーにとって最も重要なのは「レンジ収縮」を発見することである。
　この発想はウィリアムズの持論であるが、先駆者といえるのは前述の『システムデイトレード』や『魔術師リンダ・ラリーの短期売買入門』でも取り上げられているクレイベルであろう。
　クレイベルの著書『Day Trading With Short Term Price Pattern and Opening Range Breakout』は、短期トレーダー必携の書とし

て有名だ。本人の希望で絶版となっているため、幻の名著として中古書が数百ドルの高値で取引されているほどである。

　異論もあるだろうが、筆者の考える（そしておそらく多くの短期トレーダーが考える）クレイベル最大の功績は「レンジ収縮と拡張」の概念と、それに基づくトレード法であろう。

　と書くと「いや、レンジ収縮の概念は自分にだってあるよ」との反論がでてくるかもしれない。実際、ほとんどのトレーダーが意識したことがあるだろう。しかし、それはタイミングツールとしても「勘」「経験則」「直感」的な部分であったことも事実であろう。

　それに比べるとクレイベルが定義づけし、ルール化したORB戦術は、はるかに実用に耐える実践的なものであったのである。

　ORB戦術の基本方針は、始値を基準に一定のレンジ、つまり「オープニングレンジ」を抜けたときをブレイクアウトと判断し、値幅拡大についていこうとするものである。

　オープニングレンジの判断方法は、大別して次の3つとなる。

①前日または過去数日のレンジの一定割合
②過去数日の平均レンジ（またはATR）の一定割合
③前日または過去数日のリトレースメント（押し／戻り）またはノイズの一定倍

　①を確立した手法で代表的なトレーダーがウィリアムズとシェルダン・ナイト、②がウィリアムズ、③がクレイベルである。本書では①を題材に検証していきたい。

## シンプルなオープニングレンジ

ウィリアムズは始値に前日のTR（真のレンジ）またはTRの一定割合を加えて仕掛けるとしている。一方、シェルダン・ナイトは「過去3日間の最高値―最安値」をレンジとして仕掛けるという。この方法は最も簡単で、計算機もいらないくらいである。

早速、検証をしてみよう。次のシンプルな条件で検証してみた。

●始値から前日のTRの100％を超えたら、その方向に仕掛ける。
●利食いはベイルアウト（利益となった罫線の次の罫線の始値）。
●損切り幅は3500ドル。

損切り幅をかなり遠いところに置いた。なお、始値が前日終値とかけ離れたギャップであった場合は取り除いた。ギャップスタートとなれば、ウップス戦術のほうが優れていると考えたためだ。

**図表3-7**はドル円の場合である。

残念ながら聖杯ではなかったようだ。勝率73.9％という素晴らしさにもかかわらず、ペイオフレシオが悪すぎる。資産曲線をみても、勝った期間は約9年間で全体の4割を切れる。ドローダウンの期間は大きく長いので、このままでは使いものにならないといえる。

**図表3-8**はユーロドルの場合である。

期間は短いのだが、こちらも同じく赤字だ。勝率の高さ（77.4％）にもかかわらず、ペイオフレシオはもっと悪化してしまっている。ほぼ勝ちの金額に対して負けが4倍では、まともなシステムにはな

### 図表3-7　TR100%のORB（ドル円）

| 全トレード | | | |
|---|---:|---|---:|
| 総損益 | -$16,963 | 現在建玉中の損益 | -$2,670 |
| 総利益 | $236,453 | 総損失 | -$253,415 |
| トレード回数 | 640 | 勝率 | 73.9% |
| 勝ちトレード数 | 473 | 負けトレード数 | 167 |
| 最大勝ちトレード | $4,118 | 最大負けトレード | -$4,570 |
| 1回当たり平均利益 | $500 | 1回当たり平均損失 | -$1,517 |
| ペイオフレシオ | 0.33 | 1回当たり平均損益 | -$27 |
| 最大連勝数 | 17 | 最大連敗数 | 4 |
| 勝ちトレードの平均建玉期間 | 2.48 | 負けトレードの平均建玉期間 | 5.88 |
| 日中最大ドローダウン | -$52,028 | | |
| プロフィットファクター | 0.93 | 最大建玉数 | 1 |
| 口座に必要な資金 | $54,188 | 対口座リターン | -31.3% |

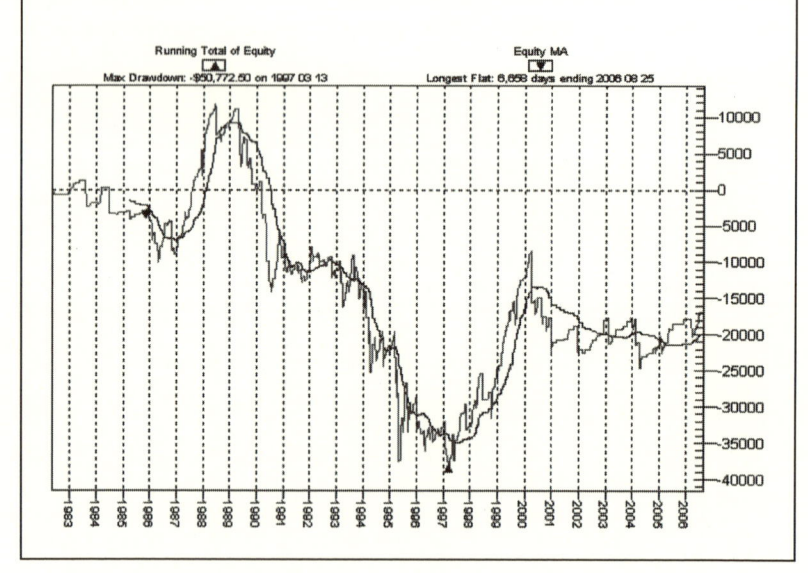

## 図表3-8 TR100%のORB（ユーロドル）

**全トレード**

| | | | |
|---|---|---|---|
| 総損益 | -$6,865 | 現在建玉中の損益 | $0 |
| 総利益 | $96,728 | 総損失 | -$103,593 |
| トレード回数 | 217 | 勝率 | 77.4% |
| 勝ちトレード数 | 168 | 負けトレード数 | 79 |
| 最大勝ちトレード | $2,093 | 最大負けトレード | -$4,270 |
| 1回当たり平均利益 | $576 | 1回当たり平均損失 | -$2,114 |
| ペイオフレシオ | 0.27 | 1回当たり平均損益 | -$32 |
| 最大連勝数 | 13 | 最大連敗数 | 2 |
| 勝ちトレードの平均建玉期間 | 1.96 | 負けトレードの平均建玉期間 | 4.39 |
| 日中最大ドローダウン | -$18,875 | | |
| プロフィットファクター | 0.93 | 最大建玉数 | 1 |
| 口座に必要な資金 | $21,170 | 対口座リターン | -32.4% |

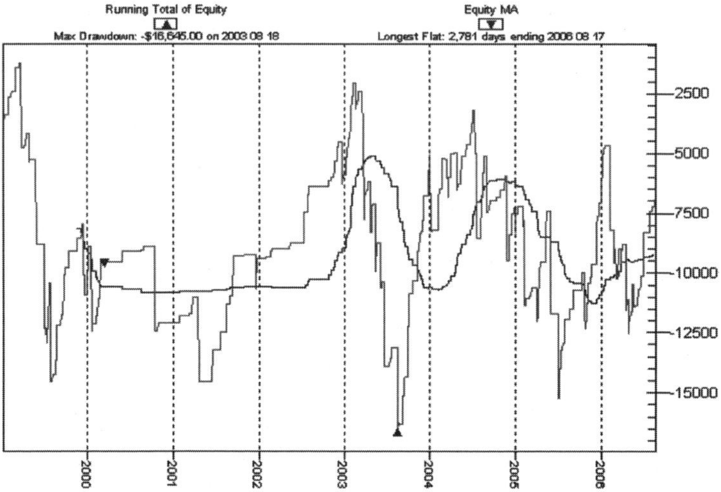

らない。残念ながら、資産曲線もずっとマイナス圏である。

## ペイオフレシオの改善

　単純なORB戦術では、あまり有効ではないことが分かった。もっとも、勝率は偶然では不可能なくらい素晴らしく、なんとかペイオフレシオを改善したいところだ。

　「では、損切り幅を近づければペイオフレシオが改善し、利益の出るトレードになるのではないか？」と考えるかもしれない。結論は「いくら損切り幅を縮めても勝つシステムにはならない」であった。本章の第１節で述べたように、損切り幅を小さくすることで勝率を落としてしまい、損失も利益もスケールダウンするだけになってしまうのだ。

　そこで次に、始値に前日レンジの30％を加減してブレイクポイントとした。結果は次の**図表3-9**のとおりである。

　輝かしい勝率はかなり落ちるものの、短期売買としては十分な勝率（65.8％）を維持していた。しかし、ペイオフレシオは依然あまりよろしくない。「勝ち１に対して負け２」といったところだ。最終的に損失になっているが、システムとしては「トントン」といったところである。

　ところが、資産曲線をみると、実に残念な結果となっていた。87～93年までは実に輝かしい成績なのである。ウィリアムズが「10000％」という伝説を作った87年などは、このシステムにとっても最高の年であったと分かる。しかし94年以降は悲惨で、97年、

第3章　FXの短期ブレイクアウト戦術

### 図表3-9　前日レンジ30%のORB（ドル円）

| 全トレード | | | |
|---|---|---|---|
| 総損益 | -$10,165 | 現在建玉中の損益 | -$195 |
| 総利益 | $677,790 | 総損失 | -$687,955 |
| トレード回数 | 2,202 | 勝率 | 65.8% |
| 勝ちトレード数 | 1,448 | 負けトレード数 | 754 |
| 最大勝ちトレード | $3,480 | 最大負けトレード | -$4,045 |
| 1回当たり平均利益 | $468 | 1回当たり平均損失 | -$912 |
| ペイオフレシオ | 0.51 | 1回当たり平均損益 | -$5 |
| 最大連勝数 | 21 | 最大連敗数 | 6 |
| 勝ちトレードの平均建玉期間 | 1.47 | 負けトレードの平均建玉期間 | 2.45 |
| 日中最大ドローダウン | -$76.965 | | |
| プロフィットファクター | 0.99 | 最大建玉数 | 1 |
| 口座に必要な資金 | $79,125 | 対口座リターン | -12.8% |

139

### 図表3-10　前日レンジ30％のORB（ユーロドル）

| 全トレード | | | |
|---|---|---|---|
| 総損益 | -$9,305 | 現在建玉中の損益 | -$1,083 |
| 総利益 | $293,285 | 総損失 | -$302,590 |
| トレード回数 | 744 | 勝率 | 62.8% |
| 勝ちトレード数 | 467 | 負けトレード数 | 277 |
| 最大勝ちトレード | $2,443 | 最大負けトレード | -$4,308 |
| 1回当たり平均利益 | $628 | 1回当たり平均損失 | -$1,092 |
| ペイオフレシオ | 0.57 | 1回当たり平均損益 | -$13 |
| 最大連勝数 | 13 | 最大連敗数 | 7 |
| 勝ちトレードの平均建玉期間 | 1.56 | 負けトレードの平均建玉期間 | 1.84 |
| 日中最大ドローダウン | -$29,285 | | |
| プロフィットファクター | 0.97 | 最大建玉数 | 1 |
| 口座に必要な資金 | $31,580 | 対口座リターン | -29.5% |

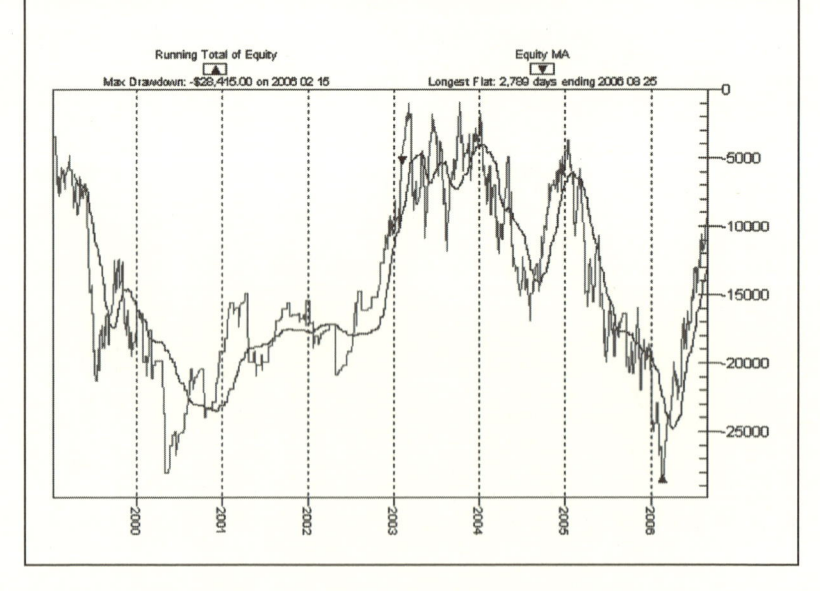

99年以外はほとんど機能していないのだ。90年代中盤以降、少なくともドル円では「使えない」システムになってしまったと分かる。

次にユーロドルで検証してみた（**図表3-10**）。

残念ながら、ユーロドルでもマイナスである。ほぼトントンといえるくらいではあるが……。勝率が減って、ペイオフレシオがやや改善した以外は、ほぼ同じ傾向といえる。

資産曲線もずっとマイナス圏だ。06年になって急速に改善しているとはいえ、このままでは「使えない」システムであることに変わりはない。結果、前日レンジを単純に利用するだけのORB戦術は、使いものにならないようだ。

## シェルダン・ナイトのORB戦術

シェルダン・ナイトは86年から89年にかけて7万5000ドルの元手を100万ドル超にまで増やした伝説のトレーダーである。ナイトのORB戦術は「過去3日間の最高値―最安値」をレンジとしていた。この方法は最も簡単で、計算機もいらないくらいである。

これまで同様、次の条件でドル円を検証してみた。

- ●始値から3日間のレンジ（TR）のＸ％を超えたら、その方向に仕掛ける。
- ●利食いはベイルアウト。
- ●損切り幅は3500ドル。

### 図表3-11　20%ナイトORB（ドル円）

| 全トレード | | | |
|---|---:|---|---:|
| 総損益 | -$1,270 | 現在建玉中の損益 | -$1,820 |
| 総利益 | $632,888 | 総損失 | -$634,158 |
| トレード回数 | 2,056 | 勝率 | 64.0% |
| 勝ちトレード数 | 1,315 | 負けトレード数 | 741 |
| 最大勝ちトレード | $3,705 | 最大負けトレード | -$4,858 |
| 1回当たり平均利益 | $481 | 1回当たり平均損失 | -$856 |
| ペイオフレシオ | 0.56 | 1回当たり平均損益 | -$1 |
| 最大連勝数 | 18 | 最大連敗数 | 6 |
| 勝ちトレードの平均建玉期間 | 1.55 | 負けトレードの平均建玉期間 | 2.50 |
| 日中最大ドローダウン | -$53,503 | | |
| プロフィットファクター | 1.00 | 最大建玉数 | 1 |
| 口座に必要な資金 | $55,663 | 対口座リターン | -2.3% |

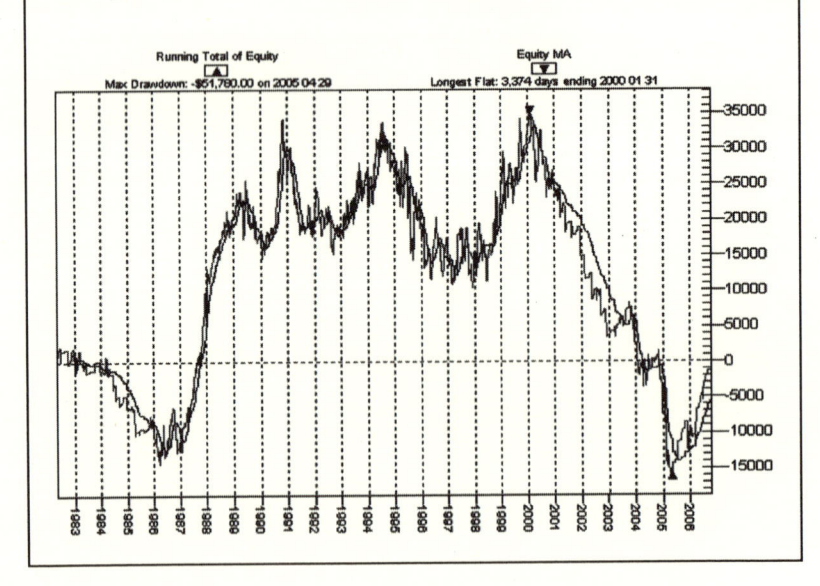

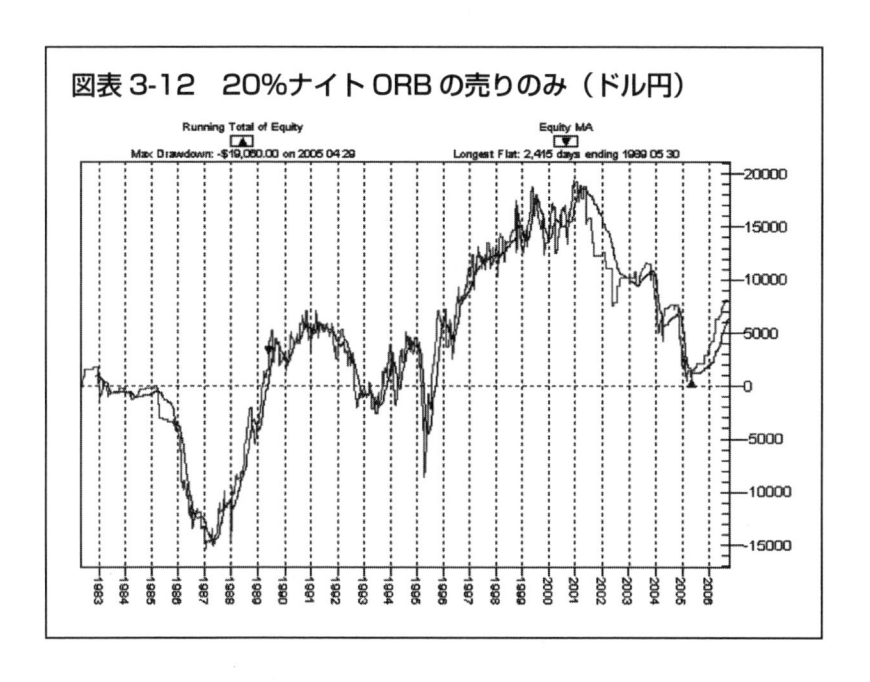

図表3-12 20%ナイトORBの売りのみ(ドル円)

最初はレンジの20％で検証してみた（**図表3-11**）。

残念ながらトータルではマイナスである。勝率の64％はやや低すぎるし、ペイオフレシオの0.56もなんとかしたいところだ。

資産曲線をみると、実に残念な結果となっている。00年以降の5年間で3万ドル以上の利益をはき出しているのだ。

円を売るトレード（ドル買い）のほうがはるかに安定している（**図表3-12**）。それでも、残念ながら01年以降のパフォーマンスはよろしくない。00年以降、短期ブレイクアウト戦術があまりにも広く知れわたってしまったからだろうか。

ユーロドルでも検証してみた（**図表3-13**）。

### 図表3-13　20%ナイトORB（ユーロドル）

| 全トレード | | | |
|---|---|---|---|
| 総損益 | -$45,893 | 現在建玉中の損益 | -$945 |
| 総利益 | $273,220 | 総損失 | -$319,113 |
| トレード回数 | 689 | 勝率 | 63.0% |
| 勝ちトレード数 | 434 | 負けトレード数 | 255 |
| 最大勝ちトレード | $2,368 | 最大負けトレード | -$4,145 |
| 1回当たり平均利益 | $630 | 1回当たり平均損失 | -$1,251 |
| ペイオフレシオ | 0.50 | 1回当たり平均損益 | -$67 |
| 最大連勝数 | 11 | 最大連敗数 | 7 |
| 勝ちトレードの平均建玉期間 | 1.53 | 負けトレードの平均建玉期間 | 2.04 |
| 日中最大ドローダウン | -$62,345 | | |
| プロフィットファクター | 0.86 | 最大建玉数 | 1 |
| 口座に必要な資金 | $64,640 | 対口座リターン | -71.0% |

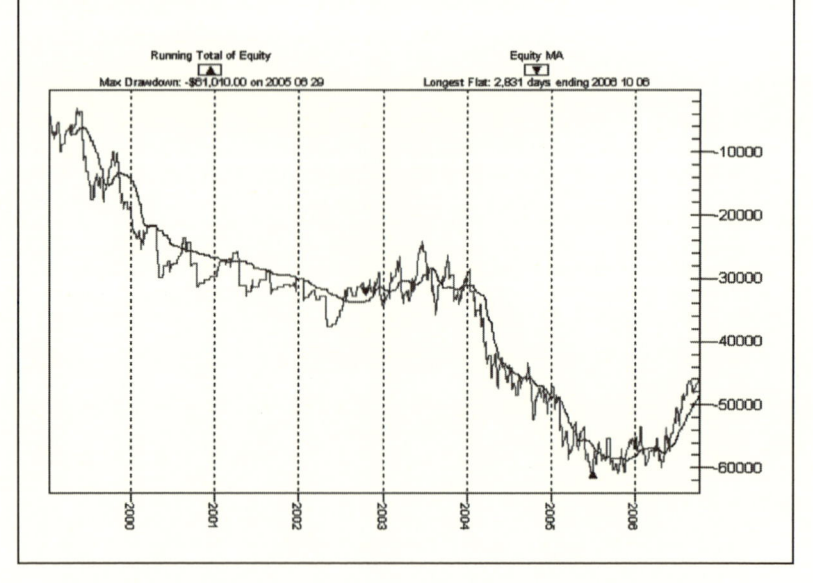

## 図表3-14　30%ナイトORB（ドル円）

| 全トレード | | | |
|---|---|---|---|
| 総損益 | -$11,083 | 現在建玉中の損益 | $0 |
| 総利益 | $455,230 | 総損失 | -$466,313 |
| トレード回数 | 1,406 | 勝率 | 69.1% |
| 勝ちトレード数 | 971 | 負けトレード数 | 435 |
| 最大勝ちトレード | $6,743 | 最大負けトレード | -$4,420 |
| 1回当たり平均利益 | $469 | 1回当たり平均損失 | -$1,072 |
| ペイオフレシオ | 0.44 | 1回当たり平均損益 | -$8 |
| 最大連勝数 | 23 | 最大連敗数 | 6 |
| 勝ちトレードの平均建玉期間 | 1.73 | 負けトレードの平均建玉期間 | 3.25 |
| 日中最大ドローダウン | -$43,680 | | |
| プロフィットファクター | 0.98 | 最大建玉数 | 1 |
| 口座に必要な資金 | $45,840 | 対口座リターン | -24.2% |

図表3-15　30%ナイトORBの買いのみ（ドル円）

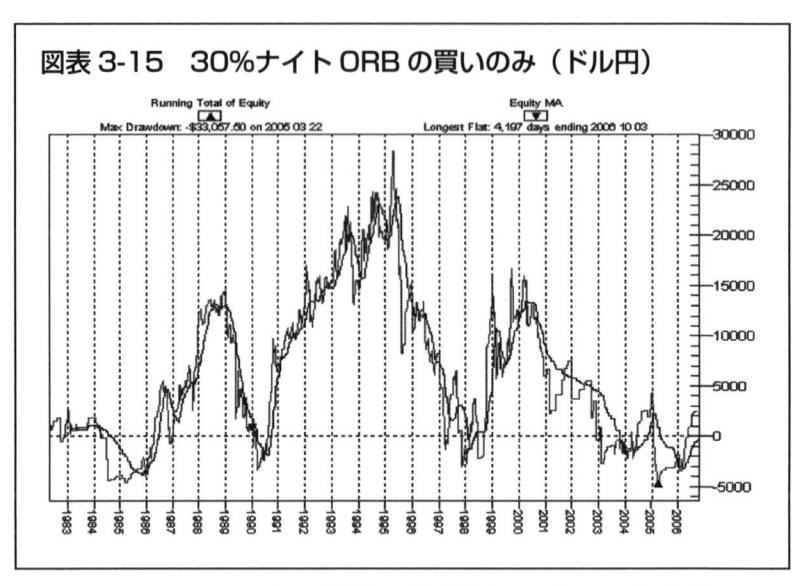

図表3-16　30%ナイトORBの売りのみ（ドル円）

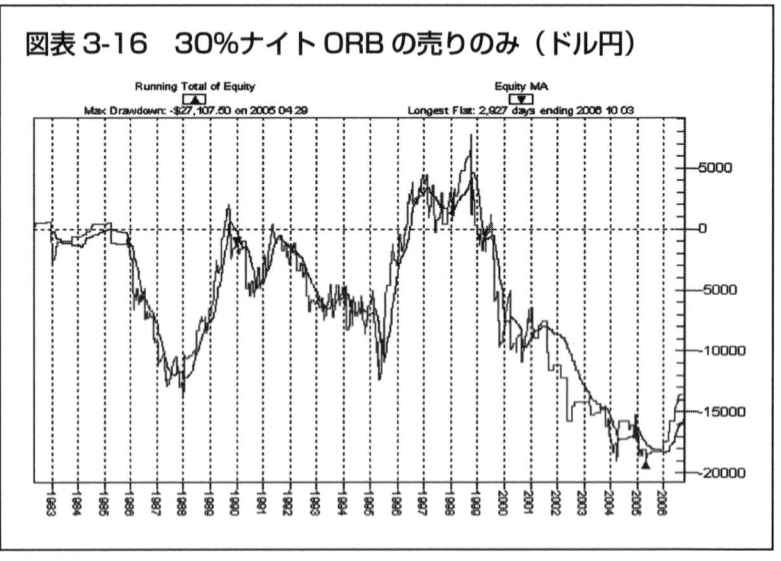

残念ながら、ドル円の00年以降をクローズアップしただけの結果となっている。つまり、63％という勝率にもかかわらず、ペイオフレシオの悪化でマイナスを埋めきれないのだ。05年以降やや取り返しているものの、基本的には損が膨らみ続けるシステムといえる。
　続いて、レンジの30％をドル円で検証してみた（**図表3-14**）。
　勝率69.1％は短期トレードのシステムとしてはかなり良いと思われる。一方で、ペイオフレシオが0.44と悲惨である。結果、トータルでは1万1000ドルの損失となっている。また資産曲線で考えると、20％ブレイクのほうが好成績であったといえる。
　トレードは円買いがはるかに好成績である（**図表3-15**）。
　それも、持続的な円高局面で好成績を上げている。つまり、トレンドが円高のとき、ブレイクアウト戦略が効を奏しているわけだ。例えば、85〜88年の好成績はプラザ合意、90〜95年はバブル崩壊円高であった。
　実は円売りトレードでも同じことがいえる（**図表3-16**）。
　成績の悪い88〜90年、95〜98年はドル高局面であった。したがって「中期以上のトレンドと同方向へのブレイクアウト戦術は中期的に成功する」こと、そして「トレンドと逆方向、ないしはレンジ相場でのブレイクアウト戦術は失敗する」ことが分かる。

## 中期トレンドとブレイクアウト戦術の関係

　ドル円で確認できたような相関が欧州通貨にも存在するのであろうか。

### 図表3-17　30%ナイトORB（ユーロドル）

| 全トレード | | | |
|---|---:|---|---:|
| 総損益 | -$24,198 | 現在建玉中の損益 | -$1,045 |
| 総利益 | $198,028 | 総損失 | -$222,225 |
| トレード回数 | 468 | 勝率 | 69.0% |
| 勝ちトレード数 | 323 | 負けトレード数 | 145 |
| 最大勝ちトレード | $2,393 | 最大負けトレード | -$4,120 |
| 1回当たり平均利益 | $613 | 1回当たり平均損失 | -$1,533 |
| ペイオフレシオ | 0.40 | 1回当たり平均損益 | -$52 |
| 最大連勝数 | 20 | 最大連敗数 | 8 |
| 勝ちトレードの平均建玉期間 | 1.59 | 負けトレードの平均建玉期間 | 2.54 |
| 日中最大ドローダウン | -$44,265 | | |
| プロフィットファクター | 0.89 | 最大建玉数 | 1 |
| 口座に必要な資金 | $46,560 | 対口座リターン | -52.0% |

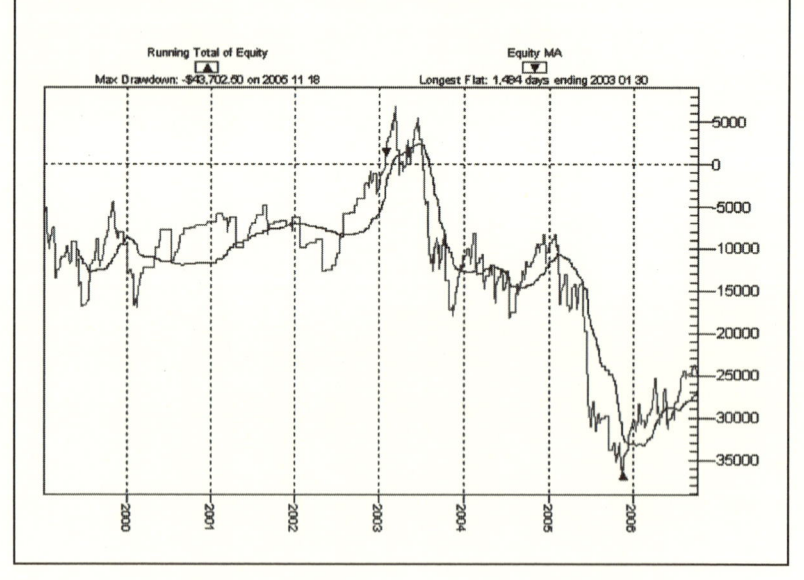

Running Total of Equity
Max Drawdown: -$43,702.50 on 2005 11 18
Equity MA
Longest Flat: 1,484 days ending 2003 01 30

### 図表3-18　30%ナイトORB（ドルスイス）

| 全トレード | | | |
|---|---:|---|---:|
| 総損益 | -$11,180 | 現在建玉中の損益 | $0 |
| 総利益 | $210,838 | 総損失 | -$222,018 |
| トレード回数 | 674 | 勝率 | 74.2% |
| 勝ちトレード数 | 500 | 負けトレード数 | 174 |
| 最大勝ちトレード | $2,568 | 最大負けトレード | -$3,958 |
| 1回当たり平均利益 | $422 | 1回当たり平均損失 | -$1,276 |
| ペイオフレシオ | 0.33 | 1回当たり平均損益 | -$17 |
| 最大連勝数 | 19 | 最大連敗数 | 6 |
| 勝ちトレードの平均建玉期間 | 2.73 | 負けトレードの平均建玉期間 | 4.06 |
| 日中最大ドローダウン | -$30,228 | | |
| プロフィットファクター | 0.95 | 最大建玉数 | 1 |
| 口座に必要な資金 | $32,051 | 対口座リターン | -34.9% |

ユーロドルでは多少マシになっているようだ（**図表3-17**）。

勝率が上がってペイオフレシオが悪化するのは、トレンドフォロー型ブレイクアウトの宿命といえるだろう。資産曲線も「持続的敗北」だった20％よりもかなりマシである。ただし、ユーロが持続的に上昇するようになったのが00年以降であるため、ほとんど「ユーロ高における戦術の効き」となってしまう。

では、実際のところドル円同様の傾向が欧州通貨にも存在するのか、ドルスイスを使って検証してみた（**図表3-18**）。

ドル円ほど綺麗には出ていないが、ドルスイス高のときには買いが有効（**図表3-19**）、ドルスイス安のときには売りが有効（**図表3-20**）と分かる。特に95～03年にわたり非常に長い欧州通貨の下落が起こっていたので、その間のトレードは非常に良いといえる。

逆に大きな（数年単位の）トレンドが転換するとき、非常にパフォーマンスが悪くなるのが顕著である。例えば、欧州通貨高からドル全面高への転換年であった95年、売り、買いともに成績が悪かった。また04年は欧州通貨高が一服し、少なくともレンジ相場になった年であり、買い、売りともに成績が悪化した。

中期トレンドと同方向での3日間レンジの30％ブレイクアウトは悪くないトレード戦略といえよう。「いや、そうはいうものの、中期トレンドの判定が難しいではないか？」という意見もあると思う。そこで、筆者のトレンド判定方法を述べておこう。

①マーケットストラクチャー・トレンドリバーサルを月足で描く。
②12カ月移動平均の方向・角度。

図表3-19　30%ナイトORBの買いのみ（ドルスイス）

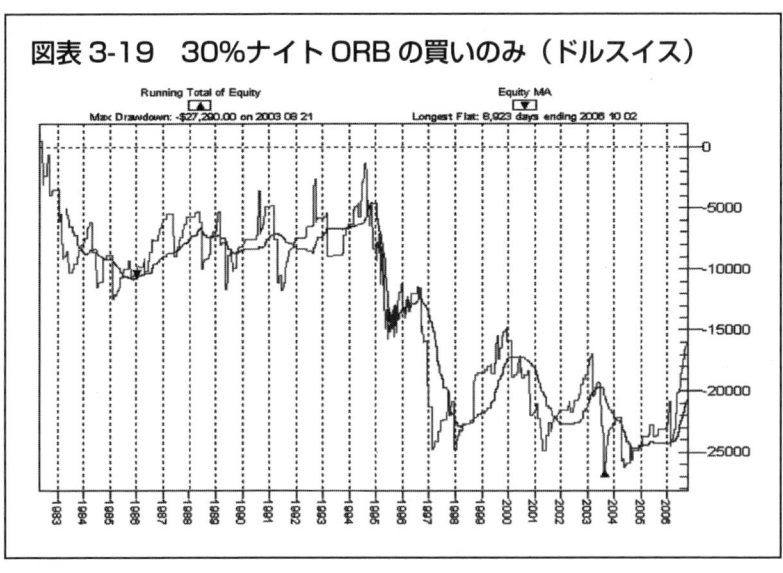

図表3-20　30%ナイトORBの売りのみ（ドルスイス）

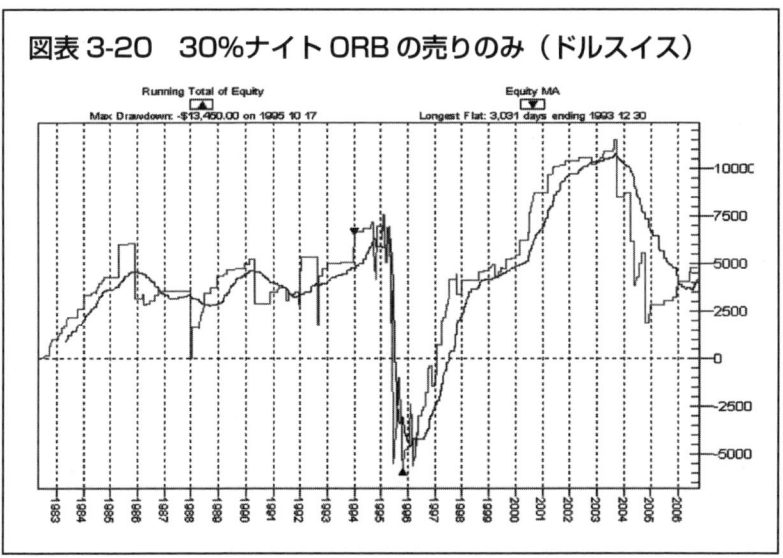

## マーケットストラクチャー・トレンドリバーサル

　マーケットストラクチャー・トレンドリバーサルについては『ラリー・ウィリアムズの短期売買法』で詳細に解説されている。ウィリアムズによると「ヘンリー・ウィーラー・チェイスによって研究された」という。

　筆者は不勉強でチェイスの原典を読んだことがないが、その概念は極めて単純だ。「取り囲まれた高値」と「取り囲まれた安値」をトレンドの転換点（リバーサルポイント）として交互に結んでいくのである。その定義は次のとおり。

●取り囲まれた高値とは、両側により低い高値を抱える罫線
●取り囲まれた安値とは、両側により高い安値を抱える罫線

　図表3-21はマーケットストラクチャー・トレンドリバーサルの例である。

　ここで、ひとつ疑問が浮かぶであろう。「取り囲まれた高値」や「取り込まれた安値」が連続して出てしまった場合だ。つまり、転換点が高値側もしくは安値側に連続して出現した場合である。

　まず考えられるのは、便宜的にその間にある反対方向の最安値・最高値を利用する方法だ。

　ただしウィリアムズは、図表3-21の①のようにID（インサイドデイ）を形成している場合は、その罫線を転換点と識別しない方法を取っているようだ。

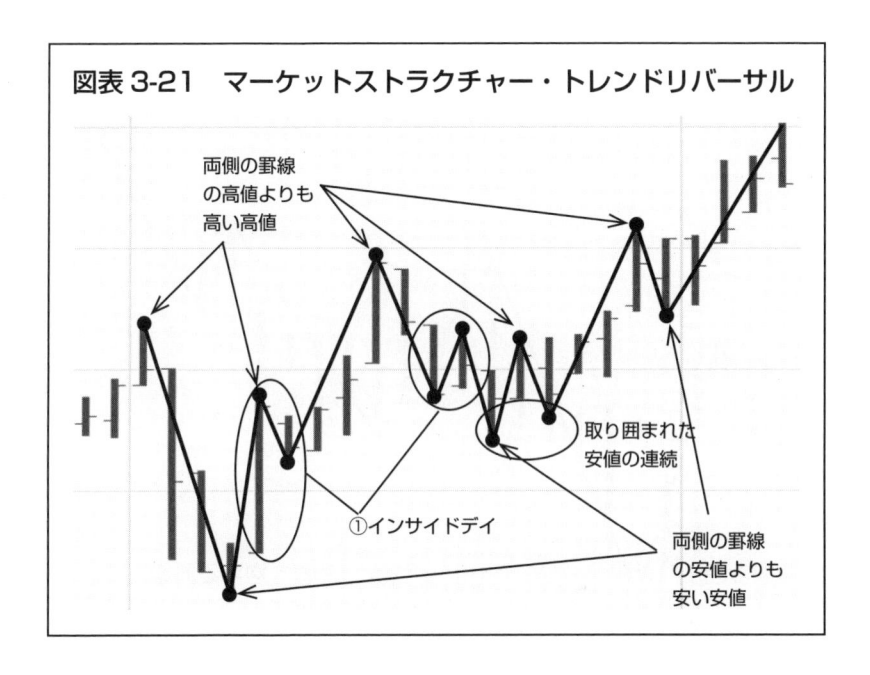

図表3-21　マーケットストラクチャー・トレンドリバーサル

両側の罫線の高値よりも高い高値

取り囲まれた安値の連続

①インサイドデイ

両側の罫線の安値よりも安い安値

　IDはブレイクアウト戦術で非常に重要なパターンである。しかし、ウィリアムズは同書のなかで次のような趣旨の記述をしている。

> 「短期の転換点を識別するのに、IDで生じる可能性のある転換点は単に無視したほうがよい」
> 「IDはマーケットが保ち合いに入ったということであり、現在の変動では次の段階に進みもしないし、反転もしないということを意味している。識別するものとしてIDを使ってはならない」

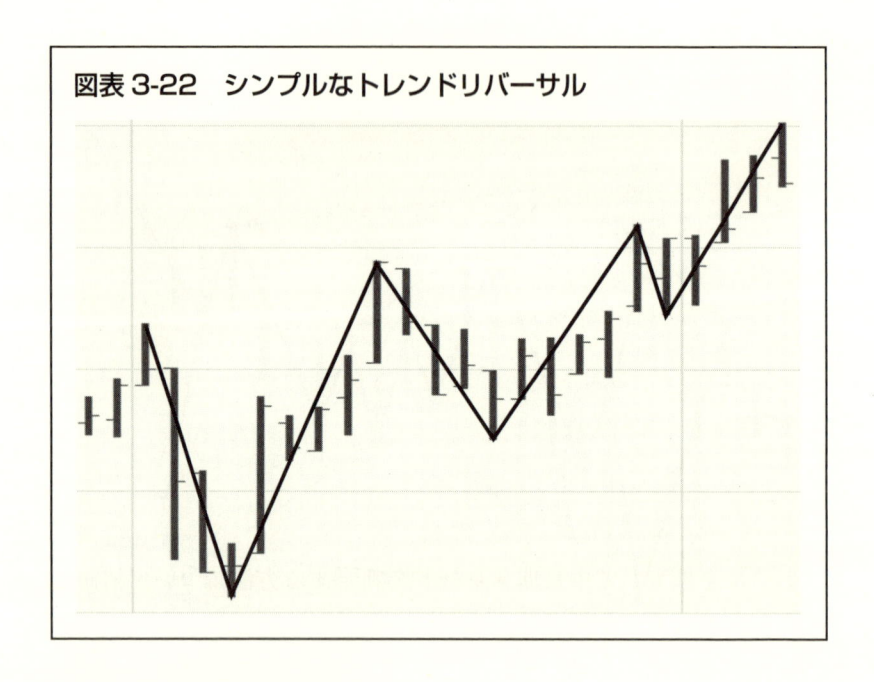

**図表3-22　シンプルなトレンドリバーサル**

　また、ウィリアムズが例示したチャートをみると転換点が高値側あるいは安値側に連続した場合も無視しているように思う。つまり、そのままトレンドラインを継続させているわけだ。そうして引いたのが**図表3-22**である。

　かなりシンプルなチャートになった。実際のところ、トレーダーには建玉のサイズ・損益・発注方法・資金管理など考えなければならないことが多い。なるべくシンプルにしておきたいという意味で、マーケットストラクチャー・トレンドリバーサルの妥当な利用法は次のように考えられる。

●IDとなる日の高値・安値では転換点としない。
●連続する高値・安値でも転換点としない。ただし「取り囲まれた高値・安値」であることは事実であるから、印はつけておく。

　もちろん、読者が使いやすいようにいくらでも変えてよいだろう。ただし、一定のルールでいつも引くべきで、テクニカル指標同様、引き方を途中で変えるようなことをしてはならない。

## 中長期トレンドの判定

　ウィリアムズは、さらにマーケットストラクチャー・トレンドリバーサルを拡大して中長期トレンドを判定する方法について紹介している。考え方は単純だ。

●両側により低い短期の高値を抱える短期の高値は、中期転換点の高値である。
●両側により低い中期の高値を抱える中期の高値は、長期転換点の高値である。

●両側により高い短期の安値を抱える短期の安値は、中期転換点の安値である。
●両側により高い中期の安値を抱える中期の安値は、長期転換点の安値である。

**図表3-23　中長期のトレンドリバーサル**

（長期転換点の高値）

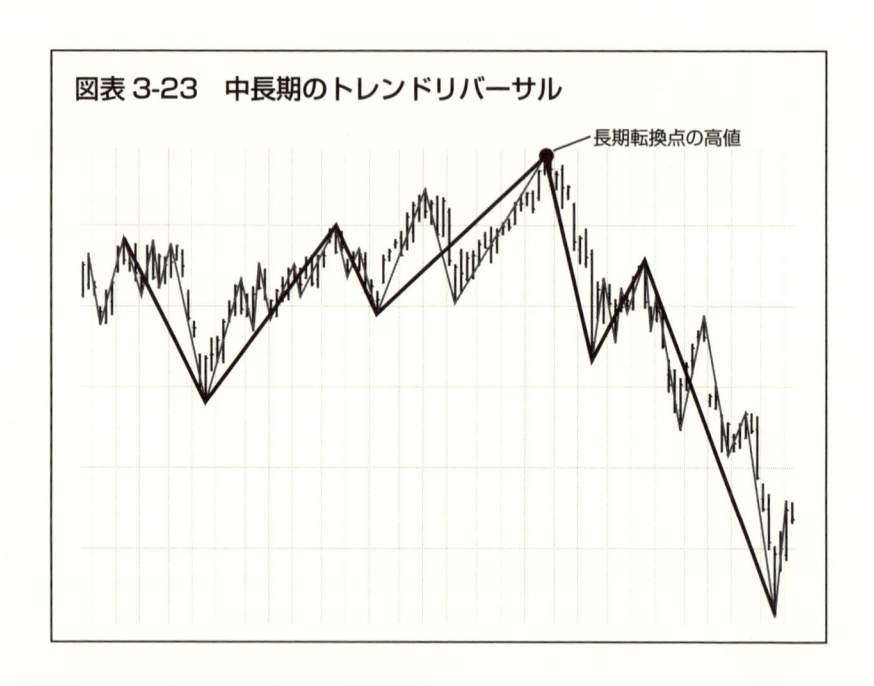

　文字にするとややこしくみえるが、チャートにすると一目瞭然である（**図表3-23**）。

　トレンドの転換を事前に察知するのは非常に困難であるし、短期トレーダーはその必要すらない。だが、筆者は基本的にトレンドのある相場でブレイクアウト戦術を採用して生き延びてきた。トレンドがいったん転換したと判定するときに、最もシンプルで信頼に足る指標のひとつが、このマーケットストラクチャー・トレンドリバーサルであろう。

　ちなみに、中長期トレンドを判定するために筆者が利用している方法は別にある。それは複数時間枠を利用する方法だ。要は日足、

週足、月足でそれぞれマーケットストラクチャー・トレンドリバーサルを書くのである。

1枚のチャートしかみたくないならば、ウィリアムズの方法が最も適している。筆者のようになるべくチャートをゴチャゴチャにしたくないならば、週足、月足でマーケットストラクチャー・トレンドリバーサルを作ったほうがよい。

もちろんデイトレーダーであれば、15分足、時間足、日足でマーケットストラクチャー・トレンドリバーサルを作ることもできる。いずれにせよ、多くのテクニカル指標よりもはるかに信頼に足るサポートあるいはレジスタンスの突破とトレンド確認ができる。

「罫線は相場の杖」という良い言葉がある。筆者にとってはマーケットストラクチャー・トレンドリバーサルこそが「相場の杖」である。

## 12カ月移動平均

月足の12カ月移動平均がそれなりの傾斜を持って上昇・下降したときをトレンドとし、移動平均が平行に近く価格がその近辺にあるときをレンジとすると、ほとんどの期間でユーロドルはトレンドを形成していると分かる。

**図表3-24**はドル円の月足である。歴史的にドル円は強いトレンドを持っていた。しかし、06年ごろのドル高局面では移動平均が横ばいになり、価格との乖離が小さすぎて、さほど強力とはいえなかったと分かる。

図表3-24　ドル円の12カ月移動平均とトレンドリバーサル

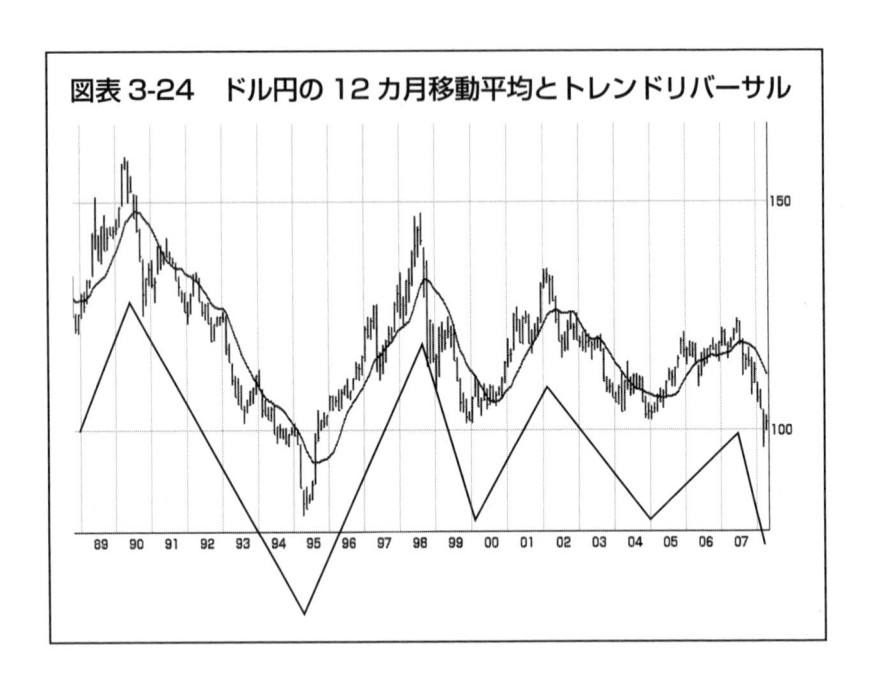

　このようにトレンドの方向でブレイクアウト戦略を利用するのである。

**ボラティリティ・ブレイクアウト**

　さて、一定以上の値幅のブレイクで仕掛けるORB戦術を組み込むと、その値幅が大きいほど勝率は上がる（ノイズを排除できる）。一方、ペイオフレシオは悪化してしまう（1トレード当たりの利益・損失比率が悪くなる）。そして一見、タートルズなどのトレンドフォロー戦術と逆にみえるものの、実は資産曲線がほぼトレンドに沿っ

ていることが分かった。

　次に、筆者が注目したのはボラティリティ（変動性）である。繰り返すが、このボラティリティとは、オプション価格から算出されるインプライドボラティリティではない。価格変動そのものから比較的単純な計算で判明するボラティリティだ。

　まずもっとも単純なボラティリティ・ブレイクアウトを考えてみよう。ウィリアムズの著書を熟読されている方にはなじみ深い「真の値幅」（TR）を利用したシステムである。

　「価格の変動は通常、レンジ縮小から起きる」という考えに基づいて「前日のTRが前々日のTRよりも低い」というのを条件とする。基本戦術はTDトラップだ。

　**図表3-25**はドル円の場合である。

　残念ながら、典型的な「使えない短期売買システム」になってしまっている。勝率は63％と低い（短期売買としては）うえに、ペイオフレシオが0.53と低すぎるのである。これが1.0あたりにならないと勝率6割では厳しい。

　強いて光明についていえば、98年以降の相場では利益になっている点である。99〜04年までは持続的に利益になっていた。

　**図表3-26**はユーロドルの場合である。

　残念ながら、こちらでは「もっと使えない」システムになっている。勝率こそわずかに改善しているものの、ペイオフレシオ0.47は低すぎて話にならない。このレシオであれば、勝率80％は欲しいところである。

　資産曲線はさらに惨めだ。04年以降、ほとんど損失の歴史である。

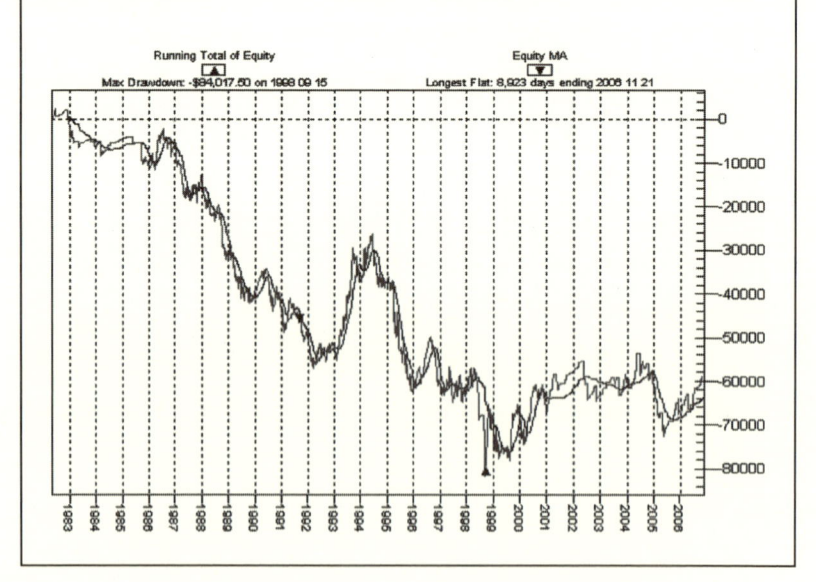

### 図表3-25　ボラティリティ・ブレイクアウト（ドル円）

| 全トレード | | | |
|---|---|---|---|
| 総損益 | -$58,660 | 現在建玉中の損益 | -$445 |
| 総利益 | $553,685 | 総損失 | -$612,345 |
| トレード回数 | 1,708 | 勝率 | 63.1% |
| 勝ちトレード数 | 1,077 | 負けトレード数 | 631 |
| 最大勝ちトレード | $7,218 | 最大負けトレード | -$5,033 |
| 1回当たり平均利益 | $514 | 1回当たり平均損失 | -$970 |
| ペイオフレシオ | 0.53 | 1回当たり平均損益 | -$34 |
| 最大連勝数 | 18 | 最大連敗数 | 7 |
| 勝ちトレードの平均建玉期間 | 1.71 | 負けトレードの平均建玉期間 | 2.63 |
| 日中最大ドローダウン | -$84,063 | | |
| プロフィットファクター | 0.90 | 最大建玉数 | 1 |
| 口座に必要な資金 | $86,223 | 対口座リターン | -68.0% |

## 図表3-26 ボラティリティ・ブレイクアウト（ユーロドル）

| 全トレード | | | |
|---|---:|---|---:|
| 総損益 | -$31,415 | 現在建玉中の損益 | -$45 |
| 総利益 | $220,200 | 総損失 | -$251,615 |
| トレード回数 | 547 | 勝率 | 64.9% |
| 勝ちトレード数 | 355 | 負けトレード数 | 192 |
| 最大勝ちトレード | $3,118 | 最大負けトレード | -$4,345 |
| 1回当たり平均利益 | $620 | 1回当たり平均損失 | -$1,310 |
| ペイオフレシオ | 0.47 | 1回当たり平均損益 | -$57 |
| 最大連勝数 | 22 | 最大連敗数 | 6 |
| 勝ちトレードの平均建玉期間 | 1.67 | 負けトレードの平均建玉期間 | 2.43 |
| 日中最大ドローダウン | -$56,078 | | |
| プロフィットファクター | 0.47 | 最大建玉数 | 1 |
| 口座に必要な資金 | $58,373 | 対口座リターン | -53.8% |

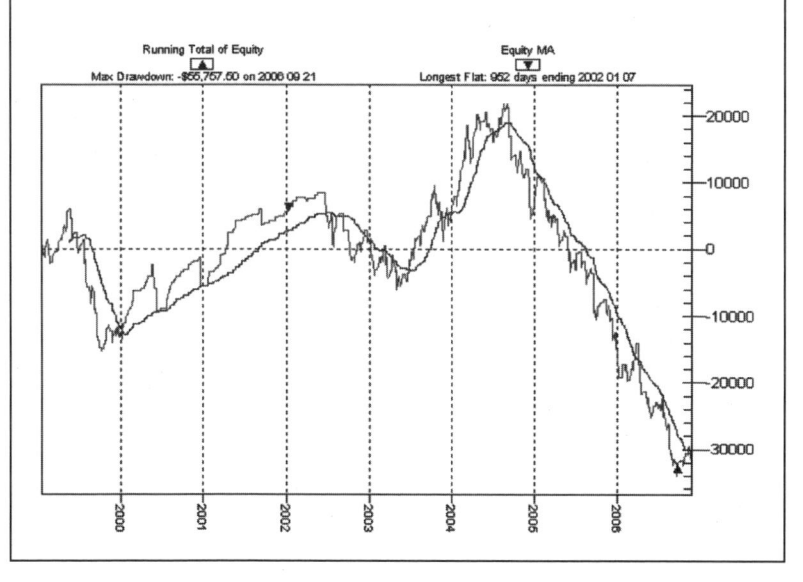

Running Total of Equity
Max Drawdown: -$55,767.50 on 2006 09 21
Equity MA
Longest Flat: 952 days ending 2002 01 07

### 逆転の発想

　残念ながら、単純な1日TR（いわば値幅縮小）を条件としたブレイクアウトは「使える」戦術ではなかった。
　ところが、ここでトレンドと大きな値幅について考えてみると次の疑問がわいてくる。「実のところ、最も大きなブレイクアウトは、わずかながらのTR拡大傾向が予兆になり得るのではないか？」
　そこで、先ほどの戦術とは全く逆の「レンジが拡大するとさらに拡大する」というトレンドの自己増殖をベースにしたシステムを検証してみた。条件は前回の全く逆だ。
　図表3-27はドル円の場合である。
　残念ながら、これも使えない戦術であった。資産曲線も惨めだ。
　しかし、ひとつ興味深い資産曲線があった。それが図表3-28、円買い（ドル売り）のみの場合である。
　実際には、この「ボラティリティ増大＝トレンド値幅拡大」という手法が95年に円が最高値をつけるまでの相場では有効に機能していた。筆者がまさに現役の為替ディーラーだった時期だ。バブルによるドル高が維持された88～90年の一時期を除くと円高が持続的に発生していた時期である。
　図表3-29はユーロドルの場合だ。
　驚くべきことに「使える」システムになっている。03年以降、持続的に「勝ち」の年が続いている。もしかしたら、レンジ縮小＝ブレイクアウトという短期トレードの基本となってきた思考は、システム検証を重ねたうえでは再検討が必要なのかもしれない。少なく

## 図表3-27 逆ボラティリティ・ブレイクアウト（ドル円）

| 全トレード | | | |
|---|---|---|---|
| 総損益 | -$44,740 | 現在建玉中の損益 | -$1,120 |
| 総利益 | $466,125 | 総損失 | -$510,865 |
| トレード回数 | 1,372 | 勝率 | 67.1% |
| 勝ちトレード数 | 920 | 負けトレード数 | 452 |
| 最大勝ちトレード | $5,955 | 最大負けトレード | -$4,845 |
| 1回当たり平均利益 | $507 | 1回当たり平均損失 | -$1,130 |
| ペイオフレシオ | 0.45 | 1回当たり平均損益 | -$33 |
| 最大連勝数 | 21 | 最大連敗数 | 5 |
| 勝ちトレードの平均建玉期間 | 1.75 | 負けトレードの平均建玉期間 | 2.90 |
| 日中最大ドローダウン | -$62,108 | | |
| プロフィットファクター | 0.91 | 最大建玉数 | 1 |
| 口座に必要な資金 | $64,268 | 対口座リターン | -69.6% |

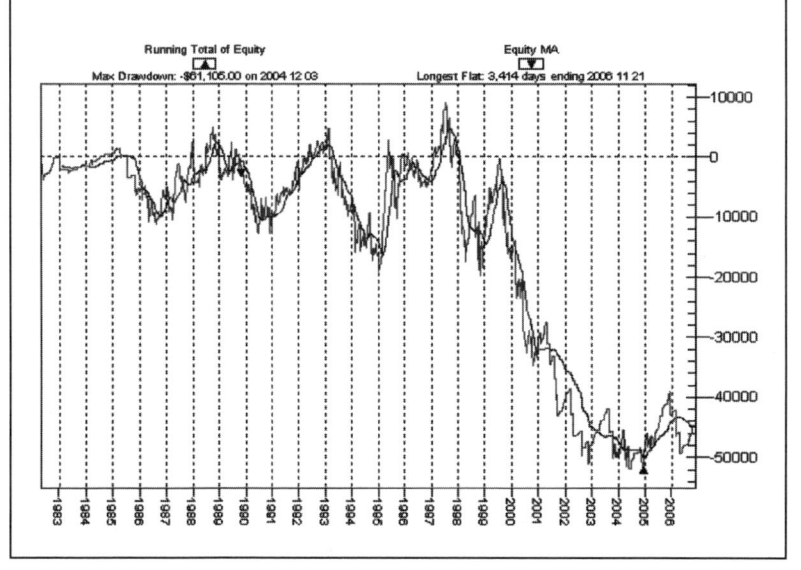

図表3-28 逆ボラティリティ・ブレイクアウト（ドル円買いのみ）

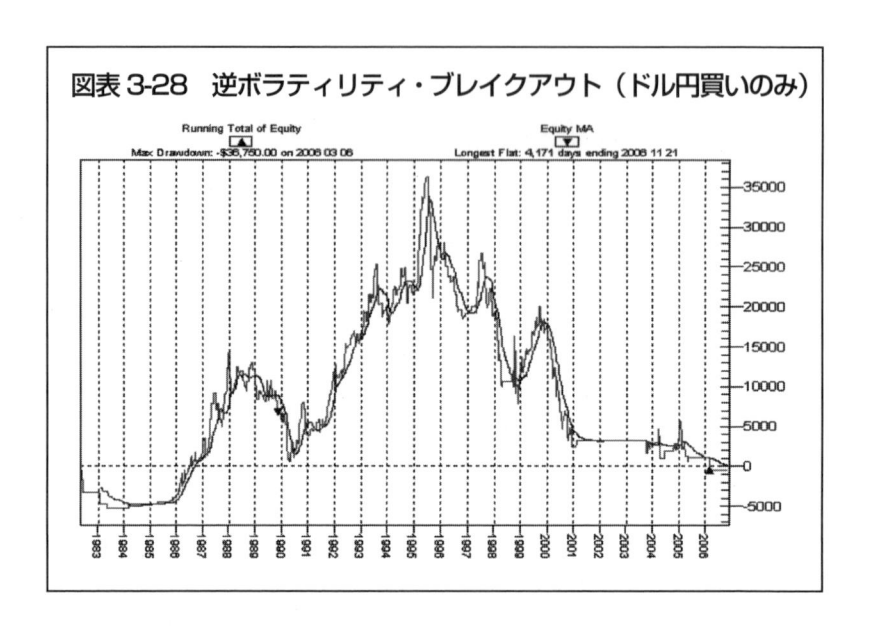

とも、ドル円だけでみても、同じ損失システムながら、ボラティリティが自己増殖していくシステムのほうが、はるかに「マシ」なシステムになっているのである。

## 図表3-29　逆ボラティリティ・ブレイクアウト（ユーロドル）

| 全トレード | | | |
|---|---|---|---|
| 総損益 | $19,803 | 現在建玉中の損益 | $0 |
| 総利益 | $210,950 | 総損失 | -$191,148 |
| トレード回数 | 463 | 勝率 | 70.2% |
| 勝ちトレード数 | 325 | 負けトレード数 | 138 |
| 最大勝ちトレード | $2,655 | 最大負けトレード | -$5,383 |
| 1回当たり平均利益 | $649 | 1回当たり平均損失 | -$1,385 |
| ペイオフレシオ | 0.47 | 1回当たり平均損益 | $43 |
| 最大連勝数 | 17 | 最大連敗数 | 5 |
| 勝ちトレードの平均建玉期間 | 1.74 | 負けトレードの平均建玉期間 | 2.70 |
| 日中最大ドローダウン | -$24,390 | | |
| プロフィットファクター | 1.10 | 最大建玉数 | 1 |
| 口座に必要な資金 | $26,685 | 対口座リターン | 74.2% |

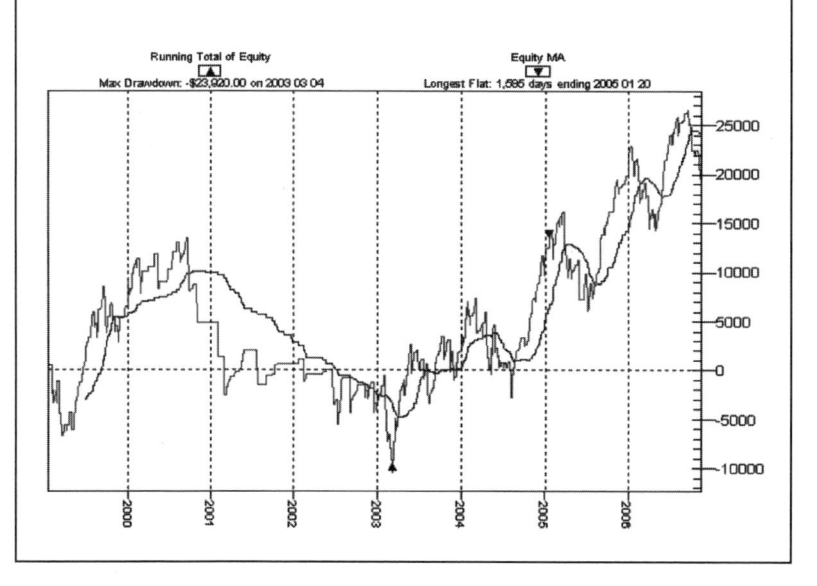

## 3. 方向性指標の利用

かつてから短期売買のセオリーでは「レンジ縮小でのブレイクアウト」が最も効率的とされてきた。ところが、実際には「レンジ拡大＝ブレイクアウトの拡大」のほうがFX市場では有効に機能する可能性があると分かった。

しかし、同時にそれだけでは機能しないシステムであることも事実である。そこでJ・ウエルズ・ワイルダー・ジュニアが考案したDI（ディレクショナル・インディケーター）、ADX（ディレクショナル・ムーブメント・インデックスの移動平均）といった方向性指標の利用を検討した。

DIは、実質的な値動き（TR）における上方向への動き（＋DM）と下方向への動き（－DM）の割合を0〜100の数値で表したものである。DIが大きくなるということは、その値動きが拡大していることを示す。すなわち、どちらかの方向への値動きの拡大傾向が判明したときに仕掛けようという戦術なのである。

### DIとADXの計算式

DIやADXの理論や詳細についてはワイルダー著『ワイルダーのテクニカル分析入門』を参照してほしい。ここでは原理を紹介する

```
DMの考え方
```

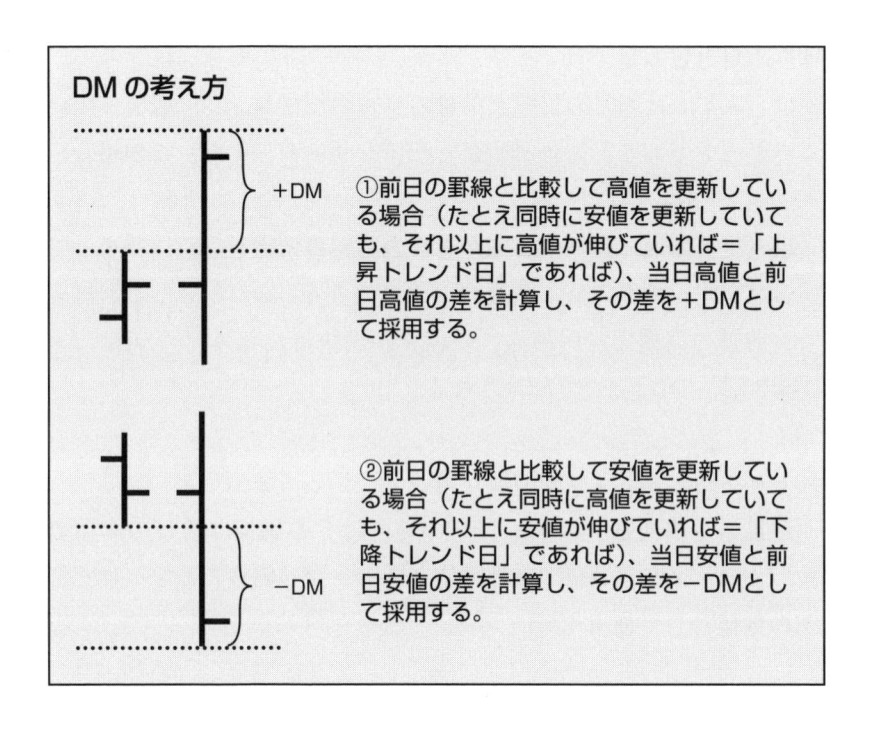

　　　　+DM　①前日の罫線と比較して高値を更新している場合（たとえ同時に安値を更新していても、それ以上に高値が伸びていれば＝「上昇トレンド日」であれば）、当日高値と前日高値の差を計算し、その差を＋DMとして採用する。

　　　　−DM　②前日の罫線と比較して安値を更新している場合（たとえ同時に高値を更新していても、それ以上に安値が伸びていれば＝「下降トレンド日」であれば）、当日安値と前日安値の差を計算し、その差を−DMとして採用する。

にとどめる。

**＋DI**

　上昇トレンド日では高値が更新される。この更新された絶対額（＋DM）をある期間で平均化して、同期間のATRで割ったもの。

**−DI**

　下落トレンド日では安値が更新される。この更新された安値の絶対額（−DM）をある期間で平均化し、同期間のATRで割ったもの。

**はらみ足と包み足**

　はらみ足とは当日の罫線が前日の罫線の価格レンジに収まっているパターンである。先ほど紹介したインサイドデイだ。この場合、＋DIも－DIもゼロとなる。

　包み足とは逆に前日の罫線が当日の罫線の価格レンジに収まっているパターンである。この場合、より大きなDMのみをとる。例えば、前日の高値を20円超え、安値を10円抜けた包み足のDIは、＋DIが20、－DIはゼロで計算される。

**ストップ高、ストップ安の取り扱い**

　通常の相場同様、ストップ高の場合はその価格と前日の高値の差、ストップ安の場合は前日安値とストップの価格の差をそれぞれDIの数値として使用する。

**ADX**

　「＋DIと－DIの合計」に対する「＋DIと－DIの差」の割合（DX＝ディレクショナル・ムーブメント・インデックス）を移動平均で円滑にしたものである。値動きが大きくなるほど「＋DIと－DIの差」は拡大しており、トレンドが強くなっていると判断できる。

| | |
|---|---|
| DIの差 | \|(+DI) − (−DI)\| …① |
| DIの合計 | \|(+DI) + (−DI)\| …② |
| DX | (①÷②) × 100 …③ |
| ADX | ③の平均値 |

## DIクロスオーバー戦術

まず、次の条件でドル円について検証してみた。

- ＋DIが－DIを上回ったら（DIクロスオーバー）、翌日に前日高値をストップにして買い。
- －DIが＋DIを上回ったら、翌日に前日安値をストップに売り。
- 利食いはベイルアウト。
- 損切り幅は3500ドル。

なんと利益が出ている（**図表3-30**）。実に意外だ。94年の一時期を除いてトータルの損益はマイナスになっていない。ただし、87～94年まで7年連続のドローダウン、00年以降も6年連続のドローダウンとなっており、使える時期が短い点には注意したい。

ここでドル売り円買いトレードだけをみてみると一貫して利益を上げていることが分かった。資産曲線も悪くない（**図表3-31**）。

逆に、ドル買い円売りトレードは一貫してマイナスであった。

この結果に興奮してしまう人もいるかもしれない。しかし、それは早計である。欧州通貨でも検証してみなければ優位性のある戦術とはいえないからだ。

すると、ドルスイスではまるでダメであった（**図表3-32**）。

しかも一貫して損失という実にいただけない戦術だ。「自動損失システム」といえる。

しかし良い点もあった。一貫して70％もの勝率を誇っているので

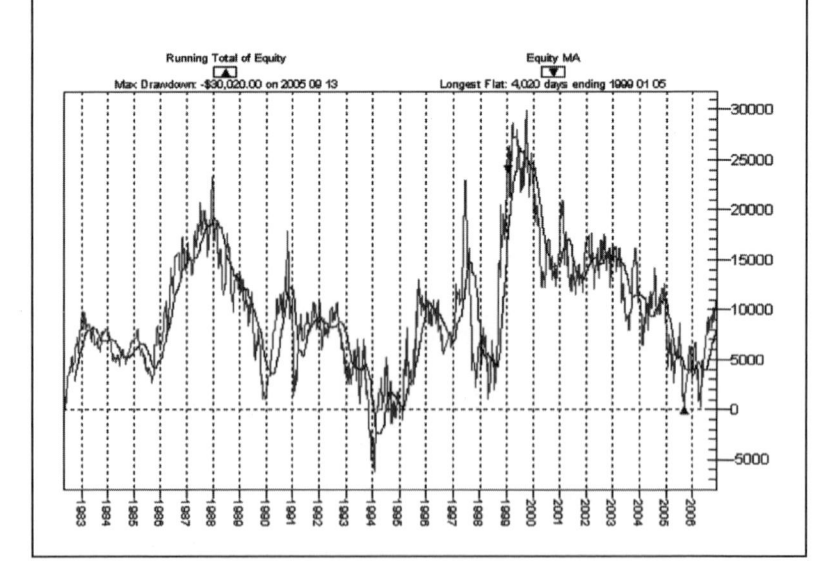

### 図表3-30　DIクロスオーバー（ドル円）

| 全トレード | | | |
|---|---|---|---|
| 総損益 | $10,910 | 現在建玉中の損益 | -$195 |
| 総利益 | $551,878 | 総損失 | -$540,968 |
| トレード回数 | 1,547 | 勝率 | 71.0% |
| 勝ちトレード数 | 1,098 | 負けトレード数 | 449 |
| 最大勝ちトレード | $7,218 | 最大負けトレード | -$3,370 |
| 1回当たり平均利益 | $503 | 1回当たり平均損失 | -$1,205 |
| ペイオフレシオ | 0.42 | 1回当たり平均損益 | $7 |
| 最大連勝数 | 17 | 最大連敗数 | 7 |
| 勝ちトレードの平均建玉期間 | 1.83 | 負けトレードの平均建玉期間 | 2.84 |
| 日中最大ドローダウン | -$30,588 | | |
| プロフィットファクター | 1.02 | 最大建玉数 | 1 |
| 口座に必要な資金 | $32,748 | 対口座リターン | 33.3% |

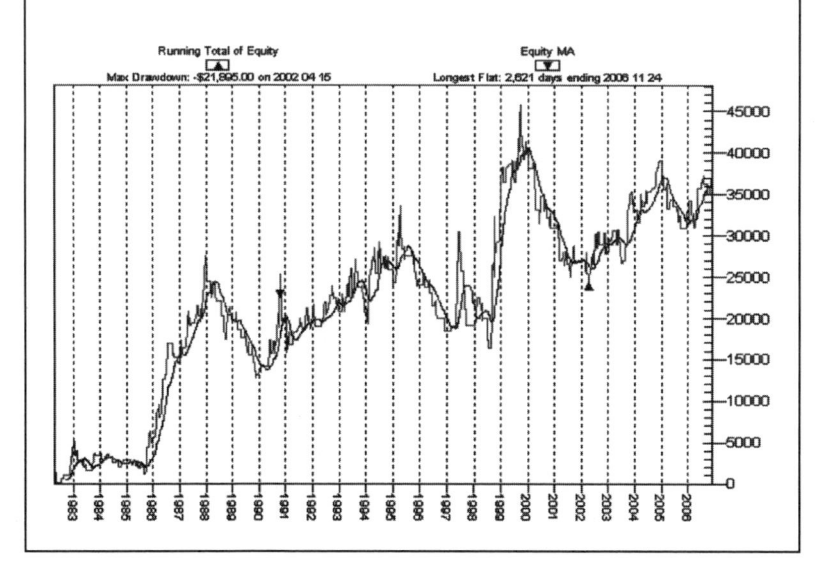

## 図表3-31　DIクロスオーバー（ドル売り円買いのみ）

**全トレード**

|  |  |  |  |
|---|---|---|---|
| 総損益 | $36,900 | 現在建玉中の損益 | -$195 |
| 総利益 | $291,103 | 総損失 | -$254,203 |
| トレード回数 | 730 | 勝率 | 71.6% |
| 勝ちトレード数 | 523 | 負けトレード数 | 207 |
| 最大勝ちトレード | $7,218 | 最大負けトレード | -$2,808 |
| 1回当たり平均利益 | $557 | 1回当たり平均損失 | -$1,228 |
| ペイオフレシオ | 0.45 | 1回当たり平均損益 | $51 |
| 最大連勝数 | 13 | 最大連敗数 | 7 |
| 勝ちトレードの平均建玉期間 | 1.80 | 負けトレードの平均建玉期間 | 2.87 |
| 日中最大ドローダウン | -$22,028 | | |
| プロフィットファクター | 1.15 | 最大建玉数 | 1 |
| 口座に必要な資金 | $24,188 | 対口座リターン | 152.6% |

### 図表 3-32　DI クロスオーバー（ユーロドル）

| 全トレード | | | |
|---|---:|---|---:|
| 総損益 | -$89,408 | 現在建玉中の損益 | -$33 |
| 総利益 | $488,418 | 総損失 | -$577,825 |
| トレード回数 | 1,596 | 勝率 | 70.6% |
| 勝ちトレード数 | 1,126 | 負けトレード数 | 470 |
| 最大勝ちトレード | $3,080 | 最大負けトレード | -$2,920 |
| 1回当たり平均利益 | $434 | 1回当たり平均損失 | -$1,229 |
| ペイオフレシオ | 0.35 | 1回当たり平均損益 | -$56 |
| 最大連勝数 | 15 | 最大連敗数 | 6 |
| 勝ちトレードの平均建玉期間 | 1.80 | 負けトレードの平均建玉期間 | 2.76 |
| 日中最大ドローダウン | -$123,033 | | |
| プロフィットファクター | 0.85 | 最大建玉数 | 1 |
| 口座に必要な資金 | $124,856 | 対口座リターン | -71.6% |

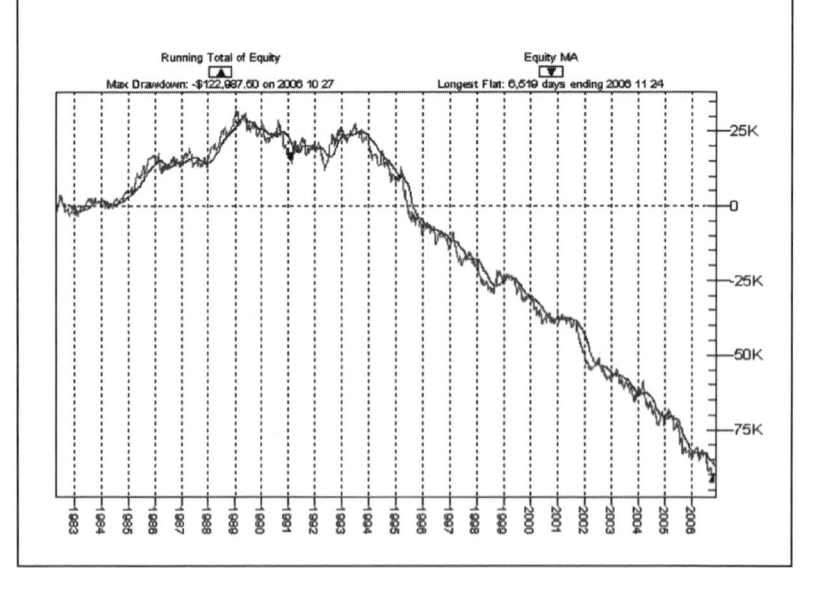

ある。けっして仕掛けは悪くない。仕掛けがランダムならば、勝率は50％に収束するはずであるし、1500もの仕掛けはサンプルとして十分だからである。

したがって、勝率の高さは何らかの優位性があると認められることにほかならない。では、何かのシグナルで損失をカバーできる方法はないのであろうか。

## トレンドの強度

そこで「トレンドが自己強化する」という観点をADXの差という形で考えてみる。つまりADXが増加していくのはトレンドが自己強化するタイミングであるから、ブレイクアウトを仕掛けやすいとみるのである。

こうすると長く続くレンジ相場からのブレイクアウトには絶対に乗ることができない。なぜならトレンド相場でのブレイクアウトを選択しているからである。しかし裏を返せば、現在の相場がレンジあるいは非トレンドの場合、チャブつきを減少させる効果が期待できる。

そこで先ほどの単純なDIクロスオーバーに「本日のADXが前日のADXより高い」を加えてドル円で検証してみたものが**図表3-33**である。

トレード数は35％減少したものの、損益は大幅に改善し、勝率も上昇した。明らかにドル円相場では功を奏しているようだ。

ドローダウン期間の長さも、00年以降のところで改善がみられて

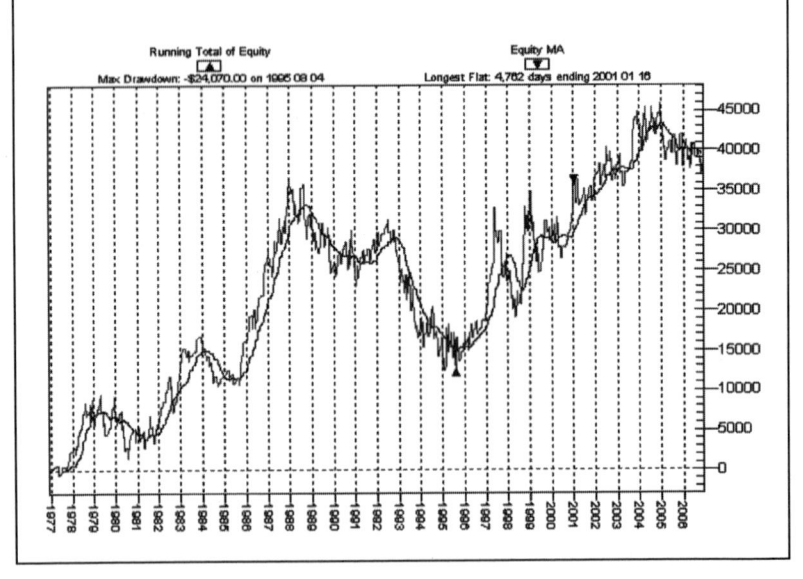

### 図表 3-33　DI クロスに ADX フィルターを追加（ドル円）

| 全トレード | | | |
|---|---|---|---|
| 総損益 | $38,273 | 現在建玉中の損益 | $0 |
| 総利益 | $360,223 | 総損失 | -$321,945 |
| トレード回数 | 1,053 | 勝率 | 75.2% |
| 勝ちトレード数 | 792 | 負けトレード数 | 261 |
| 最大勝ちトレード | $7,218 | 最大負けトレード | -$3,370 |
| 1回当たり平均利益 | $455 | 1回当たり平均損失 | -$1,234 |
| ペイオフレシオ | 0.37 | 1回当たり平均損益 | $36 |
| 最大連勝数 | 20 | 最大連敗数 | 4 |
| 勝ちトレードの平均建玉期間 | 1.95 | 負けトレードの平均建玉期間 | 3.93 |
| 日中最大ドローダウン | -$24,678 | | |
| プロフィットファクター | 1.12 | 最大建玉数 | 1 |
| 口座に必要な資金 | $26,838 | 対口座リターン | 142.6% |

### 図表3-34　DIクロスにADXフィルターを追加（ドルスイス）

| 全トレード | | | |
|---|---:|---|---:|
| 総損益 | -$2,060 | 現在建玉中の損益 | -$33 |
| 総利益 | $285,573 | 総損失 | -$287,638 |
| トレード回数 | 908 | 勝率 | 75.8% |
| 勝ちトレード数 | 688 | 負けトレード数 | 220 |
| 最大勝ちトレード | $2,680 | 最大負けトレード | -$3,020 |
| 1回当たり平均利益 | $415 | 1回当たり平均損失 | -$1,307 |
| ペイオフレシオ | 0.32 | 1回当たり平均損益 | -$2 |
| 最大連勝数 | 16 | 最大連敗数 | 4 |
| 勝ちトレードの平均建玉期間 | 2.01 | 負けトレードの平均建玉期間 | 3.30 |
| 日中最大ドローダウン | -$26,465 | | |
| プロフィットファクター | 0.99 | 最大建玉数 | 1 |
| 口座に必要な資金 | $28,288 | 対口座リターン | -7.3% |

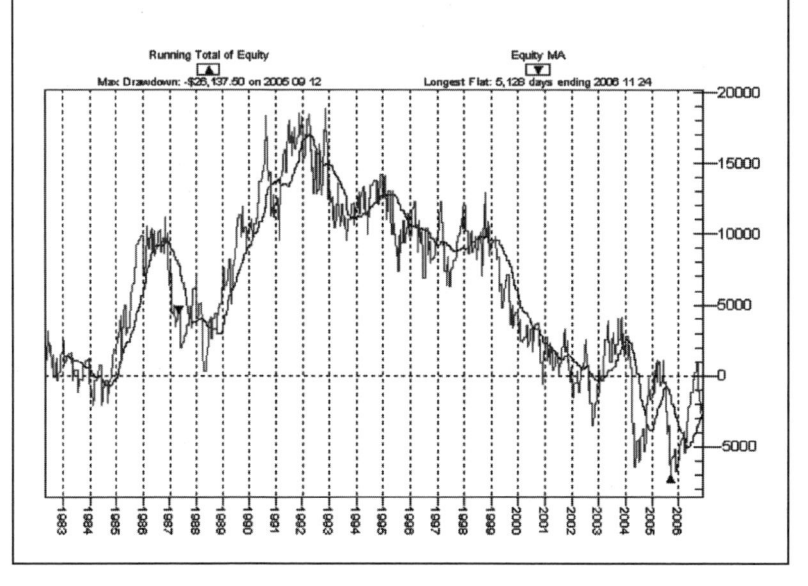

いる。ことドル円に関するかぎり、かなり改良されているようだ。

では、ドルスイスで検証してみよう（**図表3-34**）。

トレード数は20％ほど減少し、結果的に損益はプラスになっていない。しかし、８万9000ドルの損失からほぼトントンにまで改善されている。結果として、ADXの増加は誤った仕掛けを相当数減らすフィルターとして貢献したようだ。

## TDトラップにADXフィルターを応用

それでは、このADXフィルターをTDトラップに組み合わせてみたら、どのような結果が出るだろうか。具体的にはTDトラップに次の条件を加える。

---

①ADXが上昇している。
②買いであれば前日の＋DIが－DIを、売りであれば前日の－DIが前日の＋DIを上回っていること。
●利食いはベイルアウト。
●損切り幅は3500ドル。

---

まずドル円で検証してみた（**図表3-35**）。

損益がプラスになっているのは大きい。勝率80％は最高だ。しかしペイオフレシオが低すぎるのが難点である。これが１対１になれば素晴らしいシステムなのだが……。

６年間の連続損失はやはり痛い。しかし、比較的安定したシステ

### 図表3-35 TDトラップにADXフィルターを追加(ドル円)

| 全トレード | | | |
|---|---|---|---|
| 総損益 | $17,303 | 現在建玉中の損益 | $0 |
| 総利益 | $317,823 | 総損失 | -$300,520 |
| トレード回数 | 878 | 勝率 | 80.0% |
| 勝ちトレード数 | 702 | 負けトレード数 | 176 |
| 最大勝ちトレード | $7,218 | 最大負けトレード | -$5,020 |
| 1回当たり平均利益 | $453 | 1回当たり平均損失 | -$1,708 |
| ペイオフレシオ | 0.27 | 1回当たり平均損益 | $20 |
| 最大連勝数 | 28 | 最大連敗数 | 3 |
| 勝ちトレードの平均建玉期間 | 2.41 | 負けトレードの平均建玉期間 | 8.15 |
| 日中最大ドローダウン | -$31,135 | | |
| プロフィットファクター | 1.06 | 最大建玉数 | 1 |
| 口座に必要な資金 | $33,295 | 対口座リターン | 52.0% |

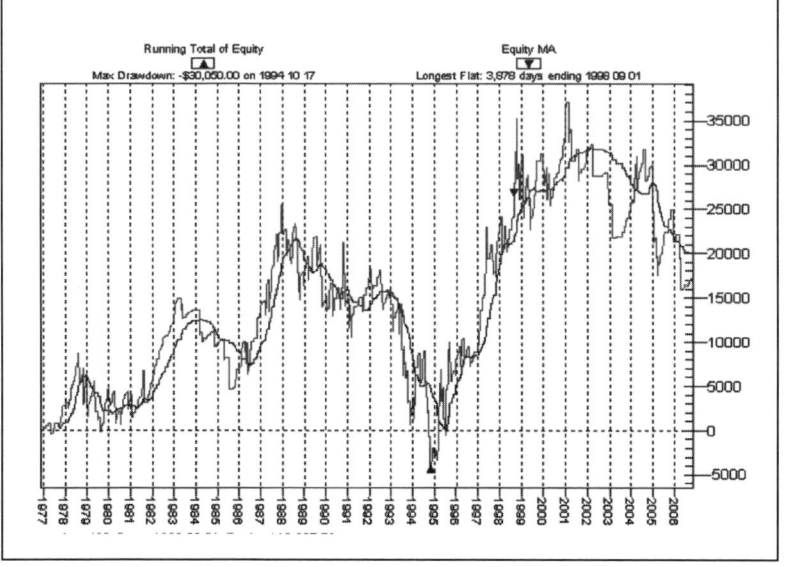

### 図表3-36 フィルターなしのTDトラップ（ドル円）

| 全トレード | | | |
|---|---|---|---|
| 総損益 | −$150,750 | 現在建玉中の損益 | −$2,220 |
| 総利益 | $675,045 | 総損失 | −$825,795 |
| トレード回数 | 2,520 | 勝率 | 59.9% |
| 勝ちトレード数 | 1,509 | 負けトレード数 | 1,011 |
| 最大勝ちトレード | $7,218 | 最大負けトレード | −$4,845 |
| 1回当たり平均利益 | $447 | 1回当たり平均損失 | −$817 |
| ペイオフレシオ | 0.55 | 1回当たり平均損益 | −$60 |
| 最大連勝数 | 24 | 最大連敗数 | 10 |
| 勝ちトレードの平均建玉期間 | 1.75 | 負けトレードの平均建玉期間 | 2.22 |
| 日中最大ドローダウン | −$170,233 | | |
| プロフィットファクター | 0.82 | 最大建玉数 | 1 |
| 口座に必要な資金 | $172,393 | 対口座リターン | −87.4% |

ムといえる。なんといってもフィルターのないTDトラップは悲惨な結果なのだ（**図表3-36**）。損失15万ドル、2520トレード、勝率60%の基本戦術が、トレード数、損益＋、勝率80%となったのだから相当の改善といえる。

では、ドルスイスではどうだろうか（**図表3-37**）。

残念ながら損失となっているものの、非常に勝率が高い。損失のマネジメントさえうまくできれば、この勝率を使うことを考えてみたい。

ちなみにユーロドルの場合、勝率の高さが同じであったものの、最終的に損失になっていたのは同じであった。トレンド自己強化を

### 図表3-37 TDトラップにADXフィルターを追加（ドルスイス）

| 全トレード | | | |
|---|---|---|---|
| 総損益 | −$17,778 | 現在建玉中の損益 | $0 |
| 総利益 | $112,908 | 総損失 | −$130,685 |
| トレード回数 | 332 | 勝率 | 82.5% |
| 勝ちトレード数 | 274 | 負けトレード数 | 58 |
| 最大勝ちトレード | $2,455 | 最大負けトレード | −$5,445 |
| 1回当たり平均利益 | $412 | 1回当たり平均損失 | −$2,253 |
| ペイオフレシオ | 0.18 | 1回当たり平均損益 | −$54 |
| 最大連勝数 | 21 | 最大連敗数 | 2 |
| 勝ちトレードの平均建玉期間 | 3.31 | 負けトレードの平均建玉期間 | 9.43 |
| 日中最大ドローダウン | −$51,593 | | |
| プロフィットファクター | 0.86 | 最大建玉数 | 1 |
| 口座に必要な資金 | $53,416 | 対口座リターン | −33.3% |

ADXで確認し、上昇するDIのサイドにレンジブレイクで参入、いかにもロジックは正しいと思われるのだが、それだけでは利益を持続的に上げることはできないようだ。

## ウップスにADXフィルターを応用

　それでは、ADXフィルターをウップス戦術に組み合わせたらどうなるだろうか（ウップスについては37ページ参照）。
　通常、ウップスはトレンドに逆バリである。したがって「トレンドが弱まってきたときに発生するノイズで逆バリをすると有効であ

る」という仮説を立てられる。つまりADXの減少とウップスを組み合わせるわけだ。

ただし、ウップスが「トレンドにおける極端な表現」とみるならばどうだろうか。その短期的行き過ぎは、むしろトレンドのなかで頻発することになる。つまり「トレンドが短期的な行き過ぎを是正しながら勢いを維持する」とみることもできるわけだ。この場合、ウップスはむしろADXの増加（トレンドの継続）が必要となる。

いずれの仮説でADXをフィルターとして使用すると良好であるか検証してみよう。

まず、単純なウップスをドル円で検証してみる（**図表3-38**）。

勝率が高いのに、ペイオフレシオ（1トレード当たりの勝利・損失額の比率）が悪すぎるという典型的な「使えない」売買戦術となっていた。06年から急激に良くなっているのは救いである。しかし77～03年まで26年も「使えなかったシステム」となっているのだ。

では、ADXフィルターを使用した場合を検証してみよう（**図表3-39**）。残念ながらトータルの損益はマイナスであるものの、勝率が改善している。

さて、このケースはADXの減少を条件としているのであろうか、それともADXの増加を条件としているのであろうか。

正解は「ADXの増加」である。ちなみにADX減少のフィルターは悲惨な結果であった。

続いて欧州通貨のパターンをみてみよう。まず純粋なウップスの場合、ドルスイスではドル円よりもはるかに好成績を出している。資産曲線がマイナスとはいえ、90年以降は基本的にトントンあるい

第3章　FXの短期ブレイクアウト戦術

### 図表3-38　単純なウップス（ドル円）

**全トレード**

| | | | |
|---|---|---|---|
| 総損益 | -$58,870 | 現在建玉中の損益 | $0 |
| 総利益 | $430,220 | 総損失 | -$489,090 |
| トレード回数 | 1,491 | 勝率 | 67.7% |
| 勝ちトレード数 | 1,009 | 負けトレード数 | 482 |
| 最大勝ちトレード | $3,030 | 最大負けトレード | -$4,745 |
| 1回当たり平均利益 | $426 | 1回当たり平均損失 | -$1,015 |
| ペイオフレシオ | 0.42 | 1回当たり平均損益 | -$39 |
| 最大連勝数 | 25 | 最大連敗数 | 9 |
| 勝ちトレードの平均建玉期間 | 1.69 | 負けトレードの平均建玉期間 | 3.11 |
| 日中最大ドローダウン | -$74,940 | | |
| プロフィットファクター | 0.88 | 最大建玉数 | 1 |
| 口座に必要な資金 | $77,100 | 対口座リターン | -76.4% |

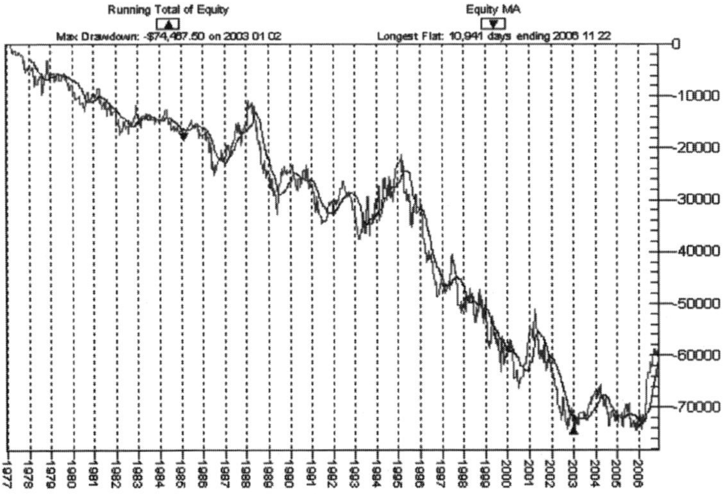

181

## 図表 3-39　ウップスに ADX フィルターを追加（ドル円）

| 全トレード | | | |
|---|---|---|---|
| 総損益 | -$12,503 | 現在建玉中の損益 | $0 |
| 総利益 | $247,675 | 総損失 | -$260,178 |
| トレード回数 | 832 | 勝率 | 70.9% |
| 勝ちトレード数 | 590 | 負けトレード数 | 242 |
| 最大勝ちトレード | $2,968 | 最大負けトレード | -$3,045 |
| 1回当たり平均利益 | $420 | 1回当たり平均損失 | -$1,075 |
| ペイオフレシオ | 0.39 | 1回当たり平均損益 | -$15 |
| 最大連勝数 | 17 | 最大連敗数 | 6 |
| 勝ちトレードの平均建玉期間 | 1.69 | 負けトレードの平均建玉期間 | 3.50 |
| 日中最大ドローダウン | -$29,825 | | |
| プロフィットファクター | 0.95 | 最大建玉数 | 1 |
| 口座に必要な資金 | $31,985 | 対口座リターン | -39.1% |

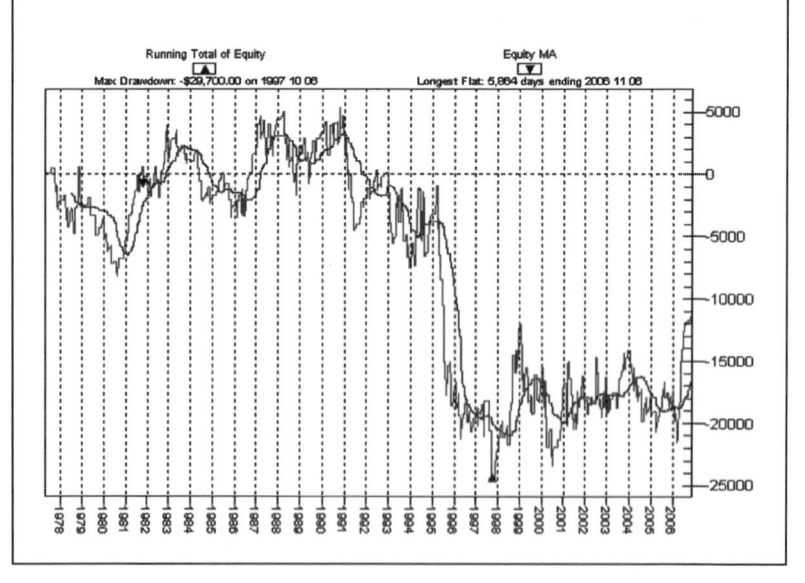

## 図表3-40　単純なウップス（ドルスイス）

| 全トレード | | | |
|---|---|---|---|
| 総損益 | -$7,755 | 現在建玉中の損益 | $0 |
| 総利益 | $467,035 | 総損失 | -$474,790 |
| トレード回数 | 1,669 | 勝率 | 67.8% |
| 勝ちトレード数 | 1,132 | 負けトレード数 | 537 |
| 最大勝ちトレード | $2,993 | 最大負けトレード | -$2,408 |
| 1回当たり平均利益 | $413 | 1回当たり平均損失 | -$884 |
| ペイオフレシオ | 0.47 | 1回当たり平均損益 | -$5 |
| 最大連勝数 | 15 | 最大連敗数 | 5 |
| 勝ちトレードの平均建玉期間 | 1.48 | 負けトレードの平均建玉期間 | 2.23 |
| 日中最大ドローダウン | -$29,305 | | |
| プロフィットファクター | 0.47 | 最大建玉数 | 1 |
| 口座に必要な資金 | $31,128 | 対口座リターン | -24.9% |

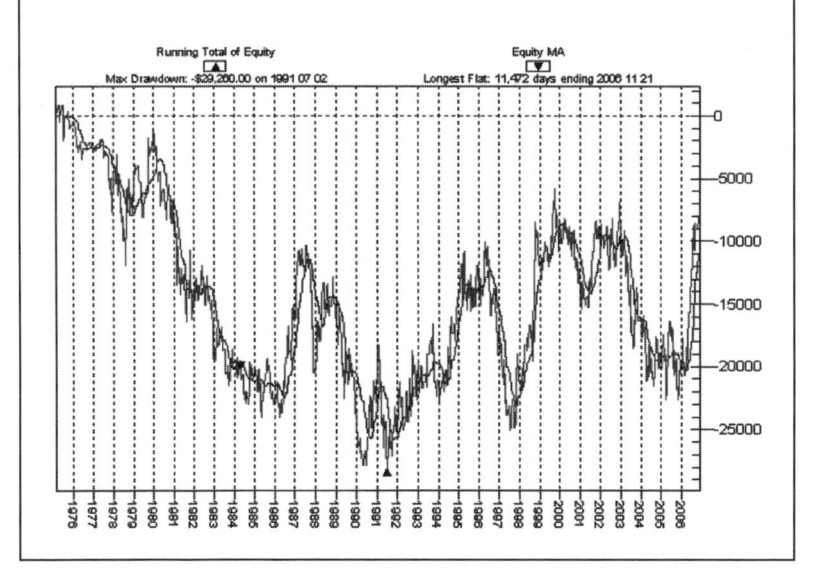

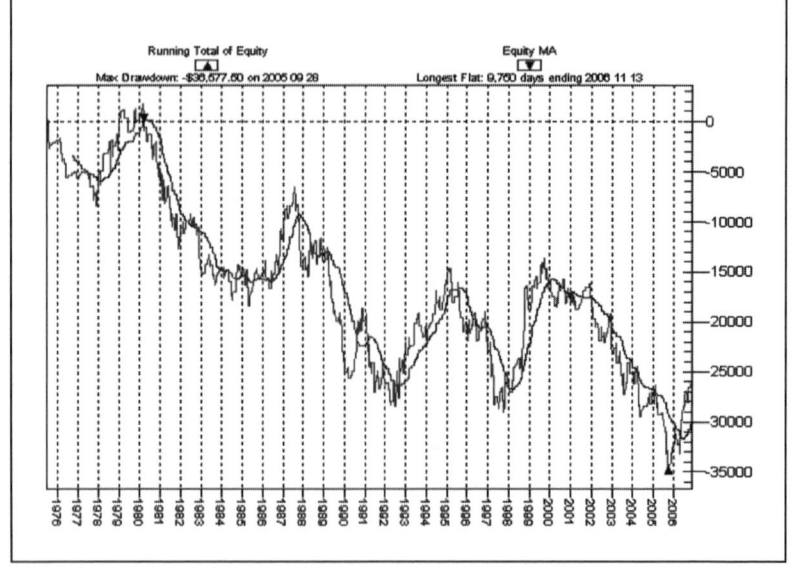

### 図表3-41 ウップスにADXフィルターを追加（ドルスイス）

| 全トレード | | | |
|---|---|---|---|
| 総損益 | -$26,105 | 現在建玉中の損益 | $0 |
| 総利益 | $235,730 | 総損失 | -$261,835 |
| トレード回数 | 869 | 勝率 | 66.9% |
| 勝ちトレード数 | 581 | 負けトレード数 | 288 |
| 最大勝ちトレード | $2,580 | 最大負けトレード | -$2,270 |
| 1回当たり平均利益 | $406 | 1回当たり平均損失 | -$909 |
| ペイオフレシオ | 0.45 | 1回当たり平均損益 | -$30 |
| 最大連勝数 | 11 | 最大連敗数 | 6 |
| 勝ちトレードの平均建玉期間 | 1.58 | 負けトレードの平均建玉期間 | 2.25 |
| 日中最大ドローダウン | -$37,323 | | |
| プロフィットファクター | 0.45 | 最大建玉数 | 1 |
| 口座に必要な資金 | $39,146 | 対口座リターン | -66.7% |

### 図表3-42 ADX減少フィルターの場合（ドルスイス）

| 全トレード | | | |
|---|---|---|---|
| 総損益 | $7,260 | 現在建玉中の損益 | $0 |
| 総利益 | $252,690 | 総損失 | −$245,430 |
| トレード回数 | 882 | 勝率 | 69.5% |
| 勝ちトレード数 | 613 | 負けトレード数 | 269 |
| 最大勝ちトレード | $2,993 | 最大負けトレード | −$2,408 |
| 1回当たり平均利益 | $412 | 1回当たり平均損失 | −$912 |
| ペイオフレシオ | 0.45 | 1回当たり平均損益 | $8 |
| 最大連勝数 | 17 | 最大連敗数 | 5 |
| 勝ちトレードの平均建玉期間 | 1.52 | 負けトレードの平均建玉期間 | 2.24 |
| 日中最大ドローダウン | −$20,048 | | |
| プロフィットファクター | 0.45 | 最大建玉数 | 1 |
| 口座に必要な資金 | $21,871 | 対口座リターン | 33.2% |

は若干のプラスといってよいだろう（**図表3-40**）。

では、ADXフィルターを加えたらどうなっただろうか（**図表3-41**）。残念ながら、このケースではフィルターが完全に逆に作用している。またトレンドが自己強化する場合、ウップス戦略は効を奏していない。

一方、**図表3-42**はADX減少のフィルターを加えた場合である。

つまり、ドル円では有効でもドルスイスでは無効となると、ウップスとADX（あるいはトレンド）との関係に堅牢な論理が存在しない可能性は高いことになる。ほかの論理との併用のほうがベターかもしれない。

## ADXの最適化

　「最適化（オプティマイズ）」とは、売買システムの結果が良くなるよう、最適なパラメータ（期間など）を探す作業のことである。最近では、個人でも売買システムの検証にコンピュータを使用することが一般化してきたため、最適化というとすぐに「眉唾物」と感じてしまう方が多いと思われる。

　よく指摘されるのが「カーブフィッティング」だ。カーブフィッティングとは売買システムが過去のデータから最高の結果を出せるよう、無理にこじつけてパラメータを探すことである。もちろんこの場合、将来的に機能するかは別問題だ。

　しかし、いわゆる極端な「カーブフィッティング」でなければ、ある程度は行うべきと筆者は考えている。特にワイルダーのテクニックは70～80年代の米国の先物市場に特化したうえでの数値決定である。したがって90～00年代の外国為替市場では、ある程度の変更はあり得るだろう。

　±DIとADXの各期間（パラメータ）をワイルダーのオリジナルである「14」にした場合、「7」にした場合、「18」にした場合を考えてみよう。

　「7」は短期トレードとして筆者が有効と想定した数値、「18」は『マーケットのテクニカル秘録』の共著者であるデビッド・ルーカスが最も適しているとした数値である。

　売買ルールは次のとおりとする。

<買いルール>
①ADX（前日）が前々日より上昇している。
②前日、＋DIが－DIを上抜く。
③当日、前日の高値をストップとして買う。
●利食いはベイルアウト。
●損切り幅は3500ドル。

<売りルール>
①買いと同じ。
②前日、－DIが＋DIを上抜く。
③当日、前日の安値をストップとして売る。
●利食いはベイルアウト。
●損切り幅は3500ドル。

まず14日（オリジナル）をみてみよう（**図表3-43**）。

ドル円での検証では良好な結果となった。特に買いトレードで久しぶりにケリー値が0.25という数値を出した。勝率76％は申し分ないが、とにかくペイオフレシオが厳しい。

資産曲線も悪くない。ただし、利益の90％は円の買いトレードから生じている。04年以降は損失、88〜95年まではほぼトントンであったことにも注目してほしい。

では、ユーロドルではどうだろうか（**図表3-44**）。

ドル円ほどではないが、一応利益が出ている。勝率は下がっているものの、ペイオフレシオも上昇した。

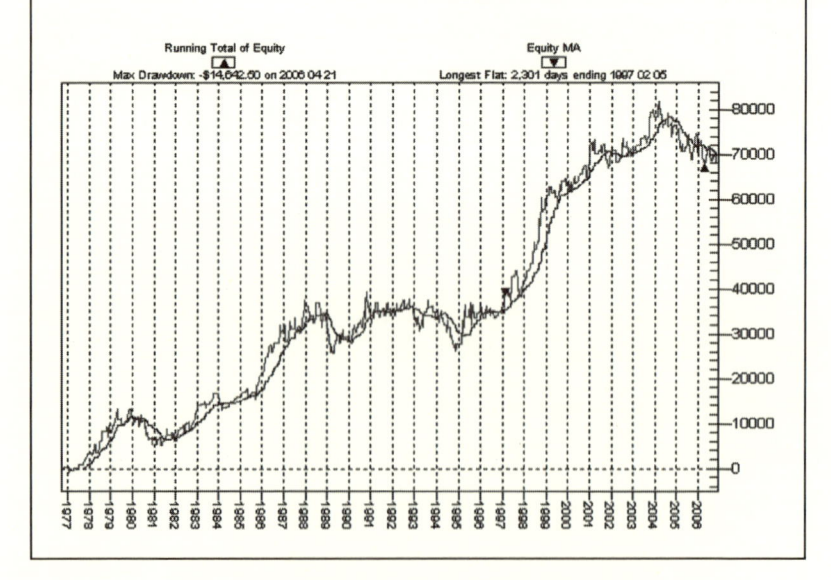

## 図表3-43　14日ADXシステム（ドル円）

### 全トレード

| | | | |
|---|---:|---|---:|
| 総損益 | $68,270 | 現在建玉中の損益 | -$195 |
| 総利益 | $334,755 | 総損失 | -$266,485 |
| トレード回数 | 964 | 勝率 | 76.3% |
| 勝ちトレード数 | 736 | 負けトレード数 | 228 |
| 最大勝ちトレード | $5,955 | 最大負けトレード | -$2,595 |
| 1回当たり平均利益 | $455 | 1回当たり平均損失 | -$1,169 |
| ペイオフレシオ | 0.39 | 1回当たり平均損益 | &71 |
| 最大連勝数 | 24 | 最大連敗数 | 4 |
| 勝ちトレードの平均建玉期間 | 2.07 | 負けトレードの平均建玉期間 | 3.87 |
| 日中最大ドローダウン | -$15,470 | | |
| プロフィットファクター | 1.26 | 最大建玉数 | 1 |
| 口座に必要な資金 | $17,630 | 対口座リターン | 387.2% |

### 図表3-44　14日ADXシステム（ユーロドル）

| 全トレード | | | |
|---|---:|---|---:|
| 総損益 | $5,793 | 現在建玉中の損益 | $130 |
| 総利益 | $114,993 | 総損失 | -$109,200 |
| トレード回数 | 266 | 勝率 | 69.9% |
| 勝ちトレード数 | 186 | 負けトレード数 | 80 |
| 最大勝ちトレード | $3,118 | 最大負けトレード | -$2,083 |
| 1回当たり平均利益 | $618 | 1回当たり平均損失 | -$1,365 |
| ペイオフレシオ | 0.45 | 1回当たり平均損益 | $22 |
| 最大連勝数 | 12 | 最大連敗数 | 4 |
| 勝ちトレードの平均建玉期間 | 1.62 | 負けトレードの平均建玉期間 | 2.29 |
| 日中最大ドローダウン | -$14,533 | | |
| プロフィットファクター | 0.45 | 最大建玉数 | 1 |
| 口座に必要な資金 | $16,828 | 対口座リターン | 34.4% |

## 短期のDIとADX

　次に、このシステムに対して、±DIとADXの期間をともに7に引き下げた場合をみてみよう（**図表3-45**）。

　ドル円では、あらゆる意味で14日のワイルダーに劣るシステムになっている。トレード回数は増えたのに、利益が半減しているのだ。資産曲線もほぼ同形状で、しかも利益の減少する期間が長い。明らかにオリジナルのほうが優れている。

　ユーロドルではどうか（**図表3-46**）。残念ながら、全く同じ結果となっている。すなわち、明らかに14日が良いということである。

## 図表3-45　7日ADXシステム（ドル円）

| 全トレード | | | |
|---|---:|---|---:|
| 総損益 | $38,290 | 現在建玉中の損益 | $0 |
| 総利益 | $360,360 | 総損失 | -$322,070 |
| トレード回数 | 1,053 | 勝率 | 75.2% |
| 勝ちトレード数 | 792 | 負けトレード数 | 261 |
| 最大勝ちトレード | $7,218 | 最大負けトレード | -$3,370 |
| 1回当たり平均利益 | $455 | 1回当たり平均損失 | -$1,234 |
| ペイオフレシオ | 0.37 | 1回当たり平均損益 | $36 |
| 最大連勝数 | 20 | 最大連敗数 | 4 |
| 勝ちトレードの平均建玉期間 | 1.95 | 負けトレードの平均建玉期間 | 3.93 |
| 日中最大ドローダウン | -$24,678 | | |
| プロフィットファクター | 0.37 | 最大建玉数 | 1 |
| 口座に必要な資金 | $26,838 | 対口座リターン | 142.7% |

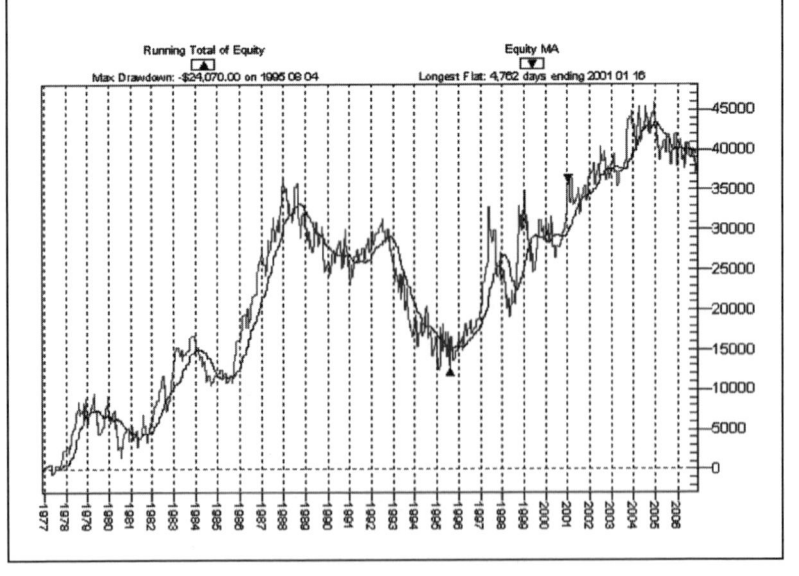

### 図表3-46 7日ADXシステム（ユーロドル）

| 全トレード | | | |
|---|---:|---|---:|
| 総損益 | -$5,650 | 現在建玉中の損益 | $130 |
| 総利益 | $114,790 | 総損失 | -$120,440 |
| トレード回数 | 280 | 勝率 | 68.9% |
| 勝ちトレード数 | 193 | 負けトレード数 | 87 |
| 最大勝ちトレード | $2,205 | 最大負けトレード | -$2,808 |
| 1回当たり平均利益 | $595 | 1回当たり平均損失 | -$1,384 |
| ペイオフレシオ | 0.43 | 1回当たり平均損益 | -$20 |
| 最大連勝数 | 13 | 最大連敗数 | 6 |
| 勝ちトレードの平均建玉期間 | 1.59 | 負けトレードの平均建玉期間 | 2.29 |
| 日中最大ドローダウン | -$14,450 | | |
| プロフィットファクター | 0.95 | 最大建玉数 | 1 |
| 口座に必要な資金 | $16,745 | 対口座リターン | -33.7% |

　±DIやADXについて、14日よりも短いほうがよいと考えるトレーダーは多い（実は筆者もチャートをみる視覚的部分からはそう思っていた）。しかし、実際には短縮したADXシステムは、ワイルダーのオリジナルにかなわないようだ。

## 長期のDIとADX

　それでは±DIとADXの期間を18にした場合はどうだろうか。
　ドル円では、トレード回数はさほど減少していないのに、損益が2万ドルも改善している（**図表3-47**）。トレードの傾向は変わら

### 図表3-47　18日ADXシステム（ドル円）

| 全トレード | | | |
|---|---:|---|---:|
| 総損益 | $84,385 | 現在建玉中の損益 | -$195 |
| 総利益 | $340,843 | 総損失 | -$256,458 |
| トレード回数 | 947 | 勝率 | 77.2% |
| 勝ちトレード数 | 731 | 負けトレード数 | 216 |
| 最大勝ちトレード | $5,955 | 最大負けトレード | -$3,320 |
| 1回当たり平均利益 | $466 | 1回当たり平均損失 | -$1,187 |
| ペイオフレシオ | 0.39 | 1回当たり平均損益 | $89 |
| 最大連勝数 | 22 | 最大連敗数 | 4 |
| 勝ちトレードの平均建玉期間 | 2.11 | 負けトレードの平均建玉期間 | 4.09 |
| 日中最大ドローダウン | -$12,700 | | |
| プロフィットファクター | 0.39 | 最大建玉数 | 1 |
| 口座に必要な資金 | $14,860 | 対口座リターン | 567.9% |

ないのに、ケリー値も0.2に近づいているのだ。

　資産曲線をみると、利益の減少期になんとか「トントン」を保つという意味で、いわゆる「チャブつき」を相対的に減らせているシステムであると分かる。

　ユーロドルではどうか（**図表3-48**）。

　同様に、トレード回数がほとんど減っていないのに収益が上がっている。ただし、ペイオフレシオ、ケリー値などが低すぎるため、ユーロドルではさほど有効ではない。

　もしかしたら、DIとADXはむしろ長期のほうが良好な結果となるのではないかと実験をしてみた。具体的には、ADXの期間を

### 図表3-48　18日ADXシステム（ユーロドル）

| 全トレード | | | |
|---|---|---|---|
| 総損益 | $9,210 | 現在建玉中の損益 | $130 |
| 総利益 | $112,600 | 総損失 | -$103,390 |
| トレード回数 | 257 | 勝率 | 70.0% |
| 勝ちトレード数 | 180 | 負けトレード数 | 77 |
| 最大勝ちトレード | $2,205 | 最大負けトレード | -$2,070 |
| 1回当たり平均利益 | $626 | 1回当たり平均損失 | -$1,343 |
| ペイオフレシオ | 0.47 | 1回当たり平均損益 | $36 |
| 最大連勝数 | 12 | 最大連敗数 | 5 |
| 勝ちトレードの平均建玉期間 | 1.58 | 負けトレードの平均建玉期間 | 2.22 |
| 日中最大ドローダウン | -$16,033 | | |
| プロフィットファクター | 1.09 | 最大建玉数 | 1 |
| 口座に必要な資金 | $18,328 | 対口座リターン | 50.3% |

25、50でそれぞれ検証した。

**図表3-49**は、ADX25をドル円で検証した場合である。

単純に長くしただけでは良好な結果となっていないと分かる。この結果はデビッド・ルーカスらの実験を裏付けるものとなった。

**図表3-50**は、ユーロドルの場合だ。

こちらは明らかに改善している。7年と期間が短いため、長期ADXが常に短期ADXよりも良いとはいえない。しかし、少なくともオリジナルから短縮するよりも延長したほうが、より良い結果を得られるようだ。

なお、ADXを50まで引き延ばした場合でもノイズを排除する効

### 図表3-49 25日ADXシステム（ドル円）

| 全トレード | | | |
|---|---:|---|---:|
| 総損益 | $72,690 | 現在建玉中の損益 | $0 |
| 総利益 | $305,538 | 総損失 | −$232,848 |
| トレード回数 | 853 | 勝率 | 76.8% |
| 勝ちトレード数 | 655 | 負けトレード数 | 198 |
| 最大勝ちトレード | $5,955 | 最大負けトレード | −$3,058 |
| 1回当たり平均利益 | $466 | 1回当たり平均損失 | −$1,176 |
| ペイオフレシオ | 0.40 | 1回当たり平均損益 | $85 |
| 最大連勝数 | 23 | 最大連敗数 | 4 |
| 勝ちトレードの平均建玉期間 | 2.07 | 負けトレードの平均建玉期間 | 4.31 |
| 日中最大ドローダウン | −$15,148 | | |
| プロフィットファクター | 0.40 | 最大建玉数 | 1 |
| 口座に必要な資金 | $17,308 | 対口座リターン | 420.0% |

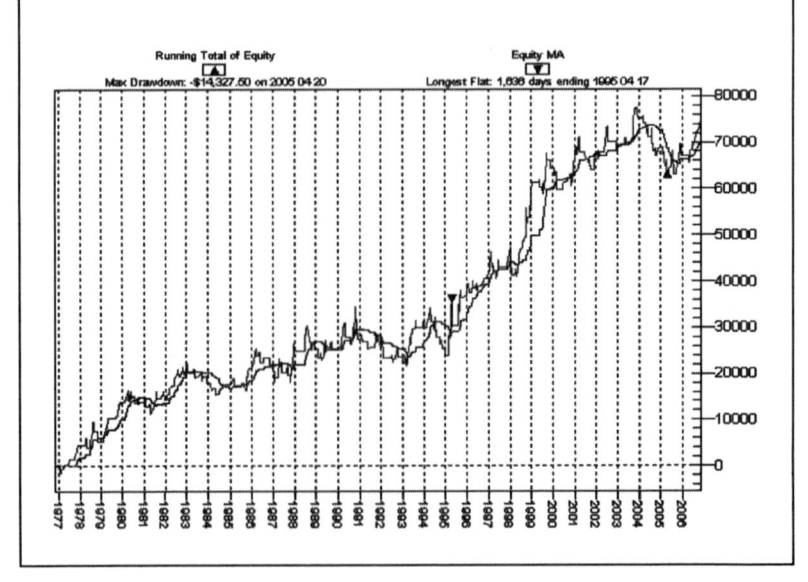

第3章 FXの短期ブレイクアウト戦術

### 図表3-50　25日ADXシステム（ユーロドル）

| 全トレード | | | |
|---|---|---|---|
| 総損益 | $20,495 | 現在建玉中の損益 | $130 |
| 総利益 | $102,763 | 総損失 | -$82,268 |
| トレード回数 | 224 | 勝率 | 73.7% |
| 勝ちトレード数 | 165 | 負けトレード数 | 59 |
| 最大勝ちトレード | $2,205 | 最大負けトレード | -$2,158 |
| 1回当たり平均利益 | $623 | 1回当たり平均損失 | -$1,394 |
| ペイオフレシオ | 0.45 | 1回当たり平均損益 | $91 |
| 最大連勝数 | 13 | 最大連敗数 | 4 |
| 勝ちトレードの平均建玉期間 | 1.50 | 負けトレードの平均建玉期間 | 2.17 |
| 日中最大ドローダウン | -$15,935 | | |
| プロフィットファクター | 0.45 | 最大建玉数 | 1 |
| 口座に必要な資金 | $18,230 | 対口座リターン | 112.4% |

195

果は25とほとんど変わらず、大きな違いはなかった。±DIとADXとともに、その効果は18前後で最大になるようだ。

　25までの引き延ばしはノイズを減少させるのに効果的である（特にユーロドルのようなボラティリティの高い通貨においては）。しかし、全体としては18程度のほうがより効果的であるといえそうだ。

## ADXの見方

　ADXについて代表的な見解は次のとおり。

> ①それ自体がトレンドの強度とタイミングを計るオシレーターとして有効。
> ②ADXの数値それ自体には意味がない。重要なのはADXのモメンタムである。

　①はラリー・ウィリアムズなどの見方である。ウィリアムズは結構短いADXを使っているようだ。通常15以上でトレンド状態とし、一定水準以上は逆指標として使っている。

　②について、デビッド・ルーカスはADXが15以上でトレンドが存在すると述べている（ただし、25以上からトレンドという見方もある）。またルーカスらは「ADX15以上かつ上昇」でトレンドフォロー型のシグナルを採用し、「ADX下降」でオシレーター系指標を採用するとしている。

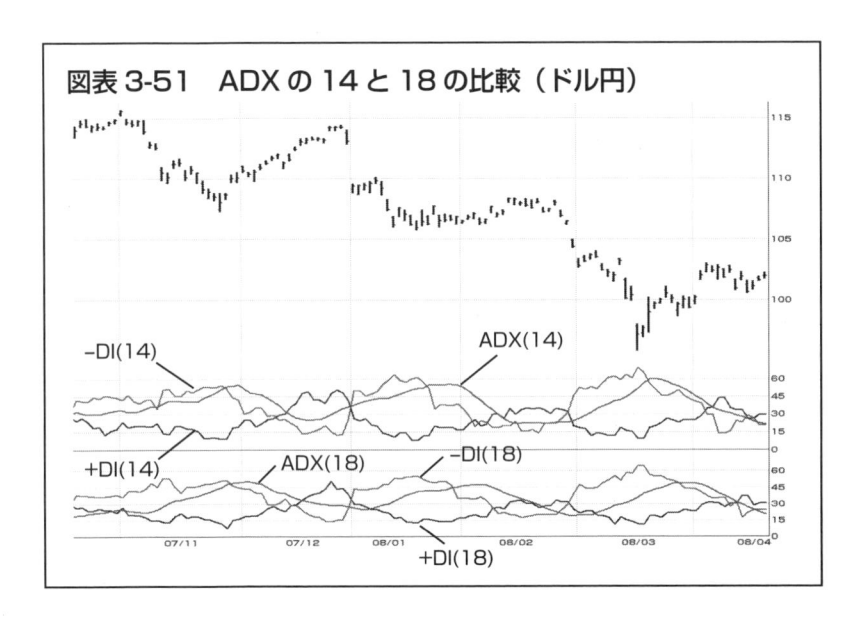

図表3-51　ADXの14と18の比較（ドル円）

では、ワイルダーのオリジナル（14日）と最適化した18日を比較してみよう（**図表3-51**）。

14日の場合、シグナルが遅いという問題はあるものの、トレンドが消失したときのシグナルが非常に多い。

18日はさらにシグナルが遅くなるという問題点がある。しかしADX下降時のダマシが少ないこと、結果的にほとんど収益に差が無いことなど、利点も多い。

## 2期間のDIを併用

さて、14と18の期間を使ったDIのトレードをみていくと、どう

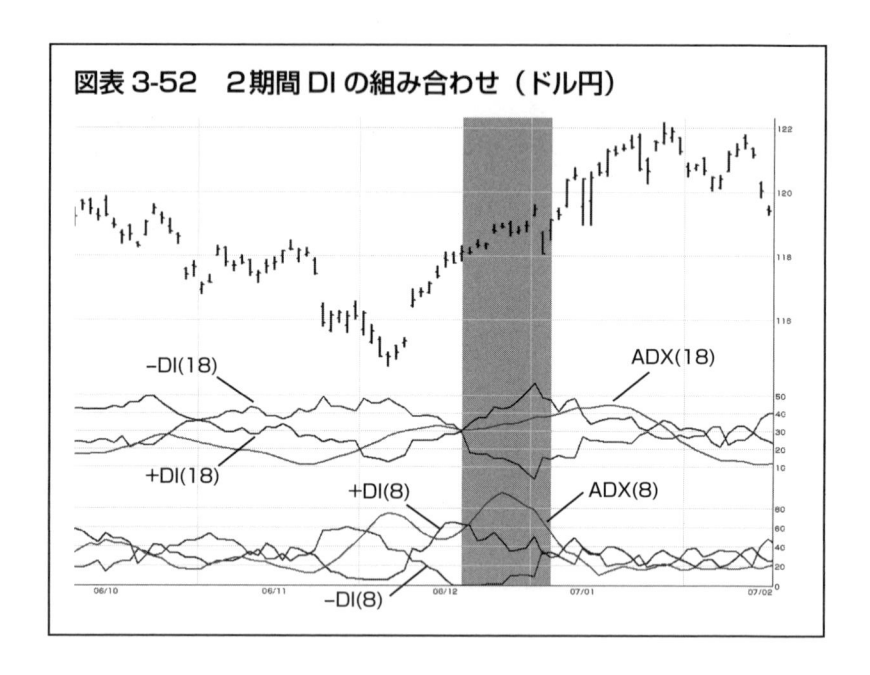

**図表3-52　2期間DIの組み合わせ（ドル円）**

してもいじりたくなる部分がある。そう、このままでは仕掛けと利食いのポイントが同じ、ドテンシステムになっているのである。

通常、トレンドフォロー戦術でドテンは有効に機能しにくい。したがって、何らかの形で利食いを先行させるルールを加えているのが普通だ。そこで±DIの期間を変更して（仕切り用のDIの期間を8とした）タイミングツールとして機能するか検証してみた。つまり長期DIのクロスオーバーで仕掛け、短期DIのクロスオーバーで仕切るわけだ（**図表3-52**）。

こうしてみると、短期DIで利食いするのに、さほどの有効性は認められないようだ。

結果的にみれば、DIは18にしても、それなりに感応度は高いシグナルということができ、期間短縮によるトレード上のメリットは少ないと思われる。したがって、利食いにはDIをそのまま利用するか、オシレーターや比較的早い移動平均などを併用するほうがよいだろう。

# 第4章
# FXの逆バリ戦術

## 1．ADXとオシレーター

　オシレーターとは「反対指標」のことである。相場の売られ過ぎ、買われ過ぎを示す指標であるため、直近の値動きと反対の方向に仕掛ける、いわゆる逆バリ（カウンタートレンド）の戦術で利用されるのが一般的だ。

　しかし、逆バリには直近のトレンドが強い場合、ダマシのシグナルになりやすいという欠点がある。そこで、前章で紹介したADXでトレンド強度を計り、その増減によってオシレーターを使い分ける方法を考えてみたい。

> ①ADXが上昇しているとき（トレンド形成）は、そのトレンドの方向でしか仕掛けない。
> ②ADXが下降しているとき（非トレンド）は、オシレーターが有効であるから、売買シグナルは双方向ともに採用する。

　つまり、トレンドが衰退しているときには逆バリを実行し、トレンドが強まっているときには、いわゆる「押し目買い／戻り売り」に徹するわけだ。

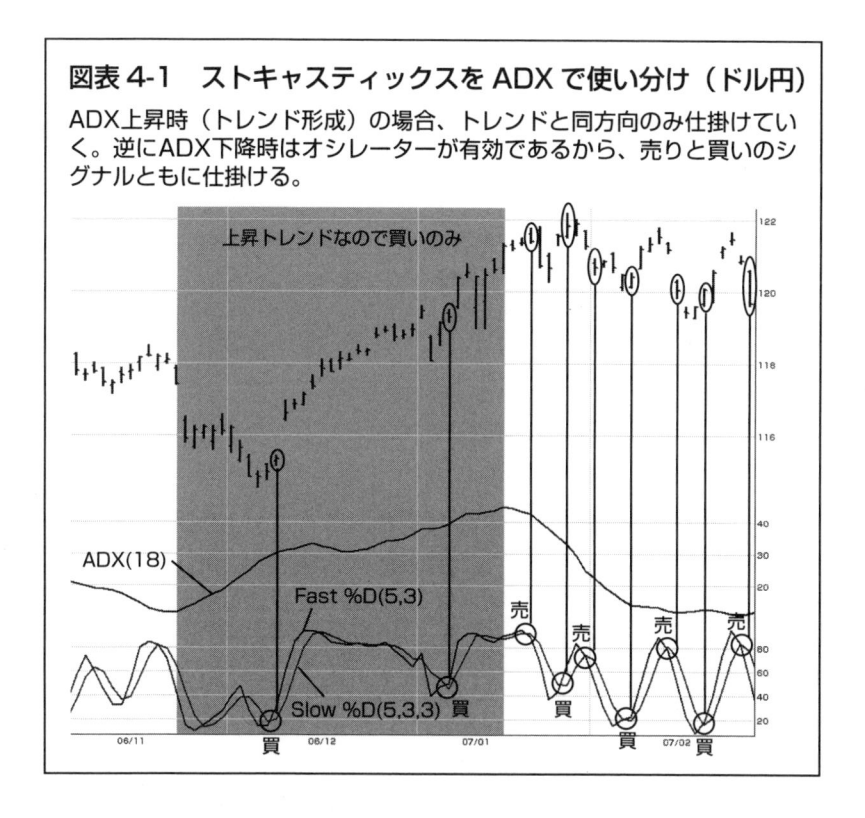

**図表4-1 ストキャスティックスをADXで使い分け(ドル円)**

ADX上昇時(トレンド形成)の場合、トレンドと同方向のみ仕掛けていく。逆にADX下降時はオシレーターが有効であるから、売りと買いのシグナルともに仕掛ける。

## ADXとストキャスティックス

**図表4-1**はADXと代表的なオシレーター指標であるストキャスティックスのFast％D、Slow％Dを組み合わせたものである。

ストキャスティックスは、上昇トレンドであれば終値が高値圏付近にあり、下降トレンドであれば終値が底値圏付近にあるという習性に基づいて考案された指標である。100に近いほど買われ過ぎを

203

示唆し、0に近いほど売られ過ぎを示唆する。2つの指標が描くラインのクロスオーバーを売買タイミングとするのが一般的だ。

ADXが上昇し、上昇トレンドを形成しているときには、買い仕掛けのみをする。ADXが上昇し、下降トレンドを形成しているときには、売り仕掛けのみをする。ADX下降時には売り買いともに行う。このことが結果的に良好なシグナルとなっている点に注目してほしい。

### ADXとエンベロープ

エンベロープとはチャート上に展開する帯状の指標である。代表的なエンベロープが「ボリンジャーバンド」だ。

ボリンジャーバンドは単純移動平均に標準偏差（通常は±2標準偏差＝σ）を加えて描いた指標である。原理論についての詳細はジョン・ボリンジャー著『ボリンジャーバンド入門』を参照してほしい。

オシレーター同様、エンベロープにADXを組み合わせて逆バリ戦術を構築することも可能である。

①ADX上昇時には、値動きがエンベロープに触れても逆バリをしない。
②ADX下降時には、積極的に逆バリ（カウンタートレンド）のシグナルとして利用する。

図表4-2はドル円のエンベロープ（この場合はボリンジャーバン

**図表 4-2　エンベロープを ADX で使い分け（ドル円）**

ボリンジャーバンドもオシレーターのひとつとして使用可能である。ADX が上昇している場合にはバンド下限に近づいてもけっして買いは行わない。一方で ADX 下降時のバンドタッチには積極的に逆バリをする。

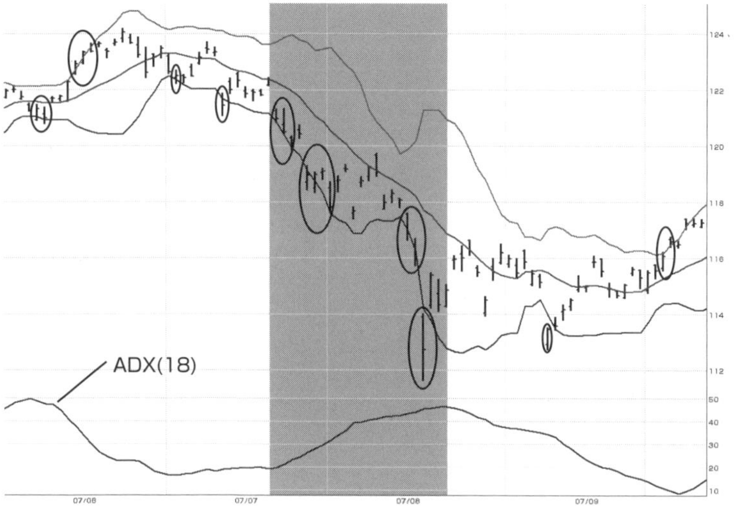

ドを利用）と売買シグナルである。この戦術が有効に機能していると分かる。

## 古典的ボリンジャーバンドの利用法

　ただし、ここでボリンジャーバンド（エンベロープ一般にいえることだが）の利用法について言及しておきたい。

図表4-3　順バリとしてのエンベロープ（ドル円）

売り
下降トレンドを確認
上昇トレンドを確認
買い

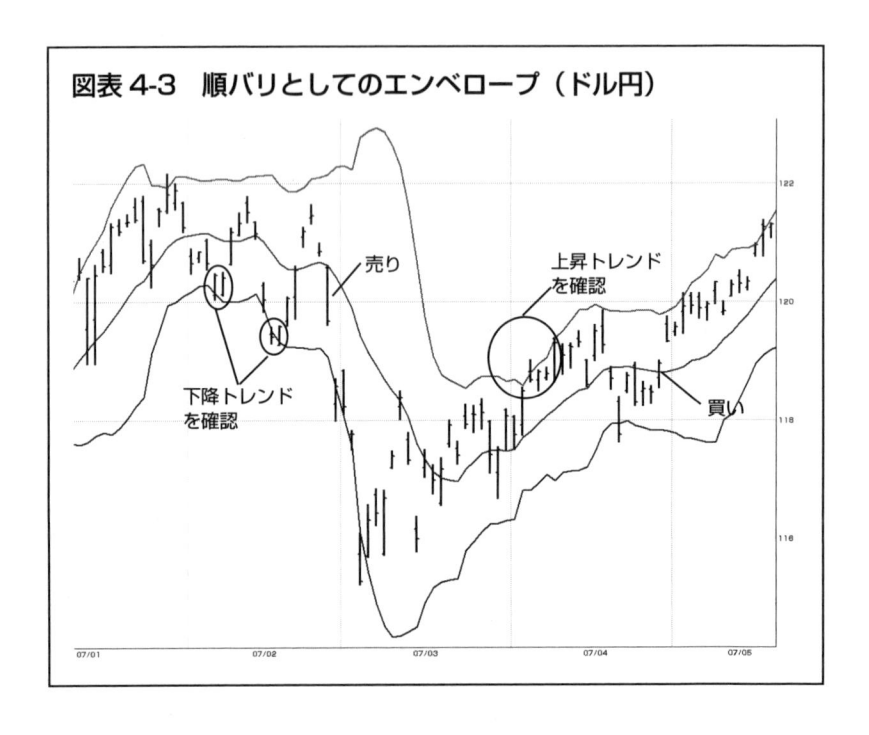

　ボリンジャーバンドは「平均への回帰」を利用した逆バリの手法にみえがちである。つまり、値動きがバンド上限・下限まで進展して、移動平均に戻るところを取ろうという考え方だ。

　しかし、実際は連続する「バンドタッチ」に基づいてトレンドフォローをすべき手法である。つまり、値動きがバンド下限または上限に連続して触れた（タッチした）場合、あるいは期間をおいて複数回タッチした場合、そのトレンドを確認し、その方向に仕掛けるわけだ。

　図表4-3はボリンジャーバンドの最も基本的な使用方法を図説し

たものである。まず、複数回におよぶバンド下限へのタッチで下降トレンドを確認した。そこで、値動きが移動平均を上抜け、再度割ったところを売りシグナルとする。

またバンド上限に連続するタッチで上昇トレンドへの転換を確認した。値動きが移動平均を突き破って押し戻され、再び移動平均を上回ったのをシグナルにトレンド方向へ（買い）仕掛ける。

## 逆バリとしてのエンベロープ

では、平均への回帰を利用するトレードとしてエンベロープを利用する場合、どのような条件が考えられるだろうか。いくつかの重要な条件がある。

> ①比較的短期の移動平均を使用する。
> ②バンドの突破に関して「エクストリーム（行き過ぎ）」であることを認定する。
> ③平均への回帰が売買シグナルとなる。
> ④明確な利食い、ストップのポイントを置く。

比較的短期の移動平均によるエンベロープ（あるいはボリンジャーバンド）を使用する理由は、トレードの頻度を引き上げたいからである。当然のことながら長期の移動平均とそれに関するエクストリームの出現する頻度は、短期の移動平均とそのエクストリームよりも低い。

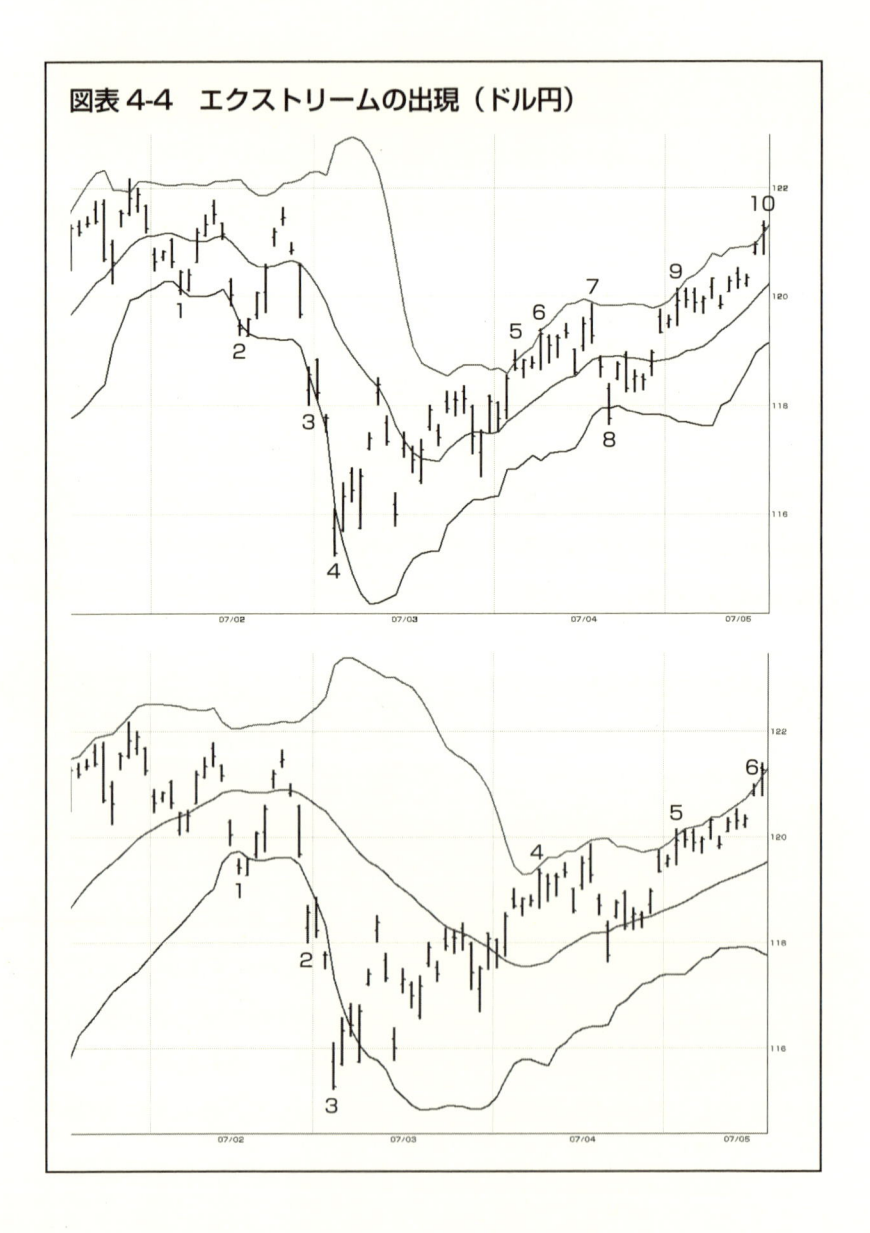

図表4-4　エクストリームの出現（ドル円）

図表4-4の上図は13日移動平均とそのボリンジャーバンド（±2σ）を利用した場合である。トレード回数は10回だ。

　一方、図表4-4の下図は同じ価格データで26日移動平均とそのボリンジャーバンド（±2σ）を利用した場合である。トレード回数は6回まで減少している。ちなみに90日移動平均では同じ価格データで多く見積もっても5回、実質的には3回しかなかった。

## エクストリーム売買システム

　続いて「エクストリーム」について考えてみよう。トレンドのない相場であれば、価格は移動平均に向かって収束していく。逆にトレンドのある相場では、値動きに一定のバイアス（偏向）が掛かり続ける。

　この場合、上昇トレンドであれば、平均に回帰する下降バイアスは小さく、上昇バイアスはより激しく大きい。逆に下降トレンドであれば、全く逆のことがいえる。つまり、値動きがバンドを突破し、極端に乖離（エクストリーム）しているのを確認したうえで、トレンドにそって短期トレードをしようというわけだ。

　このトレードには二つ考慮しなければならない弱点がある。ひとつめは、中心からの乖離が少なければ少ないほど、成功する確率が低くなることである。もうひとつは、トレンド方向でのエクストリームでは敗北する可能性が高まることである。

　そのため、次のような工夫をこらした。

- すべてのバンドタッチ、突破でトレードをしない。罫線の「一定以上の値幅」がバンドから離れることを条件とし、これを「エクストリーム」と呼ぶ。
- 「エクストリーム」は終値で発生していることが理想的であるが、罫線の発生も可とする

エクストリームの一定以上の値幅とは
- 「高値のエクストリーム」の場合、バンド上限から50銭以上の高値をつけていること。
- 「安値のエクストリーム」の場合、バンド下限から50銭以上の安値をつけていること。

エクストリームでの終値の条件
- ただし、高値のエクストリームの終値がバンドタッチないしはそれ以内の場合は、その罫線の高値がバンド上限から80銭以上離れていること。
- ただし、安値のエクストリームの終値がバンドタッチないしはそれ以内の場合は、その罫線の安値がバンド下限から80銭以上離れていること。

　これらの条件（セットアップ、お膳立て）を加えることで急速にバンド内に戻り、その後レンジ相場になる一定の値動きを排除することが可能となる。
　そして次のような簡単な売買ルールを立ててみた。

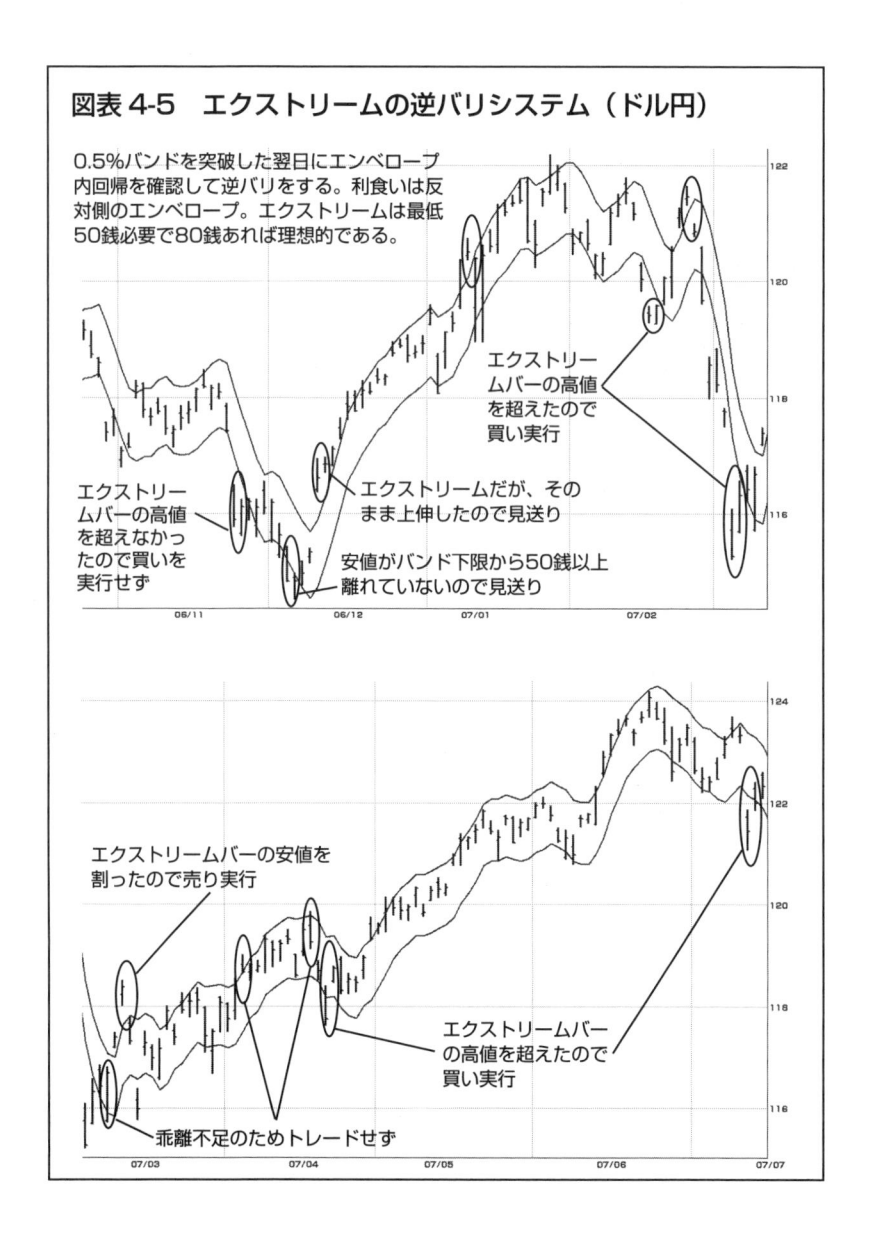

## 図表 4-5　エクストリームの逆バリシステム（ドル円）

0.5%バンドを突破した翌日にエンベロープ内回帰を確認して逆バリをする。利食いは反対側のエンベロープ。エクストリームは最低50銭必要で80銭あれば理想的である。

エクストリームバーの高値を超えたので買い実行

エクストリームバーの高値を超えなかったので買いを実行せず

エクストリームだが、そのまま上伸したので見送り

安値がバンド下限から50銭以上離れていないので見送り

エクストリームバーの安値を割ったので売り実行

エクストリームバーの高値を超えたので買い実行

乖離不足のためトレードせず

仕掛け
- 買い：エクストリームバーの高値を超え、かつバンドに入ること。
- 売り：エクストリームバーの安値を超え、かつバンドに入ること。

利食い
- バンドの反対側

損切り
- 買い玉の場合：エクストリームバーの安値
- 売り玉の場合：エクストリームバーの高値

　**図表4-5**は、5日移動平均の±0.5％エンベロープ（5日移動平均を1.005倍、0.995倍にして作ったエンベロープ）におけるエクストリームをドル円で検証したチャートである（06年11月〜07年6月）。エクストリームから回帰したのを確認して、エクストリームとは反対方向に仕掛ける。

　「0.5％の乖離」とはいっても実際には終値の条件が利益の出ないトレードを排除するのに有効であると分かる。

## 2．パニックトレード

　2007年８月13～17日の１週間で、ドル円は8.00円下落した。この急落劇で大きな損失を被った市場関係者は多い。ほとんどの人が負けたといっていいだろう。だからこそ大きな値動きになったともいえる。個人FXトレーダーの多くも大きな損失を出したと聞く。
　しかし、こうした「パニック」状態が「特別な状況」「千年に一度あるか」であり、それに巻き込まれたのは「不運だった」として、自分やポジションに言い訳をするのは、絶対にやめるべきである。市場参加者に市場の状況は変えられないからだ。
　状況に理由を見い出しているかぎり、どんなに優れた相場技術を持っていても破滅する。

### 相場にパニックはつきもの

　正しい考え方は「相場にパニックや危機的状況は付随する」とみなすことである。滅多にあるわけではないが、ある一定の期間内には心理面、流動性面、イベント面、政治面、制度面などでエクストリームな動きが"間違いなく"起こる。感覚的に「こんなことは10年に一度」と思うことが毎年起こり、「100年に一度」のことが５年に一度くらいは起こるものなのだ。

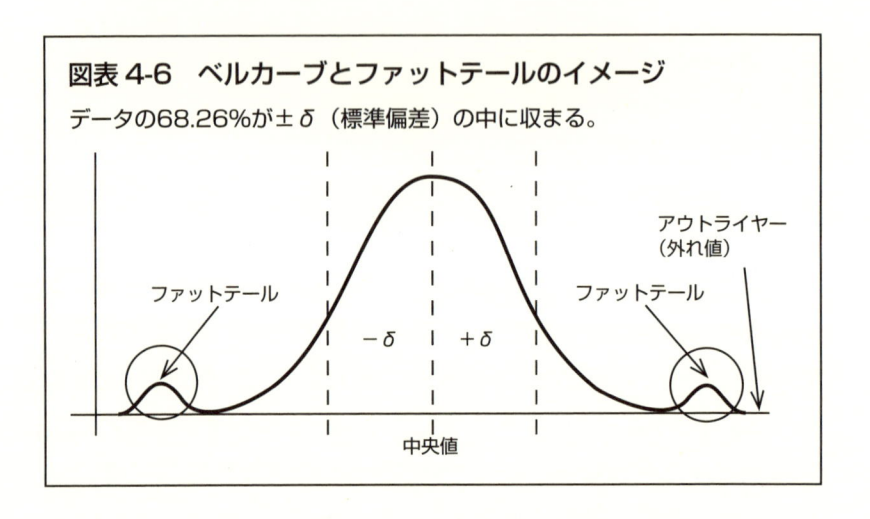

**図表4-6 ベルカーブとファットテールのイメージ**
データの68.26%が±δ（標準偏差）の中に収まる。

(図：ベルカーブ。中央に中央値、±δの範囲、両端にファットテール、アウトライヤー（外れ値）が示されている)

　それほど状況は予測できないものであり、相場は意外性に富む。しかし、だからこそトレードに収益機会があるのだといえる。
　VAR（バリュー・アット・リスク）というリスク管理の概念がある。非常におおざっぱにいえば、ベルカーブ（分布したデータが形成する釣鐘型の曲線）のテール（ふもと、異常値）部分を評価するのである（**図表4-6**）。
　ほとんどの相場はファットテール（異常値が正規分布よりも膨らんでいる現象）を形成する。1～2％の確率でしか起こらないとみなされてきたことが「確率は低いものの、ある一定周期には必ず起こるとして準備すべきもの」とみなされるわけだ。
　筆者の実感としてもリスクシナリオが実現する可能性は極めて低い（相場参加者の期待や想像はそのまま実現されにくい）。しかし、想定した価格リスクは実現しやすい（相場参加者のほとんどのポジ

ションは損失になりやすい）といえる。すわなち、パニックあるいはパニック的状況は「相場に付随するもの」とみなし「準備しておく必要がある」のだ。

では、短期売買を主とする個人トレーダーは、こうした状況にどう対応すればよいのか。

大切なのは「パニックは瞬時に起こる。しかし、状況が形成されて相場に浸透する時間はまちまちだ」という点である。これが相場参加者をして非常に困難な状況に陥らせているといってよいだろう。つまり、パニックを引き起こした事象と市場の評価の時間差によって、いろいろな状況が——それこそ千差万別に起こってしまう——というわけだ。

### 対応策

まとめてみると次の点について考えなければならないということである。

①パニックの同時衝撃性
②パニックの浸透時間差
③パニック時の流動性

### ①パニックの同時衝撃性

同時衝撃性とは「全く同じ時間に、さまざまな相場参加者に、同等のパニックが起こる」ということである。したがって、個人トレー

ダーには極めて不利といえる。時間枠が短いため、中長期の投資家や当業者よりも低いボラティリティにしか耐えられないからだ。

一般に個人トレーダーのストップ（損切り水準）は、中長期のトレーダーのそれよりもはるかに現状に近い。パニックが一時的でいわゆる「ノイズ」あるいは「ジャンプ」という現象でも、個人トレーダーのストップは、まずヒットされてしまうだろう。

しかし、状況が本当に危機的であれば、実はこのストップのタイトさ（狭さ）が優位性に変わるのである。一般に個人トレーダーがストップをつけている間は十分な流動性が供給されている。しかし、これに中長期ポジションを持つ投資家や当業者の投げが加わると、すでに相場に十分な流動性が供給される状況は消えてしまい、極端な値動きになるケースが多い。

こうしたときには、すでに個人トレーダーのポジションはカットされており、むしろ逆のポジションを取れている、あるいはすでに逆のポジションで利食いができている。つまり、状況が進展すれば（大きな値動きになれば）、個人トレーダーにはむしろチャンスが到来するといえるのだ。

**②パニックの浸透時間差**

相場のポジション状況、センチメント、マクロ環境で卓越した判断を下すことができれば、勝つ可能性は高くなるだろう。しかし、ほとんどの人間にそうした能力はない。また相場に生き残る、あるいは相場から利益を得るのであれば、こうした判断力は不要だ。

実のところ、短期的ボラティリティの高まりを予測するのであれ

ば、時間枠をひとつ落とせばよいのである。例えば、いつも週足で考え日足でトレードしているのなら、日足で考え時間足でトレードする。そして期待されるような値動きがなくなれば、時間枠をもとに戻せばよいだけのことである。

特に判断の分かれる相場などでは十分なレンジを何往復もすることがある。これは短期売買を主とするトレーダーにとって格好の相場といえる。

一般に中長期ポジションを持つ投資家や当業者がシナリオの再検討を迫られるとき、相場は上下にぶれやすい。パニックでは相場観を持たないトレーダーが圧倒的に優位になりやすいのだ。

### ③パニック時の流動性

実は、これこそが中長期の機関投資家や大投資家をパニックに陥らせる原因である。機関投資家や大投資家は、そのポジションの大きさゆえに常に「自分のポジションがマーケットでさばけるか」を悩んでいる。平常時ですらそうなのである（LTCMの破綻はその好例だ）。

パニックの場合、多くは社内ルールや委託者からのガイドラインで定められたストップあるいは警告ルールに抵触してしまうので「問答無用」での損切りとなってしまう。機関投資家のこうした投資行動は、わずかな流動性さえ確保されていればいつでも相場に参入できる個人トレーダーからみれば圧倒的に有利な状況といえる。

まとめると実は「パニック的な状況こそ個人トレーダーなど時間

枠の短いトレーダーにとって圧倒的に有利な状況が出現しやすい」ということである。

投資行動としては、利益になっていないポジションはとにかくルールどおりに閉じる。利益になっているポジションは時間枠を短くして利食い中心に考え、ひとつ落とした時間枠でパターンを取っていく。そして十分な値動きのあるうちは、その時間枠でトレードを続けるということである。

FXをトレードしているととても眠くなる。しかし、眠気を吹っ飛ばすほどの売買機会であることは間違いないので、ここが勝負所と頑張らなくてはならない。

## 実行プランの策定

パニックで何をすべきかは分かった。後は準備だけである。

準備で最も大切なのは「何をもってパニックとみなすか」ということである。市場がパニックになってから「パニック」と認識するのは遅すぎる。また、それはパニックではないかもしれない。逆に市場が最初は冷静に受け止めたとしても、実はパニックの導火線かもしれない。いちいち人に聞くわけにもいかないし、それはマーケットで最もやってはいけないことのひとつである。

では、どうするか。自分で決めるのである。1カ月に1回、あるいは1～2週間に1回、こうしたことが起こったらパニックである、ということを書き出しておくのだ。

それが起こったら、パニックモードに速やかに変えてしまう。パ

ニックとは結果として群衆行動である。しかし、一人ひとりが積み上げていることに変わりはない。

　基本的には個人のリスクシナリオをそのトリガーとすべきである。なお、多くの機関投資家が価格そのものの変動をトリガーとしているが、個人トレーダーはすべきでないだろう。機関投資家と同じことをしてしまっては、ポジションサイズやマーケット支配力において機関投資家に勝つことはできないからだ。

　また同じことをするということは、ほかのプレーヤーから投資行動が読まれてしまうことでもある。それでは自らを圧倒的に不利な状況に追い込んでしまう。

## パニックに対応するときの注意点

　まず、平均への回帰に注意する。つまり、エクストリームを過大評価してはならないということだ。

　実のところパニックは、トレンドや基調の転換点では起こらない。パニックで最終的に状況（ファンダメンタルズやマクロ環境）が変わることはないのである。

　特に「心理的なエクストリーム」であれば、平均への回帰は早晩起こる。ストップロスの連鎖反応が終了すれば、結局相場はもとに戻りがちとなる。

　これは「パニックという事象がなぜ起こるのか？」を考えれば、ある程度当然だと分かる。例えば、相場が非常に強い上昇トレンドにあるとき、ある程度下落しても、投資家は根拠のない強気を維持

している。その場合、強気材料を打ち消すマクロ的な指標あるいは事象（イベント）が起こったとしても「ふるい落とし」のような「結果」に終わることが多い。

　これを図解したのが**図表4-7**の右図である。

　なぜ、このようなことが起こるのだろうか。非常に強い上昇トレンドの場合、その過程で多くの「しこり玉」が発生しているからだ。言い換えれば「コストの悪い売り玉」である。「こうしたポジションを相場が押したときに整理したい」というニーズが非常に強いので、どうしても押しが入ると一定の買い戻し注文が出てしまうわけだ。

　こうした玉のコストは一定ではない。したがって、下げの過程でランダムに買いが出てきてしまう。そのため下げの勢いが減退される。少なくともトレンドに回帰する現象を起こしやすいといえる。

　つまり、トレンドが強い場合、パニック的な材料が出ても消化されてしまうケースが多いのだ。結果的に、材料の本質的衝撃度とは別に「ふるい落とし」といった現象になりやすくなる。

　一方、**図表4-7**の左図のように、すでに買い玉満載で、なおかつ下落基調であった場合、市場参加者は「自分あるいはマーケットの大勢は間違っているかもしれない」とすでに疑心暗鬼となっている。ただし、こうした局面でも「中長期的に自分のポジションは正しい（はずだ）」と思いこんでいるので、いつまでたっても玉整理が進まない。

　逆をいえば、だからこそ「パニック的状況」が起こるともいえる。こうした局面では「強気材料の反復」にすぎないことすら、その値

図表 4-7 パニック現象

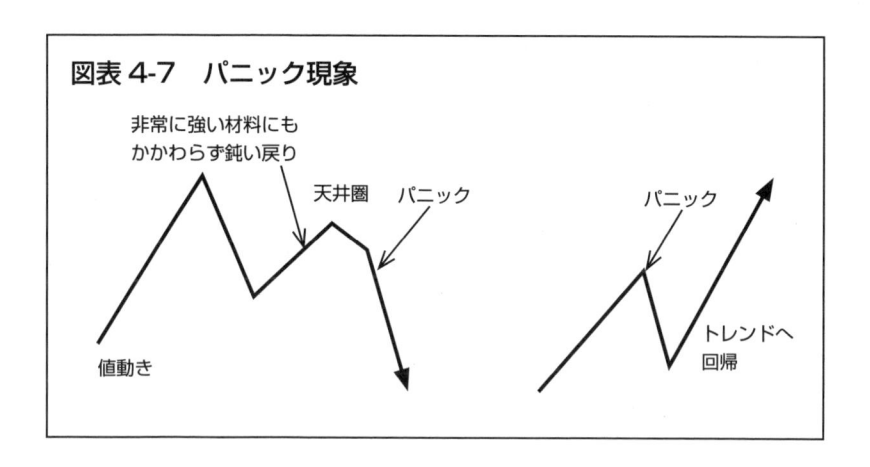

値動き / 非常に強い材料にもかかわらず鈍い戻り / 天井圏 / パニック / パニック / トレンドへ回帰

動きの悪さを理由に大幅下落が起こりやすい状況になっている。そして、パニックそのものが最終的な玉整理になってしまい、相場が再びトレンドに回帰するという実に皮肉な現象が起こり得るのである。つまりエクストリームな値動きは短期的にも中期的にも長期的にも解消されやすい、といえるわけだ。

したがって、パニック的な下落で売り玉を持っている場合、エクストリームな値動きで利食いを中心に考えるべきといえるだろう。つまり、相場がじり安を続けているうちはポジションを維持し、大幅な下落とその反騰が起こった場合、その戻りの幅が一定レベルを超えたら利食いするというわけだ。

例えば、ドル円相場が95円台に大幅下落し、95.70を付けたあとで、96円への戻りの早さを確認したら、少なくとも97円台で売り玉の利食いを入れる。これができなければ、パニックモードでのトレーダーとはいえない。

## 平均への回帰を取る

　このトレードを好む人は多い。プロ好みともいえるし、嫌いな人は全くやらない。いわゆる「カウンタートレンド」「逆バリ」である。
　実をいうと、筆者はパニック時の大幅下落を取るよりも、その逆（カウンター）を取るのを得意としてきた。筆者には現在の時間枠よりも少し息の長いトレードをしてきた経験のほうが長いので、パニックの事象を考えれば、そのカウンターを取るほうが、たとえ結果的に値幅が小さくなる可能性があっても、時間的に長く取れる（自分の当時の時間枠にあっていた）からだ。
　カウンタートレンドを取りにいくため次の点を個人的に重視している。

### ①孤独であること
　そのポジションを取ることについて上司や友人、同僚が反対するか呆れるケースは、とても良い。相場では孤独であることが儲かる近道である。特にカウンタートレンドでは、賛同者がいないことがとても大切だ。

### ②より短い時間枠での反転が確認されること
　筆者はギャン理論をやっていたこともあり、ある特定時間での特定価格の買いで大きく勝ったことが数回ある。もちろん、エクストリームの底入れ（天井）を狙うポジションであるため、素早い損切りが必要であり、そして安い手数料が必須である。

「勝った」という記憶は鮮明であり気分は良い。何しろ予測しているので「当たった」という快感を得ることができる。

もっとも、トータルではさほどの儲けになっていない。大きな値動きの「まさに底」を買いに行くので、「底」でなかった場合の損失は、かなり損切り水準をタイトにしていても結構な値幅で負けてしまうからだ（売りの場合は逆）。

結論としては、1920年代のギャンや90年前後の自分のようにディーラー（すなわちマーケットの建玉が分かる非常に優位な立場）であっても、この方法は破滅を招く方法であり、推薦しがたい。

やはり、時間枠を短くしても、その時間枠のなかではトレンドを形成しているほうがよい。少なくともより短い時間枠で短期反転パターンを確認しなければ、建玉すべきではないだろう。

## ③少なくとも倍以上の時間枠でエクストリームであること

これは観察している市場での「価格面での値動き」を指している。見慣れたものであればオシレーターでも％バンドやボリンジャーバンドでもよいと思う。

筆者は単純にATR（真の高値安値の平均値、平均は20～40日あたりが妥当だろう）で、最低でも2ATR以上、できれば3ATR以上の値幅が出ていなければ、そもそも平均への回帰は仕掛ける意味がないと思っている。この方法は、短い時間枠ではトレンドとブレイクアウトに逆らう動きをする。したがって、そもそも戻り幅が期待できなければやるべきではない。

**④ストップか反対のシグナルが出たら直ちに閉じる**

　先ほども述べたように「それでも滑る」というのが建玉である。マーケットがパニックであれば、相場は下にも上にもブレやすい。「そういうものだ」と理解して損失を最小限にするよう、市場に参入しなければならない。それでも繰り返せば十分魅力的な値幅が取れるというのが筆者の意見である。

　最後に、パニックではブローカーの真の実力が分かることを付記しておきたい。荒れてない相場では、ブローカーの差別は案外つきづらい。しかし、パニックになったときほど、その証券会社や銀行のディーラーの腕がよく分かる。ご参考まで。

# 第5章
# 資金管理の冒険

# 1．短期売買の資金管理

　すべてのトレーダーにとって、最も古くて最も新しい問題――。それが資金管理の問題である。第２章で紹介したように、タートルズは「シンプルだが有効なシステム」に加えて「最も優れた資金管理」で勝利を収めた、と筆者は考えている。
　タートルズの資金管理のすばらしさについては同章で解説した。本節では、それを踏まえて、トレンドフォローの資金管理と対比しながら短期売買の資金管理について解説をしたい。

## 売買リスクの３要素

　まず、考えなければならないのは「どれだけの資金をリスクにさらすか？」ということである。ここでいう「リスク」とは「トレードを損切りした場合に想定される最大損失額」と定義する。これは重要だ。
　例えば、ドル円を100で買い仕掛け、98で損切りのストップ注文を置いたとして、実際には97でストップ注文が執行されたとしよう。この場合、１がスリッページである。結果的には３をリスクにさらしていたことになる。
　したがって、スリッページ込み、手数料込みでなければ実際のリ

スクを測定できないことになる。つまり、リスクとは次に挙げる要素の合計となるわけだ。

> ①持値（建値ではない）－仕切値
> ②執行コスト（オファーとビッドの差、スリッページなど）
> ③手数料

　①が「持値」となっていることに注目してほしい。持値とは、まず平均約定値であり、さらにスワップポイントなどを加味したものだ。FX市場や商品市場、あるいは株の空売りでは、建玉を維持するためのコスト（スワップ金利や借株料など）を払わなければならない場合がある。こうしたコストは持値に反映しなければならない。多くのトレーダーは、このリスクを過小評価しがちである。

　さらに執行コストも大切である。マーケットで建玉をする場合、マーケットメーカー（あるいはディーラー）が提示するレートを叩くしかない。しかし、当然マーケットメーカーは「その価格ならばマーケットでそのポジションをカバーできる」という価格を提示する。それは必ずマーケットの中心の値よりも買値ならば高く、売値ならば低くなる。

　これならば売ってもいいとマーケットメーカーが考える価格がオファー（売り気配）であり、買ってもいいと考える価格がビッド（買い気配）である。マーケットの流動性が高い状況では、オファーとビッドの差はきわめて小さくなる。しかし、流動性の低い状況では広がってしまう。

さらに建玉をするときと実際の約定の間には時間差があるので、自分の建玉の方向がマーケットの超短期トレンドと合致すれば、持値はさらに不利になる可能性がある。その時点で想定し得る最も不利な価格で執行されることを前提にトレーダーは注文を出すべきと考える。

　ちなみに、収益を生む前に短期トレーダーが支払うコストは、２倍の手数料（買い売りおのおの）、２倍の執行コスト（買い売りおのおの）となる。これらのコストを払ったうえで、なおかつ収益を上げることは難事業と考えざるを得ない。

　実際、それは簡単なことではない。事前に払ったコストまで含めると、トレーダーの支払うコストは膨大なのだ。

## 復元可能な損失額

　では、１トレード当たりどれだけのリスクをさらすべきか。1920年代から資金管理を実践していた先駆者ともいえるＷ・Ｄ・ギャンは「１回当たりのリスクを10％に抑えよ」と記している。

　当時これは、あまりにも「保守的」な考え方であると目されていた。なにしろ偉大な投機家ジェシー・リバモアやラリー・ウィリアムズの初期は、平気で30％以上ものリスクをマーケットに晒していたのだ。もちろん、損益は非常に激しく変動せざるを得ない。

　ところが、現在の研究では10％のリスクですら過大だ。90年ごろの研究では５％程度、そして現在では、ほぼ１～２％が適正といわれている。

なぜ、こんなにリスク許容度が落ちてしまったのか。それは「破産確率」という考え方が浸透したからである。破産確率とは、収益、損失、勝率の３つの変数から求められる、際限なく賭けを繰り返したときに破産する（資金がゼロになる）確率である。

破産確率について紹介する前に、まず次の表で、失った資金を元に戻すのにどれだけの資金が必要か確認しよう。

| 失った資金（%） | 元に戻すのに必要なリターン(%) |
| --- | --- |
| 10% | 11.1% |
| 20% | 25.0% |
| 25% | 33.0% |
| 30% | 42.9% |
| 35% | 53.8% |
| 40% | 66.7% |
| 45% | 81.8% |
| 50% | 100.0% |

さて、皆さんは年何％のリターンを目指してトレードをしているだろうか。胸に手を当てて考えてみてほしい。おおよそ30〜200％あたりではないだろうか。100％リターンで倍であるから、200％リターンを目指しているのは、かなりの"相場知らず"ともいえる。

もっとも、そうした野望を持つのがけっして悪いとは思わない。ただ、連敗は避けられないものであり、その場合でも破綻しない、つまり資金をもとに戻すことがどうしても必要なのである。それが

偶然であってはならない。リスクは復元可能なレベルまで抑える必要があるのだ。

筆者の経験では、負けトレードは5回連続、最悪の場合、6回は続く。最悪を想定し、毎回同じ枚数をリスクにさらしたとすると、次のようになる。

```
10%×6=60%
5%×6=30%
3%×6=18%
2%×6=12%
```

つまり6回連続で10％ずつ負けたら、ほぼ再起不能となるわけだ。5％が6回でも30％の損失を元に戻すのに43％ものリターンを上げなければならない。

筆者の経験では、30％のリターンは比較的簡単であるが、40％からは途端にきつくなる。したがって、個人的に30％のドローダウンは、ほぼ運用ストップに近い。

これがリスク3％であれば22％のリターンを、リスク2％であれば12％のリターンを上げれば済む。コスト込みで考えれば2％（実際には1％上乗せして3％ぐらいとなる）が妥当となるわけだ。

## ハーフ・オン・ロス戦術

だが、ここで建玉管理、つまり建玉を増減した場合はどうなるだ

ろうか。ギャンは「２回以上連続で負けた場合は、建玉を半分にせよ」と述べている。

当初10％の場合と、当初５％の場合で、６連敗となったときのドローダウンは次のようになる。

```
10%×2 + 5%×4 = 40%
5%×2 + 2.5%×4 = 20%
```

この戦術であれば、５％のリスクを賭けることも不可能ではなくなる。なぜなら、６連続のドローダウンというのは、まさに最悪の事態であって、通常は５連続くらいがいいところだからだ。

これをさらに保守的にしたのがトゥーシャー・シャンデ著『売買システム入門』で紹介されている「ハーフ・オン・ロス戦術」である。これは１回負けたら、次は取引枚数を半分にする戦略である（負けが連続した場合は固定枚数となる）。

この戦術で先ほどと同様のケースを考えるとドローダウンは次のようになる。

```
10% + 5%×5 = 35%
5% + 2.5%×5 = 17.5%
```

さらに生き残る確率が上がる。それにしても、10％は過大なリスクと考えざるを得ない。やはり当初資金を一定比率で常にかけ続ける場合は、５％あたりが妥当なレベルではないだろうか。ざっと20

分の1である。

## 総資金に対するリスク

　さて、ここまでは「当初資金」に対しての比率でリスクについて考えてきた。しかし、ここからは「トータルエクイティ」という概念を持ちだしてみたい。つまり「収益と損失を含めた総資金」に対するリスクをみていくのである。

　実はギャンもこの方法で資金管理を行っている。例えば、10％のリスクで6連敗は「10％＋90×10％＋90×0.9×10％＋90×0.9×0.9×10％＋……」となる。

　次の表は、そのときの総資金に対して10％固定、5％固定のリスクでドローダウンがあった場合の残高減少額である。また10％固定の場合のところにある括弧内の数字は負けの後、晒すリスクを5％に変えた場合である。

| 連続負け<br>トレード数 | 10％固定比率での<br>残高減少額 | 5％固定比率での<br>残高減少額 |
| --- | --- | --- |
| 1 | 90.0 | 95.00 |
| 2 | 81.0 (85.50) | 90.25 |
| 3 | 72.9 (81.23) | 85.73 |
| 4 | 65.6 (77.16) | 81.45 |
| 5 | 59.0 (73.30) | 77.37 |
| 6 | 53.1 (69.64) | 73.50 |

こうしてみても、やはり10％は過大という感が否めない。

しかし、ハーフ・オン・ロス戦術で負けたときにリスクを半分にすればどうか。これであれば、6連敗にも何とか耐えられる（元に戻すのに42％のリターンが必要となるが）。

## 破産確率

**図表5-1**は『Money Management Strategies for Futures Traders』（Wiley）を著したナウザー・バルサラによるものである。資金管理を研究している人にとっては周知の事実ともいえる表だ。

ペイオフレシオとは、平均収益を平均損失で割ったものである。したがって、1.00は1回当たりの儲けの平均と1回当たりの損失が同じことを指す。0.50とは1回当たりの損失が、1回当たりの利益の倍になっている状況で、これはいかにも素人といえる。ただし、短期トレードの場合、取引コストの関係でしばしば（もちろん望ましい状況ではないが）利益の平均が損失の平均を下回ってしまう場合がある。

通常、ペイオフレシオが0.80では、その手法やシステムを見直す必要がある。しかし、60％以上の勝率があれば破綻確率は25％以下と劇的に減少し、65％の勝率があればほぼ確実に生き残ることができる。「生き残ることができる」ということは「経験を積み、システムを改良し、さらに収益を上げる機会を得ることができる」という意味だ。

この表の網掛け部分は、筆者が安全と考えるラインである。

### 図表5-1　資金の10%を投入した場合の破産確率

| 勝率＼ペイオフレシオ | 0.50 | 0.75 | 1.00 | 2.00 | 3.00 | 4.00 | 5.00 | 6.00 |
|---|---|---|---|---|---|---|---|---|
| 0.05 | 100.0% | 100.0% | 100.0% | 100.0% | 100.0% | 100.0% | 100.0% | 100.0% |
| 0.10 | 100.0% | 100.0% | 100.0% | 100.0% | 100.0% | 100.0% | 100.0% | 100.0% |
| 0.15 | 100.0% | 100.0% | 100.0% | 100.0% | 100.0% | 100.0% | 100.0% | 84.9% |
| 0.20 | 100.0% | 100.0% | 100.0% | 100.0% | 100.0% | 99.0% | 46.7% | 29.7% |
| 0.25 | 100.0% | 100.0% | 100.0% | 100.0% | 98.0% | 30.3% | 16.2% | 11.3% |
| 0.30 | 100.0% | 100.0% | 100.0% | 100.0% | 27.7% | 10.2% | 6.0% | 4.5% |
| 0.35 | 100.0% | 100.0% | 100.0% | 60.8% | 8.2% | 3.6% | 2.3% | 1.8% |
| 0.40 | 100.0% | 100.0% | 100.0% | 14.3% | 2.5% | 1.3% | 0.8% | 0.8% |
| 0.45 | 100.0% | 100.0% | 100.0% | 3.3% | 0.8% | 0.4% | 0.3% | 0.3% |
| 0.50 | 100.0% | 100.0% | 99.0% | 0.8% | 0.2% | 0.1% | 0.1% | 0.1% |
| 0.55 | 100.0% | 100.0% | 13.2% | 0.2% | 0.1% | 0.1% | 0.0% | 0.0% |
| 0.60 | 100.0% | 24.8% | 1.7% | 0.0% | 0.0% | 0.0% | 0.0% | 0.0% |
| 0.65 | 100.0% | 2.1% | 0.2% | 0.0% | 0.0% | 0.0% | 0.0% | 0.0% |
| 0.70 | 12.8% | 0.1% | 0.0% | 0.0% | 0.0% | 0.0% | 0.0% | 0.0% |
| 0.80 | 0.4% | 0.0% | 0.0% | 0.0% | 0.0% | 0.0% | 0.0% | 0.0% |
| 0.85 | 0.0% | 0.0% | 0.0% | 0.0% | 0.0% | 0.0% | 0.0% | 0.0% |

　例えば、短期トレーダーにとってペイオフレシオが2.00というのは理想である。しかし、実際には1.00～1.50くらいであろう。

　保守的にペイオフレシオを1.00とすると、ほぼ確実に生き残るためには60％の勝率を上げる必要があると分かる。最低でも55％は欲しいところだ。そうでなければ、破綻する確率は途端に上がってしまうのである。

この表をみていると、タートルズをはじめとするトレンドフォロワーが全く違ったゲームをしていると分かる。タートルズが生き残るには、必然的に低い勝率（30～40％）をカバーするために、大きなペイオフレシオを必要とする。

言い換えれば、3.00～4.00のペイオフレシオがなければ、トレンドフォローでは破綻リスクが急激に高まるのである。つまり、トレンドフォロワーにとって、トレンドに乗っているときに巨額の利益を得られなければ、間違いなくその低い勝率で破綻してしまうわけだ。

ウィリアム・エックハートはジャック・シュワッガー著『新マーケットの魔術師』で「素人は大きな負けを抱えて破綻するのに対し、プロは小さな利食いで破綻する」といった内容の発言をしている。これ以上トレンドフォローの本質を表した言葉は少ないであろう。

## 短期売買の本質

もちろん、短期トレードも万能ではない。ペイオフレシオが低いという欠陥を持つ。

考えてみれば当然である。短期トレードのポジション保有期間は必然的に短い。利益はポジション保有期間に左右されるからトレンドフォロワーと同じ利益を上げることは、そもそも不可能な話なのだ。したがって、短期トレーダーは、信頼できる短期パターンにバイアス、サイクル、ファンダメンタルズなどを付け加えて勝率を上げる一方で、１トレード当たりのリスクはトレンドフォロワーより

も大きくしなければならない。
　短期トレーダーにとってゲームの本質とは、次の要素に絡めることができる。

①低いペイオフレシオ。
②高い勝率。
③１トレード当たりのリスクの相対的大きさ。

　逆に中長期トレンドフォロワーの特色は、次のようになる。

①高いペイオフレシオ。
②低い勝率。
③１トレードあたりのリスクの相対的小ささ。

　特に①と②から導き出される③は、トレンドフォロワーにとって重大な意味を持つ。第２章で紹介したように、タートルズはトレンドが確認されれば５％までのリスクを取った。そのリスクの取り方をもう一度確認してみよう。

　まず２％投入した後に0.5％上伸すると、さらに２％を上乗せた。これでリスクは、（２－0.5）％＋２％＝3.5％となる。

　またさらに0.5％上伸すると、さらに２％を乗せる。これでリスクは（２－１）％＋（２－0.5）％＋２％＝4.5％だ。

> そしてさらに0.5％上伸すると、さらに２％を上乗せする。これでリスクは（2－1.5）％＋（2－１）％＋（2－0.5）％＋2％＝5％となる。

　この後、0.5％上伸するごとに２％を乗せていっても、最初の建玉はストップ注文で保全されているので、リスクフリーになる（すなわち２－２＝０だ）。こうしていけば、トレンドが続くかぎり、どんどん建玉が膨らんでいく。そしてストップ注文（10日安値）で一気に利食いしてしまうわけだ。

　このように、単純ながらも最終的には５％以上の建玉をするタートルズの最初のリスクがわずか２％であることは大きな意味を持つ。さらに0.5％のリスクで最初の建玉をすることも推奨しているから、勝率の低さをペイオフレシオで補うため、0.5％リスクの試し玉→２％リスクの本玉→５％リスクの完成玉→さらにリスクフリー後の乗せ玉、という完ぺきな構成を持っているのである。

　こうしたタートルズの建玉の巧みさを考えると、短期トレーダーが取るべき方策は案外単純にならざるを得ない。つまり勝率は元々高い（高くなければ短期売買は不可能だ）ので「一気に建てる」ことが重要となるわけだ。

　「短期トレーダーは同時に全玉建てよ」と喝破したのがリンダ・ブラッドフォード・ラシュキ（以下ラシュキ）であった。そして「利の乗った玉に増し玉をしてはならない」と強調する。まさにトレンドフォロワーの逆としかいいようがない。

　さらに「放れ」や大幅な値動きには「全玉の利食い」を敢行せ

よ、と述べている。いったん有利になったらそれを手放してはならない、つまりストップは非常にタイトになる、ということだ。

短期売買はトレンドフォローと対局にあるゲームなのだ。先ほど短期売買というゲームの本質のひとつに「１トレードあたりのリスクの相対的大きさ」を挙げた。別の言葉でいえば「ポジションサイズ」である。

トレンドフォロワーが当初のトレードで２％以上のリスクを取らないのに対し、短期トレーダーは５％程度のリスクを取り、それも「一気に全玉」を建てなければならない。

一方、短期トレーダーがトレード回数の多さで、資産曲線を平準化し、低いペイオフレシオをカバーしなければならないのに対し、トレンドフォロワーはトレンド発生機会の少なさ（せいぜい１年で２～３回）をカバーするため、対象市場を極大化し、相関を低くして補おうとする。

これがタートルズのいう「分散」と「相関関係の低いマーケットにベッドする」という理論になる。言い換えれば、市場分散とリスク分散を担保しないかぎり、トレンドフォローのゲームは短期トレードのゲームに、その資産曲線の平滑化や損益上昇率の点で負けてしまうのである。

## 2．ラリー・ウィリアムズの大胆な資金管理

まず、この節がラリー・ウィリアムズ著『ラリー・ウィリアムズの短期売買法』あるいは柳谷雅之出演『DVD 第2回絶対の短期売買実践セミナー』の内容に重複する点があることを指摘しておく。このテーマに興味のある方は、理解を深めるために参照されることをお勧めする。

### ケリーの公式

第2章で述べたように、ケリーの公式は最適な賭け率を引き出す計算式である。ウィリアムズが使ったことで一気に有名になった。

トレード枚数
＝（（ペイオフレシオ＋1）×勝率－1）÷ペイオフレシオ

例えば、勝率60％、ペイオフレシオ（損益比率）が1.30の場合は次のようになる。

　（（1.30＋1）×0.6－1）÷1.30＝0.29

なんと全資産の29％をリスクに晒してよい、ということになってしまう。ウィリアムズはこのケリーの公式を使って資産を爆発的に殖やした。

このリスクは1トレード当たりの損失金額であるから、本来は全資産の29％を1枚あたりの最大損失額で割るのが正しい。ところが、なんとウィリアムズは1枚あたりの証拠金で割ったのである。彼の運用資産は1万ドルからスタートし、210万ドル（210倍だ！）に達した後、70万ドルまで減少し（3分の1である！）、再び110万ドルに戻して終了した。「1年で」である。

ケリーの公式のリスクは簡単に指摘できる。まず、この公式がブラックジャックやコイン投げのための最適化システムである点である。そもそも損失は最初から賭けたチップのみに限定されている。さらに収益は常に一定で、チップの倍数である。

一方、現実の相場は、損失がより大きくなりがちであり、収益が常にランダムになりがちである。つまり、勝率は一定幅で乱高下しがちであり、ペイオフレシオは安定しないという現実があるのだ。

## オプティマルf

このケリーの公式を改善したのがラルフ・ビンスである（章末コラム参照）。

$$TWR = (1+f \times (-p_1 \div WCS)) \times (1+f \times (-p_2 \div WCS)) \\ \cdots \times (1+f \times (-p_n \div WCS))$$

> TWR（Terminal Wealth Relative）
>   ＝全トレード（n回）の最終収益
> f＝賭け率
> $p_n$＝n回目のトレード損益
> WCS（Worst Case Scenario）
>   ＝1トレードの最大損失額（絶対値で計算）

　そしてTWR（つまり収益）を最大にするfが「オプティマルf」だ。ちなみにビンスは著書『投資家のためのマネーマネジメント』でG（幾何平均）、HPR（Holding period return＝保有期間の利回り）の概念を紹介している（章末コラム参照）。

> $G = TWR^{(1 \div n)}$
> HPR＝1＋f×（－トレード損益÷WCS）

　$p_n$という概念、WCSという最大損失額の概念を取り入れたことが大きな改善点であった。しかし、この手法を最も活用したウィリアムズの指摘によると、このままでは大きなリスクがあった。

- ●勝ちトレードが続くとポジションを抱えすぎる。
- ●したがって連敗がトレードの後半に出現すると悲劇が起こる。

　つまり、そのままオプティマルfを使ってしまうと勝率のわりに最終損益が破綻するリスクがあるのだ。

## ライアン・ジョーンズの固定比率トレード

　ライアン・ジョーンズは、最大損失額の２倍を稼いだら建玉を増やしていくという「固定比率トレード」を考案した。具体的には、最初に資金の５％を最大損失と仮定したら、常に総資金の５％をかけ続けていくのではなく、10％（すなわち最大損失額の２倍）稼いだ後で、そのときの総資金の５％を賭けるのである（**図表5-2**）。
　このジョーンズ方式は、総資産に対して固定の比率でかけていく方法に一定の改良（保守的な）をしたとみなすこともできる。
　なお、Ｗ・Ｄ・ギャンは資金が２倍になるまで、ポジションを増やさなかった。収益の極大化、２倍になった時点で突如賭け率が倍になるという点は、現在の資金管理の考え方からみると、やはり古典的といえるだろう。もっとも、1940年代以前に賭け率や10分割、確率・数学的資金管理といった発想を持ったトレーダーはほかにいなかったから、ギャンの偉大さを損ねるものではないと思う。
　この方法でも、やはり資金が増えれば、リスクの絶対額は増えていく。逆にリスクの絶対額を増やさなければ、スムーズな資産曲線は描けない。金持ちになるのも大変なのだ。
　この方法では、総資産に対する損失額が常に５％以下になるのがポイントである。したがって下から読めば、損失が続いたときの建玉の減少をみることになる。
　例えば、当初200の元本でスタートしたとしよう。当初10％のリスクを取ることができたが、１回負けた時点で９％のリスクへ、３回負けた時点で７％のリスクへ減らさなければならない。

### 図表 5-2　固定比率法と固定法の建玉変化

| 現在の資金 | 5%固定 | 固定比率法 |
|---|---|---|
| 100 | 5.00 | 5 |
| 105 | 5.25 | 5 |
| 110 | 5.50 | 5 |
| 115 | 5.75 | 5 |
| 120 | 6.00 | 6 |
| 125 | 6.25 | 6 |
| 130 | 6.50 | 6 |
| 135 | 6.75 | 6 |
| 140 | 7.00 | 7 |
| 145 | 7.25 | 7 |
| 150 | 7.50 | 7 |
| 155 | 7.75 | 7 |
| 160 | 8.00 | 8 |
| 165 | 8.25 | 8 |
| 170 | 8.50 | 8 |
| 175 | 8.75 | 8 |
| 180 | 9.00 | 9 |
| 185 | 9.25 | 9 |
| 190 | 9.50 | 9 |
| 195 | 9.75 | 9 |
| 200 | 10.00 | 10 |

## ラリー・ウィリアムズの手法

ウィリアムズは次のように建玉最適枚数を計算した。

（口座残高×リスク％）÷最大損失額＝取引量

さらに「リスクの適正値は10〜15％である」と述べている。

例えば、口座残高が500万円で、リスクを10％取るとしよう。最大損失額は20万円とする。

(500万円×10％)＝50万円
50万円÷20万円＝2.5

切り捨てる（重要）から2枚となる。

ここで少し、この計算式について考えてみよう。「最大損失額＝リスク＝資金管理ストップの水準」として、常に口座残高の5％を資金管理ストップの水準とする。

(500万円×5％)＝25万円

この場合、資金管理ストップ（残高の5％）＝最大損失額（残高の5％）なので、25万円÷25万円＝1となり、最適な建玉枚数は常に1になってしまう。要は、ウィリアムズの手法では最大損失額で取れる最大の枚数が適正な建玉枚数となるわけだ。

では、勝率60％として、6連勝した後に連敗したケース（得して最悪のケース）を想定してみよう（図表5-3）。

実は、この売買システムにはからくりがある。短期売買には非常に難しい、リスクリターンが2倍のシステムなのである。リスクに対して最大損失の比率が3分の2、リターンが1.3倍であるから、こんなに良いシステムはそうあるものではない。したがって6連勝

第5章　資金管理の冒険

### 図表5-3　勝率60%、リスク15%の売買システム

| 口座残高 | リスク<br>(15%) | リターン<br>(1.3) | 最大損失 | 建玉枚数 |
|---|---|---|---|---|
| 100.0 | 15.00 | 19.5 | 10.00 | 1 |
| 119.5 | 17.93 | 23.3 | 11.95 | 1 |
| 142.8 | 21.42 | 27.8 | 14.28 | 2 |
| 170.6 | 25.60 | 33.3 | 17.06 | 2 |
| 203.9 | 30.59 | 39.8 | 20.39 | 3 |
| 243.7 | 36.55 | 47.5 | 24.37 | 3 |
| 291.2 | 43.68 | 56.8 | 29.12 | 4 |
| 262.1 | 39.31 | 51.1 | 26.21 | 3 |
| 235.9 | 35.38 | 46.0 | 23.59 | 3 |
| 212.3 | 31.84 | 41.4 | 21.23 | 3 |
| 191.1 | 28.66 | 37.3 | 19.11 | 2 |
| 172.0 | 25.79 | 33.5 | 17.20 | 2 |
| 154.8 | 23.21 | 30.2 | 15.48 | 2 |

### 図表5-4　リターン変化がランダムなケース

| 口座残高 | リスク<br>(15%) | リターン | リターン<br>変化 | 最大損失 | 建玉枚数 |
|---|---|---|---|---|---|
| 100.0 | 15.00 | 19.5 | 1.3 | 10.00 | 1 |
| 119.5 | 17.93 | 17.9 | 1.0 | 11.95 | 1 |
| 137.4 | 20.61 | 33.0 | 1.6 | 13.74 | 2 |
| 170.4 | 25.56 | 23.0 | 0.9 | 17.04 | 2 |
| 193.4 | 29.01 | 20.3 | 0.7 | 19.34 | 2 |
| 213.7 | 32.06 | 16.0 | 0.5 | 21.37 | 3 |
| 229.7 | 34.46 | 68.9 | 2.0 | 22.97 | 3 |
| 206.8 | 31.02 | 31.0 | 1.0 | 20.68 | 3 |
| 186.1 | 27.91 | 41.9 | 1.5 | 18.61 | 2 |
| 167.5 | 25.12 | 32.7 | 1.3 | 16.75 | 2 |
| 150.7 | 22.61 | 45.2 | 2.0 | 15.07 | 2 |
| 135.7 | 20.35 | 26.5 | 1.3 | 13.57 | 2 |
| 122.1 | 18.31 | 29.3 | 1.6 | 12.21 | 1 |
|  |  | 平均 | 1.3 |  |  |

の後に4連敗という資金管理にとって最も悲劇的なケースを想定しても、4連敗後も191と2倍近い倍以上の口座残高を残しているわけである。

しかも建玉は3枚と比較的適正値を守っている。その後も2連敗したと仮定しても（6連敗はシステムの通常最大の連続損失、しかも勝率は50％まで落ちる）が、154の口座残高を残すことができてしまうわけである。

**図表5-4**は、もう少し現実的なシミュレーションとして、リターンが常に1.3倍ではなく、ランダムに出るケースを想定したものである（実際の短期売買はほとんどこのケースである）。

6連勝後6連敗でも、平均リターンがリスクの1.3倍であるシステムは勝ち残れる。こうしたシステムが短期トレーダーの理想であろう。また、見果てぬ夢かもしれない。

## 柳谷氏によるケリー公式の改良

柳谷氏は、ウィリアムズ的発想でケリーの法則を見直している。氏は最適賭け率を半分にして、さらに最大損失で割って、取引枚数を出した。

> 最適枚数＝（ケリーの最適賭け率÷2）÷最大損失額

例えば、勝率60％、損益比率（ペイオフレシオ）1.3倍の場合、ケリー値は29％となる。

$((1.3+1) \times 0.6 - 1) \div 1.3 = 0.29$

したがって「(29%÷2)÷最大損失額」で実際の枚数を出すことができる。10％で賭け続けた場合、5連敗でも59％（再起可能である）、20％賭け続けた場合、32％に減少する（ほとんど再起不可能だ）という。あらゆるトレーダーにとって20％の賭け率がいかに過大かよく分かるというものである。

## ボラティリティモデル

今まで述べてきた資金管理方法は次のようなものであった。いずれもドローダウンや資金総額に対する比率がものをいってきた。

① （当初金額）に対して固定金額または固定単位で賭けていく。
② （当初金額＋損益）に対して一定比率で賭けていく。
③ （当初金額＋損益）に対する一定比率を1トレードの最大損失額で割り引いて賭けていく。

最後に第2章の97ページで紹介したタートルズの資金管理法とウィリアムズの手法を比較してみよう。

200万円を元本としてタートルズが2％以上のリスクを犯さないとすれば、最大損失額は4万円でなければならない。

15％の場合　（200万円×15％）÷4万円＝7.5≒7枚

```
10％の場合  （200万円×10％）÷4万円＝5枚
8％の場合   （200万円×8％） ÷4万円＝4枚
5％の場合   （200万円×5％） ÷4万円＝2.5枚≒2枚
```

　ウィリアムズ的手法でいえば、タートルズの1/2N戦術で4万円をリスクに晒すのは、総資産の8％をリスクに賭けているのに等しいことなる。こうしてみるといかに彼の手法が積極的であるか分かろうというものだ。

　しかし経験則的にいえば、破産確率が急激に上がるまでの間、勝率が一定であれば、回数が多くリスクが高いだけ早く資産を築くことができる。特に乗っている場合、ウィリアムズはリスク許容度のギリギリ、あるいは越えたくらいのところでポジションを持つこともあるようだ。

　もちろん、数学的には「全く誤った考え」である。なぜなら一度一度の勝敗の確率は、おのおの独立しているからだ。

　しかしトレーダーとしては、彼の手法に強い共感を覚える。万人に手放しで推奨することはできないが、相場参加者は若い人だけとはかぎらない。あと5年、あるいは10年のうちに引退をしたい参加者だっているはずだ。そうした人には、資産曲線を円滑にし、同時に極大化させることが、ある程度の損益のブレよりも重要な場合があるのだ。

## 【参考】オプティマルf

ラルフ・ビンスは、著書『投資家のためのマネーマネジメント』で知られる資金管理の泰斗である。2008年1月に東京で開催された彼のセミナーは、難解だったとはいえ、非常に「目からウロコ」の指摘がいくつもあった。本コラムでは、そのうちの2つを簡単に紹介したい。

ビンスによれば、トレーダーの最終的な目標は「Maximize the compound growth rate（複合成長率の最大化）」にあるという。つまり、ひとつひとつのトレードを成長させ、その累積を最大にするのが、トレーダーの欲している結果というわけだ。

概念としては、1回当たりのトレードを「保有期間の利回り（HPR）」と考え、HPRの積である「最終的資産比率（TWR＝最終資産÷当初資産）」から「幾何平均（G）」を算出する。この幾何平均でシステムの優劣を比較する。そしてTWRを最大にするのに最適な賭け率を「オプティマルf」という。

図表は「f」とTWRの関係を表したグラフである。このグラフから最適なf（オプティマルf）が判明する。

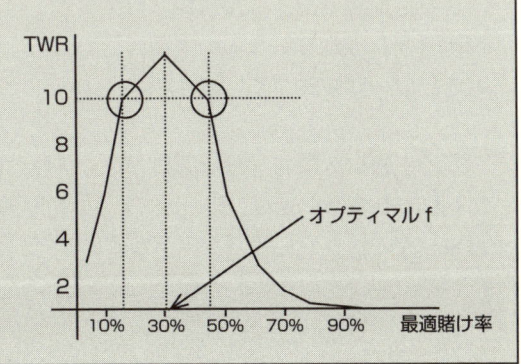

また「f」が15％でも45％でも、TWRが同じ10になると分かったとする。同じリターンを取るなら「f」の値は小さいほうがよい。それだけ低リスクでトレードできるからだ。

　ビンスもオプティマルfそのものは使わないほうがよいと述べていた。具体的な計算に興味のある方はビンスの著書を参照してほしい（ビンスが2007年に著した『The Handbook of Portfolio Mathematics』の邦訳もパンローリングから出版される予定だ）。

　またビンスは「各市場の相関係数は相場の状況によって大きく変わる」とし、特に「相関はファットテールの状況で機能しない」と指摘していた。つまり、彼は相関を信じていないわけだ。

　例えば、ドル円がだらだらと上昇しているとき、金（ゴールド）は無相関に展開している。ところがドル円が急落すると金も急落するという相関関係がみられる。低いボラティリティの状況では相関関係が低いのに、高いボラティリティの状況では相関関係が高くなるのだ。

　これは最悪である。投資家がポートフォリオでヘッジするのは、値動きがバラバラになるのを期待しているからだ。ところがダメなときだけ一緒に動いてしまう。

　良いときに分散をかける必要がなく、肝心なところで一緒の方向に動いてしまうのでは、ポートフォリオの意味がない。したがって、得意なマーケットに絞ったほうがよい、ということになるわけだ。

# 第6章
# トレードの心得

## 1．ブレイクスルー

　ここまで実践的な手法について話題を広げてきた。最終章では、トレード心理や準備、トレードで生じる精神的な不思議について話を進めてみたい。こうした話題は、売買技術に比べて収益に直結するわけではない。しかし、実際のところ収益性を持続させたいと思う人ほど興味深い部分であろう。

　「ブレイクスルー」とは、本来「突破」「躍進」と訳されるが、最近ではもっぱら自己やある手法、考え方における「基準突破」や「一段高みに登った」ことを指す。非常にポジティブな表現といえる。

　ブレイクスルーは、ある日突然訪れる傾向がある。ラシュキによると、テクニカル分析の礎を築いたチャールズ・ダウの弟子、サミュエル・ネルソンが次のような言葉を残しているという（出所はビデオ、リンダ・ブラッドフォード・ラシュキ出演『Classic Indicators-Back to the Future』Futures Magazineより。現在は廃刊。以下、引用は本ビデオでの氏の発言を要約したものである）。

> 「トレードでは、最初に成功してしまうと、たいてい誤った方向に導かれてしまうものです。わなにはまったようなものといえます。1年目から成功を収めてしまうような人たちのほとんどが、2年目、3年目には失敗してしまうのです」

> 「このトレードというビジネスで奇妙なのは、かなりゆっくりと徐々に利益を出せるようになること、また最後まで持ちこたえられるよう毎月努力し続けることが必要だということです」
>
> 「そしてある日突然、最もミステリアスな形で、目の前の霧が晴れていくかのような感覚になります。最も難しいと思われていたことが、かなりシンプルなことに思えてくるのです。消し去るプロセスを経ながら、このことを学んでいきます」

## 最初の成功

　この言葉には非常に深い含蓄がある。まず「トレードでは、最初に成功してしまうと、たいてい誤った方向に導かれる」ことである。

　筆者は、株式のバイアンドホールド（長期買い保持）から始まり、ファンダメンタルズに基づく売買、それからテクニカル分析に基づくFXのトレードへと移行した。確かに筆者の最初の投資経験であるファンダメンタルズに基づくバイアンドホールドは、あまりにもいいかげんな手法であった。ファンダメンタルズと称しているものの、実際には単なる「材料売買」だったからである。

　ところが、相場環境が良かったこともあって、このいいかげんな売買はそれなりの利益を上げてしまった。そのせいで、しばらく相場の本質というものを深く理解しようともせず、漫然とした売買を続けてしまったのである。

　エリオット波動論には興味があった。しかし、正確なカウントは行わず、記事の評価などを漫然とみていただけであった。これでは

批判的な受け入れ方も実践的な建玉管理などもできるはずがない。

　幸いなことに、筆者が投機家の子孫（実際、母も祖父も大引足を十銘柄くらいはつけていた）だったおかげで、徐々に値動き、需給といった部分へと分析の軸足を移すことができて救われた。しかし、筆者が外国為替相場に関わり始めたころにも、このような「最初の成功」で失敗する人間が数多くいた。つまり、最初のトレードに成功したがゆえに自分の相場観とその手法に拘泥し、全く進化できなかったのである。

　もっとも、最初の成功といっても、FXの場合、1カ月も持てばいいほうで、実際には1週間程度で損失に変わるケースがほとんどである。初めに成功すればするほど、その成功パターンを疑わなくてはならない。

　「ビギナーズラック」とは、よくいった言葉である。確かに最初の成功はないよりもあったほうがよい。だが、その成功パターンはかなり危ういものであるケースがほとんどだ。それを知らなくては次のステップに進めないのだろう。緒戦の成功は「桶狭間の戦い」――つまり奇跡であった――とみなす勇気が必要なのである。

## 利益の出し方

　もう一度、サミュエルソンの言葉に立ち返ろう。

「このトレードというビジネスで奇妙なのは、かなりゆっくりと徐々に利益を出せるようになること、そして最後まで持ちこたえら

> れるよう毎月努力し続けることが必要だということです」

　これも重要な言葉だ。リスクを十分に管理した場合、ほとんどすべての信頼に足る売買手法の多くで、損益の出方は非常に緩慢となる。ドローダウンが先立つことも多い。まともなシステムで、まともな資金管理をするかぎり、爆発的な損益拡大など望めないのだ（ただし「オプティマルｆ」は除く）。年間30〜50％という損益目標であれば、実はそれで十分といえる。

　例えば、総資金量が1000万円、1年で500万円増が目標としよう。実現可能な収益目標は月当たり５％、つまり50万円程度である。それが積み重なれば1年で600万円になる。

　そして重要なのは、毎月毎月努力し続けることだ。サミュエルソンは「最後まで持ちこたえられるよう」と控えめな表現をしている。しかし、実際には「破滅への誘惑」がこれほど満ちているゲームはないのだ。

　トレードに敗北はつきものである。というより、ゲームの一要素と考えるほうがいい。敗北はすでに織り込まれていると考えるほかない。負けるのがイヤならば、トレードというゲーム自体やめたほうがよい。

　問題はドローダウンの連続である。システムトレードでもこの問題は避けられないが、基本は裁量で売買するFXトレーダーには、にわかに自信喪失へと繋がる。

　「努力し続けること」とは、人間の本来持っている心理面での弱さを克服していくことにほかならない。そして、それは誰にも代わ

ることのできない自分だけのゲームなのである。

## 消去

> 「そしてある日突然、最もミステリアスな形で、目の前の霧が晴れていくかのような感覚になります。最も難しいと思われていたことが、かなりシンプルなことに思えてくるのです。消し去るプロセスを経ながら、このことを学んでいきます」

消し去るプロセス……それは何か。ラシュキはこう解説する。

> 「このビジネスで1年、3年、6年と長い間、悪戦苦闘している方たちがいます。また『マーケットの魔術師』『新マーケットの魔術師』を読めば、利益を上げられるようになるまでに長い歳月を要したトレーダーがいることも分かっていただけるでしょう」
>
> 「トレーダーは皆、もがき苦しんでいるのです。しかし、苦労し、努力し、骨の折れる仕事を経験した末に、ある日突然、何かが明らかになってくるのです。突然すべて、とても簡単に感じられるようになる……。信念を貫き、自信を失うことがなければ、いつかそのようなときが訪れます」
>
> 「いいですか、いつか必ずそのときがきます。ただ、最初の3年間に関していえば、毎年毎年首尾一貫して利益を上げ続けられるような人は、ほとんどいません」

トレードの秘密とは、そこに全く秘密のないことである。機能する技法や資金管理が、実は極めて単純な原理でできていることに驚かずにはいられない。だが、それで（それだから）よいのである。
　トレーダーはいろいろと考えなくてはならない。注文方法や市況、資金管理、情報に対する市場の反応、仕切り……。結局大事なのは実行力なのである。
　相場のみならず、現実は結果論が最も横行しやすい。コンビニやユニクロといったビジネスモデルを実行に移そうとした起業家は数多い。着想したのはさらに多いだろう。しかし、ユニクロは１社であり、コンビニという業態で損益を確保できているのも十指に満たない。それが現実のビジネス社会なのである。
　それに引き換え、マーケットははるかに平等だ。実社会では資金量の多さがすべてのケースがある。しかし、マーケットではその資金に応じてリスクが分配され（むしろ資金量の多さそのものが絶対的リスクとなる要素も多い）報酬も同比率である。すなわち、マーケットのほうが、実社会よりも、少額資金にとって有利なのだ。
　毎月努力を続けると、あるとき突然「何かが明らかになる」。それは「自分のスタイルの発見である」と筆者は考えている。
　しかし、とにかくこればかりは伝授するのが最も難しいことかもしれない。それこそ、そこに到達した人しか分からないことであるからだ。
　もっとも、そこへ行く方法はある程度はっきりしている。どうするか。「消し去ること」だ。それを続けるプロセスなのである。
　もう一度、ラシュキの言葉を引用しよう。

「もちろん大変な仕事であり、長い長い道のりであり、捨て去るプロセスを経て学んでいくのは大変なことです。自分のミスや、何が自分に合っていて何が合わないのか、という試行錯誤のプロセスのなかで、この『捨てる』という作業は何度も起こるのです」

「私自身についていえば、長年の経験の末、"ブルフラッグ"がトレードのカギであり、答えでした。ですから、皆さんも自分自身の道を歩み、粘り強く努力し続け、自分を信じ続けることができれば、いつか道は開けるはずです」

　筆者は、何度かセミナー講師の依頼を受け、実際に講師として短期売買を教えたこともある。しかし、正直いって技法を多く頭に入れ込むよりも、自分が信頼できると感じた技法を数多く実践したほうが、はるかに得るものは大きいと思う。理解さえできれば、技法の本は1冊でもよいと思うくらいである。それくらい経験値とそれが及ぼす差は大きいのだ。

　あれだけ多くの技法に通じたラシュキがその出発点において、実は「ブルフラッグ」だけだったことに驚きを感じない読者は少ないだろう。しかし、筆者は「ブルフラッグ」に固執したことが彼女のトレーダーとしての成功のカギであったと思っている。

　本書でもいろいろな技法を紹介しているが、究極はシンプルがよい。それも自分にあったものをなるべく少なく、かつ深く知るのがよいのだ。林輝太郎氏の著書にも「たったこれだけ」という相場参加者が多くでている。しかし筆者は「それだけだから成功したのだろう」と考える。

第6章　トレードの心得

　読者も短期売買の手法すべてをマスターしようなどとは考えず、そのなかから「捨て去る」ことを実践してほしい。そして、試行錯誤の末に輝かしい戦績があることを祈ってやまない。

## ２．売買頻度とレバレッジ

　実際のところ、筆者もバイアンドホールド的な株式の売買からFXの超短期トレード（というよりも日計り、実際はもっと短いので分計りとでもいうべきもの）を経て、ラリー・ウィリアムズ的な短期売買に落ち着いた。ただし、経験値の集積においては、FXの分計りトレードが最も適していた。

　ある意味、相場の本質が変わらないのであれば、また資金が減らないかぎり、同じ相場のスケールダウン（縮小版）を何度も経験したほうが絶対的に有利なのである。

**過剰売買と経験値**

　ただし、ほとんどの相場参加者が売買を繰り返した末に消えてしまう。それは事実である。FXトレードは、100人いれば98人が敗者になるゲームなのだ。では、何が原因で人は相場から消えるのだろうか？

　「ネバー・オーバートレード＝過剰売買するべからず」。古くはチャールズ・ダウ、W・D・ギャンの時代から何度も指摘されてきたトレードの基本原則である。

　ギャンについていえば、その実質上の処女作『株価の真実』（ウィ

リアム・D・ギャン著『W.D.ギャン著作集』日本経済新聞社刊に収録）で、その後28項目に発展する12のルールの3つめに記されている。第1条が「必要な資金」、第2条が「リスクの限定」であるから、トレードの技法としては第一といってもよいくらいである。

だが、短期売買や日計りの手法が一般に広まってきてから、この言葉は色あせてきた。従来「過剰売買」と目されてきた「スキャルピング」や「日計り」が、同じ勝率を持つトレーダー、システムであれば、むしろ多くのトレードを行うことで結果として資産曲線をより早く滑らかにしていくことにつながると認識されたからだ。

これはウィリアムズらによって成し遂げられた革命的な「概念の転換」といってよく、筆者などは「過剰売買するべからず」という金言が一気に色あせたことを思い出す。そもそも「過剰売買するべからず」と述べたギャンにしても、残された記録をみるかぎり、もの凄い数のトレードを行っているのである。

## ギャンの最適売買回数

例えば、ギャンは1909年「チッカー・アンド・ダイジェスト」誌の公開トレードで、1カ月に286回のトレードを行い、264勝22敗であった。実際は手仕舞いをしているので、600弱のトレードを1カ月で行ったことになる。ある日などは1銘柄で16回も売買し、リチャード・ワイコフによれば、売買の時間間隔は平均20分であったという。

> 1933年　479トレード中、422勝52敗。利益率4000%
> 1934年　362トレード中、337勝25敗。利益率800%
> 　（前出『W.D.ギャン著作集』、林康史氏の解説より引用）

　筆者はかつて「ギャン自らはこのように過剰売買をしても大丈夫なほど相場を研究していたが、普通のトレーダーには無理と考えて、過剰売買を慎むように勧めたのだろう」と考えた。ところが、ウィリアムズの革命的概念から、実際にはギャンなど取引所のフロア（立会場）出身のトレーダーによって過去にも実践されてきたとみるほうが案外、的を射ているのではないか、と考え始めた。
　そもそも、ギャンもこう述べている。

> 「1日あたりがわずかの儲けであっても、積み重ねれば莫大なものとなる……。要は投機をギャンブルでなく、仕事とすればよいのである。長く取り引きすることだ。辛抱が肝心だ」（前出『W.D.ギャン著作集』より）

　要は、売買回数そのものが問題というよりも、ゲームプランの建て方に依存する戦略的売買回数の決定が問題なのであり、ある時間枠にはそのトレーダーの持つ「最適売買回数」というものがあるのではないか、ということである。
　ラシュキも同様の概念を紹介している。

> 「トレードの基本原則のひとつに『オーバートレードをするな』

があります。ただし、オーバートレードとは、単にトレードする回数で決まるものではありません。1日に10回トレードしたからといってオーバートレードとはならないのです。1日に10回トレードしたいのであれば、それ自体に問題はありません。要するに、オーバートレードとは『レバレッジ』の問題なのです」

## レバレッジ

筆者は、そのトレーダーとその時間枠での「最適売買回数」を知ることが大切と述べた。しかし、ラシュキによれば、むしろ「レバレッジ」というのである。

「敗れ去ったトレーダー、フロアトレーダー、CTA（先物投資顧問業者）などの99％は、そのレバレッジが原因でした。いいですか、5万ドルの口座でS&P500先物（ミニではなくオリジナルのほう）を10枚も建玉するようなことが問題なのです」

「アウト・オブ・ザ・マネー（OTM）のプット・オプションを売るときも同じことがいえます。皆さんが大きなファンドの運用担当者と仮定して、かなりの量のOTMのプット・オプションを売るとします。そこで、そのポジションを閉じなければならない局面が訪れたとしましょう。そのような場合に流動性が乏しく、自分のポジションを仕切ることができないのであれば、大きな動きが現れ（あるいは自ら作り出さざるを得ず）、一気に破産してしまうような状況も考えられます。これが失敗の原因なのです」

「トレードで失敗する第一の原因は、レバレッジの問題なのです」

　レバレッジとは、単なる証拠金に対する倍率ではない。「保有する建玉のうち、予測不可能となり得る損失の割合」であろう。
　OTMの為替オプション売りは、世界で最も流動性が豊富といわれる外国為替市場のなかでも、最も勝率が高く（たいてい80％以上）、そして最も危険な取引である。通常は建玉にストップロス注文を置いておけば、スリッページだけが予測不可能な損失だ。ところが、大量のOTMオプション売りでは、さらに流動性がきつく、スリッページがほとんど予測不可能になるからだ。
　言い換えれば、オプション売りから得られるプレミアムと折り合わない。こうしたポジションこそが問題なのだ。
　レバレッジとは、本来自分が持っている元本以上のポジションを持つことを指す。ここでは資金管理上、当初想定してない、あるいは許容範囲を超えたポジションと言い換えてもよいだろう。つまりは、ほとんど「資金管理の問題」となってくる。

## 単純な建玉

「私自身トレードで堅守していることは、トレードする枚数を1単位で決めていることです。常にX枚を建てます。これだけです」
「これはトウモロコシでも米財務省債券でも同じです。X枚と事前に決めておくことで、トレードをシンプルにすることができます。私はこの枚数を変えるようなことはしません。そのおかげでト

> ラブルに見舞われることを回避できます」
> 「最終的にトレードで失敗する原因はレバレッジの問題だということを忘れないでください。1枚の建玉に対して10ポイント逆に動いてしまったということが問題なのではありません。それで皆さんが破産してしまうようなことはあり得ません」

　これは数々のウィザードブックの監訳者として知られる柳谷雅之氏の言葉である。実に示唆に富んでいる。

　建玉の枚数が最終損益に影響を及ぼすとはいえ、そもそも一定枚数によるトレードで収益とならない売買システムは、どんなに建玉を変化させても収益にならないというわけだ。筆者も同感である。

　場合によっては建玉の増減で収益を改善させることはできる。しかし、多くの場合、単純なドテンシステム（常に売りか買いのポジションを持つ売買システム）よりも建玉の増減で収益の上がるシステムを作るのは難しい。

　FXや金など一部の限られた相場に関しては繊細な建玉法が有効かもしれない。しかし、多くの場合で単純な建玉法、つまり「常に一定枚数を建てる」のが最善であることが多い。それが、結局ラシュキがいう「意図せざるレバレッジ」「計画外の建玉」を避ける自らの規律となるのだ。

　建玉の変化による損益効果よりも、正しい規律を身につけることのほうが、はるかに有益なのはいうまでもない。

## ３．相場の役割と自分の建玉

　いくら優れた売買システム、方法論を持っていても完ぺきはあり得ない。すなわち、それは過去に確率的に勝っただけであり、将来を約束するものではないのだ。

　逆をいえば、将来を約束するものは何もない。将来も勝つ「可能性」があるだけなのだ。したがって、その売買システムなり方法論なりを信じるかに関わってくる点が結構大きい。

　どのような理論も、将来の「現実」ではないのだ。そして優位性も約束されたものではない。もっといってしまえば「理論と現実は全く異なる」ということだ。

### 理論と現実は違う

　トレード理論はモデルを構築するのに非常に重要である。しかし、完ぺきなモデルがあるわけがない。

　ラシュキも前述のビデオで次のように述べている。

> 「エンジニアの方についてあまり否定的なコメントをしたいわけではありません。しかし、私の経験からすると、エンジニアとしての経歴を持つ方たちは、マーケットの動きをブラックボックスに収

> めたがる傾向があります」
> 「エンジニアの方たちはマーケットのすべてをブラックボックスに押し込めたいと考えるようです。そしてなかなか『不完全さ』や『欠陥』というものを認められません」

　実は「不完全さを認めること」「売買システムやトレード手法の欠陥、リスクの可能性を探ること」は最大のヒント、向上の機会といってもよい。欠陥があるからこそ次の発展があるのだ。
　不完全さを怖れてはならない。マーケットは人間同様不完全で、時には予期できない動きをするものなのだ。

> 「理論と現実は似て否なるもの。だからこそ、このゲームを我々自身に合うように変えていく必要があるのです」（ラシュキ）

## 相場の皮肉

　人生が皮肉に満ちているように、相場もまた皮肉に満ちている。常軌を逸した一方的な値動き、すなわちトレンドに人々が慣れ、相場に値動きを期待する向きが増えると、相場は参加者のほとんどのコストがわずかに不利になるところで留まり始める。
　レンジ相場の形成は、大きな値動きを期待していた人々の静かな投げと相場が実質的にレンジ相場入りしているにもかかわらずブレイクアウトを期待する参加者の需給均衡によって形成される。
　そして長期にわたって、サポートとレジスタンスが形成される

と、なぜかそのサポートとレジスタンスが永遠のものであるかのように感じ始める。しばらく経つとレンジ相場でいかに儲けたか、RSIやオシレーター、ストキャスティックスなどがいかに優れているかが、市場参加者の話題となる。

　しかし、テクニカルなどまるで分からない人々が「RSIの70％を売れば、こんなに簡単だったじゃないか」などといい出したら、そろそろレンジ相場も終わりである。相場は突如あらゆるサポートもしくはレジスタンスを突破し、常軌を逸した値動きを始める。

　これがトレンドの特色である。例えば、ドル円相場で107円、109円、111円、113円、120円……と年間を通してのレジスタンスが次々と突破されていったとしよう。長いレンジ相場に慣れた人々は値頃感から戻り売りを狙い、一瞬（という時間感覚であろう）にして成仏してしまう。

　「結局、長期にわたり利益を上げ続けているシステムというのは、すべてマーケットに現われる常軌を逸した動きを捉えるようにできている」（ラシュキ）のだ。長期トレンドフォローなどは、まさにこの典型である。ボリンジャーバンドや標準偏差を使ったシステムの本来の見方が2σ（標準偏差）に張り付くトレンドを探知することにあるのもそのためだ。

## 自分の建玉との相対化

　建玉を持つと、どうしても人間はその建玉の方向にバイアスがかかってしまう。ファンダメンタルズで建玉をする最大のリスクは、

このバイアスにあるといってもよいだろう。自分が苦労して建てたシナリオを間違っていると認めるのは辛いものだ。ましてや、顧客にその説明までしていた場合、常にポジションを切った途端にマーケットが反転するのではないか、という恐怖に駆られる。

　筆者はファンダメンタルズを補助に使うが絶対にそれを軸とはしない。そうした場合、常に自己欺瞞のリスクを抱えるからである。

　「理路整然と曲がる」。何度か聞かれたことがあると思うが、この言葉は真実である。大切なのは何とか自己を相対化することだ。いうならば、自分のポジションをマーケットのなかで相対化してみる訓練をすることである。

　それには何がよいか。「相場（マーケット）の役割」を考えてみるとよい。あるいは、ラシュキのいうように「ストリートスマート＝実践的な知恵」といってもよい。

> 「皆さんは自分のトレードのもととなるモデルや、相場から現れるパターンを知らなければなりません。しかし、一方で『ストリートスマート』の感覚を身につけることが大切になります。それは、ワイコフが指摘しているように『マーケットは我々を振り落とすような動きをするぞ！』『マーケットは通常の動きを再開する前に我々を陥れるような動きをみせるはずだぞ！』というものです」（ラシュキ）

　これは、重要な示唆だと筆者は感じている。つまり、短期トレーダーであれば、値動きというものを日足、週足、5分足などのレベ

ルで考えてみるべきだ、その訓練をするべきだ、ということである。といっても、なかなか理解できないかもしれない。少しチャートをみながら、具体的に考えてみよう。

**東京ガソリン先限日足**

　図表6-1は東京ガソリンの日足である。短期トレーダーとしてどのように相場をみていくか考えてみたい。

　a：基本的には利食いに使うべき長い足である。かなり高いところで引けている。翌日、ギャップアップをしたら、売り方の損切りが誘発され、その後は伸び悩むと考えるところである。

　b：かなりギャップを開けた。ここでaの高値まで押したらウップスである。しかし、そこまで届かず、小さな足を形成した。翌日、下方ブレイクアウトをしたら売りポジションをとる方針を立てる。

　c：上方にわずかにブレイクした後、大幅下落した。上げは20円だけで、典型的なフック（損切りを誘発する動き）だったとみなす。bの安値を切れたら、フックがあるだけに下げ幅は大きいはずだ。安値引けの可能性は高い。翌日の寄り付きで利食いを指す。

　d：ギャップを開けての寄り付き。さっさと利食い。c足まで戻ったので、ウップスで買う。引けは前日と同値だった。買いを維持する。

第6章 トレードの心得

図表6-1 東京ガソリン先限日足（2001年1月）

　e：ギャップを開けて寄り付くが、さほどのギャップでもなくcの長大陰線の半分も戻せず。マーケットは買い玉を軽くさせたいのが、さらに買わせたいのか。よく分からない。したがって、建玉の半分は閉じる。

　f：完全にブレイク。前日に半分を手仕舞ったのは結果的には失敗だった。大きく上げて寄り付いたので、利食いをする。引けてみると、押しが浅い。引け味もよい。まだ売り玉は完全に切れていないようだ。d、e、fとそれなりに真の値幅が大きい。そろそろ収縮と考えるが、実際に上下にブレたわけだ。「マーケットの役割」としては半端なポジションを切ったということか。

271

結局、f、gと終値は寄り付きを上回った。強い。

h：あまり強いシグナルではないが、ウップスである。ここで売り玉を作成。しかし高値引けで苦しい展開。

i：前日の高値を抜けて恐怖感から売り玉を手仕舞う。しかし、これはまさに売り玉の損切りを誘発するだけの動き（フック）だった。その後hの安値を割ってくる。前日のウップスとほぼ同レベルでショートを作成する……。

　少し補足したが、これは相当優秀な短期トレーダーの日誌を要約したものである。このように相場と自分の建玉管理を書いていくことで、自分をある程度相対化することができる。相対化できれば、確実に建玉管理の力は上がる。
　「日誌を書け」というマーケットの達人は多い。それは「何らかの形で自分を客観的に眺めよ」ということに等しい。それがどれほどの効果があるものかは、ブレイクスルーした者でなければなかなか分からない。ただ、確実に効果があると筆者も確信している。

## 4．予測とは何か

　本書は主にテクニカルの部分からトレードを解説している。それでは、いったい予測といった部分は全くいらないのか、ファンダメンタルズをどう考えるのかについて少し考察してみたい。

### 実は同じゲーム？

　一般に「相場予測」というが、実態は「相場予測」「相場予想」「相場予言」「相場願望」の４つを混同していると筆者は考えている。
　予測とは「過去を数量的に分析したうえで将来を推定する」といった手法である。短期パターンの確率、収益性の算出や過去の出荷・生産・輸出入からのGDP推計など、過去の定量分析があるから予測をなしているといえるだろう。
　もちろん、過去に起こったことが将来ある程度再現されるという確信がなければ、やる意味がない。その意味で、サイクル分析も「過去の時間的長さがある程度の誤差ながら計測可能な範囲で起こる」という信念がなければ、単なるカーブフィッティングとなってしまうリスクがある。しかし、過去の数値をもとに先を占うという意味で、ファンダメンタルズとテクニカルは、実のところ全く同じゲームをしていることになる。

テクニシャンは相場の値動きを詳細に分析して将来を予測する。一方、ファンダメンタリストは過去のいろいろな動向を分析して将来を予測し、さらにそれを統合して結論を出しているだけなのである。つまり、ファンダメンタルズには少なくともワンステップ工程が入るわけだ。ただし、過去を検証して将来をみるという意味で、実は同じゲームをしているともいえるわけである。

### 予想

　それに較べると、相場予想は「過去に起こった出来事から『想像』して将来を語る」ことである。もちろん、過去の出来事を数量的に分析していないとはいわない。あたかも、したかのようにみせるのがコツだ。むしろ、大衆迎合的に甘く響くから「当たっているかのごとく」思ってしまうのである。
　予想はロジックがすべてである。しかし、その論理も案外いいかげんなことが多い。過去の相場の一例だけを出して今度もそうなる、とか「俺の経験からは」「誰々（その当時、多くの人々に知れわたっている人物が多い）によれば……」といったロジックである。
　本人に悪気はないのだろう。しかし、得てしてこうしたケースは、はずれる。しかも、たちが悪いことに、本人には自己正当化バイアスがかかるので、えらい人ほど当たったことしか憶えていない。つまり、自分は相場の屈折点でいつでも当たったかのように思えてしまうわけだ。こうした人を上司に持つと悲劇である。
　予想とは過去の分析に定量的な部分を除き、主に定性的判断を

行って将来を類推する手法としておこう。信頼性が相場予測よりも格段に落ちることは想像に難くないだろう。

## 予言

　実はそれでも、しっかりした相場予想はまだ聞くに堪える。悲惨なのは相場予言と相場願望である。相場予言は、過去のパターンや相関分析などを無視したものだ。「ノストラダムスの予言」などを考えればよい。
　実際のところ、ノストラダムスの予言は相場予言として完ぺきなフォーマットを持っている。次のような構成だ。

①時間軸を曖昧にしておく。
②ついでに対象も曖昧にしておく。
③上がるか下がるかは常に断定調である。

　これでは、解釈の仕方によって「すべて当てた」ことになる。しかし実は「すべて当たっていない」と、ほとんど違わないのだ。
　例えば「株価は近い将来暴落する」と予言する。近い将来とは何か。遠くない未来のこと……。では、未来とは何か。ある日、ブラジルの株価が暴落したら、信者からみれば「予言は当たった」となる。将来が特定されていない以上、いつ起こっても「暴落」でありさえすればよいのだ。ついでに暴落の定義も自由自在である。
　実は、こんな予言が横行しているのが現状なのだ。特定株式の特

定時間帯に特定の値幅だけ動くという予言は全く当たらないこと確実である。そんなことを分かる人間は、どこにもいない。

## 願望

　さらにたちが悪いのは、相場願望をあたかも予測のようにしつらえることだ。実際はすべて相場に織り込まれていることを話すから、実に説得力がある。

　なぜ相場がここまで上がった（あるいは下がったのか）については完ぺきな説明をする。そして、上がったからさらに上がる、下がったからさらに下がるという願望に移る。ところが、相場は完ぺきに説明された時点で、すでにそれらの材料は消滅したとみるほかない。その場合「すべて語られた時点で必ず反転する」「安心できるポジションは必ず敗北する」という相場経験者の箴言が現実となるわけである。

　私たちは、相場願望を語ってポジションに安住してはならない。楽な儲けなどないのだ。

## テクニカル分析とファンダメンタル分析

　相場予測に戻ろう。過去の値動き、出来高のみを対象とすればテクニカル分析の範囲となる。これを鉱工業生産、GDP、失業率など幅広い分野に広げればファンダメンタルズ分析となる。
　関連する相場の相関関係や季節性などのアノマリーは、現在テク

ニシャンもファンダメンタリストも検証しているとはいえ、狭義にはファンダメンタルズといえるだろう。値動きだけを分析しているわけではないからだ。

　また、相場のサイクル分析はテクニカルであるが、コンドラチェフやジャグラーなどのサイクル分析はファンダメンタルズである。占星術や東洋占術、太陽黒点も相場の値動きではないからファンダメンタルズの範疇(はんちゅう)に入る。つまり、相場の値動きのみをみるのがテクニシャンであり、そのほかの要素をみて総合的に判断を下すのがファンダメンタリストというわけだ。

　では、狭義のテクニシャンが出来高あるいはもっと狭めて過去の値動き、高値、安値、終値、始値しか分析していないとして、ファンダメンタルズよりも圧倒的に不利であろうか。実はそうではない。まず、市場が全くランダムで「効率的」であれば、何を分析しても同じとなる。何をしても無駄だ。

　ちなみに、この「効率的市場仮説」は株式のバイアンドホールドを金科玉条としているが、これも誤りである。これは期待インフレ率が常に正である場合にのみ正しい理論となるからだ。事実、日本のデフレ的環境では、キャッシュ（現金など）の保持が常に株式のバイアンドホールドに優っていた。

　つまり「市場に非効率性は残る」のだ。このことを前提にすれば、市場はサイコロやルーレットでなくなる。

　サイコロやルーレットには記憶がない。サイコロで100回連続1が出たとしても、次に1の出る確率は常に6分の1である。ルーレットで20回黒が出たとしても、次に黒の出る確率（すなわち期待値）

は2分の1だ。

　このような場合、人は「大数の法則」を思い出して、赤に賭けてしまう。つまり「最終的には2分の1は赤になるはずだから、いいかげん赤が出るはずだ」と思うわけだ。しかし、実際は違う。

　例えば「モンテカルロの1913年8月13日」という有名な事件がある。ルーレットで黒が連続10回出たため多くの客が赤に賭け続けた結果、カジノが大儲けをしたという話だ。

　なんと26回連続で黒が出た。一説によると、かのウィンストン・チャーチルも赤に賭け続けて大敗し、人生でやり直したいことの筆頭に「モンテカルロで黒に賭ければよかった」と述べたという（山崎和邦著『投機学入門』講談社より）。

　ところが、市場は記憶を持つ。過去のアノマリーを引きずる。もっといえば、過去のパターンを再現しやすく、なおかつ連続して上昇、あるいは下降した場合、建玉の歪みは大きくなるのである。これが市場とサイコロの最大の違いと筆者は考えている。

　つまり市場は、センチメント、建玉、期待などを引きずるものなのである。結果として相場が上昇し続ければ、少なくとも同じ時間枠のプレーヤーの売り玉は投げによってどんどん減り、買い玉は増えながらコストを悪化させていく。ある一定時点で常に買いが飽和して、利食いのみで下落する。

　市場には間違いなく、このようなことが起こる。サイコロやルーレットにはないダイナミズムがあるのだ。したがって、大陰線の翌日はレンジが縮まる、5連続下落の後は上昇などの確率が生まれてくるわけである。

もちろん、こうした確率は過去の確率であり、将来も起こる可能性が高いとみているにすぎない。したがって『統計的確率』を将来に用いている不確定性は残る。しかし、ファンダメンタルズはこれ以上の曖昧さを抱えているのである。

## ファンダメンタルズと予測

なぜファンダメンタルズ分析が当たらないのだろうか。筆者は次の点に起因していると考える。

①確率
②因果関係
③論理的矛盾
④エコノミストのチャート分析力のお粗末さ

まず、確率である。経済分析、いわばマクロ分析の多くが景気実態についての予測を行っているが、その当たる確率は非常に低い。そのような低い確率でしか当たらないマクロ分析に基づいておこなう相場予測に当たる可能性がいったいあるといえるだろうか。

例えば、景気判断をするとき、次の変数に対して65％の確率で当てられる経済学者がいるとしよう。

●消費予測
●設備投資予測

- ●輸出入予測
- ●失業率予測
- ●消費者信頼感予測

　筆者の実感としては相当優秀である。しかし、それらを統合した景気判断が正解である可能性は、50％を下回る。証券投資では、あれほど確率・ランダムウォークを語る人々が、ファンダメンタルズについては金科玉条のごとくマクロ分析の有効性を信じて疑わないのは、とても不思議である。トレーダーは優秀でないエコノミストのマクロ分析を聞くような無駄に時間を割くべきではない。

　次に因果関係である。過去に起こったことは将来も起こると推定する。その意味ではテクニシャン、チャーチストもファンダメンタリストと同じ考えである。決定的に違うのは、テクニシャンが過去の相場そのものをみることによって非常に直接的な判断をしているのに対して、ファンダメンタリストは多くの要素を予測し、それらを統合し、判断している点である。

　といえば、聞こえが良いものの、ファンダメンタルズは相場を推察するときに間接的な方法であるといえる。

テクニシャン　＝＞　直接的
過去の相場→現在の相場

ファンダメンタリスト　＝＞　間接的
過去の経済指標→将来の経済指標＊Ｘ個＊相場判断力＝将来の相場

このように同じ解を出すのにファンダメンタリストは非常に多くのリスクを背負っているとみなしてよい。この予測判断という部分でいかにファンダメンタルズが不利か分かるだろう。同じ能力を持っているのであればテクニカルを使ったほうが、はるかに効率的といえる。

最も残念なのは（そして個人トレーダーにとって幸運なことは）テクニカル分析とファンダメンタル分析で同様の力量を持つ人が、ほとんどいないということである。またテクニカルはきわめて実践的なので、テクニシャンは自分でトレードをするかヘッジファンドなどで力を発揮したいと思う人が多い。

欧米ではシステムトレードの多くがテクニシャンによって開発された。しかし、日本の機関投資家におけるシステムトレードの多くはファンダメンタルズの要素を基盤とする。ここにテクニカル分析がいまだに市民権を得ているとはいえない日本の機関投資家の現状がある。

3つ目は深刻だ。論理の一貫したファンダメンタリストは、ほとんどいない。また論理が一貫しているファンダメンタリストあるいは会社の予測はほとんど当たらないという深刻な問題がある。これをいったら、経済予測とはそもそもする価値のあるものなのか、という大命題になってしまう。そして、筆者の経験からは、これをほとんど正当化できないのだ。

この問題を突き詰めると1冊の本が書けるくらい、筆者はファンダメンタルズに対して不満がある。ただ、偉い学者様にけんかを売っても時間の無駄であるし、そもそも儲けなければしょうがない

ので、このへんにする。

　4つ目は以上の3つに比べたら、可愛いとさえいえるものではある。明らかにダウントレンドが続いているチャートをみて「下げ止まった」とみなす考えである。すでに見方にバイアスがかかっているからそうなってしまう。ファンダメンタルズの議論には論理的であっても、チャートを見る目は極めて恣意的なのである。

　例えば、短期トレーダーには「下げ止まりとはマーケットストラクチャー・トレンドリバーサルで高い山と高い谷が形成されること」とか「下げ止まりとは底割れのない状態で少なくとも2～3回におよぶ終値の上昇が観察されること」など、何かしらの定義があった。そうでなければ、そのシステムは検証できないからである。

　ところが、マクロ分析をしている経済学者あるいはエコノミストから、このように厳密なチャート（もちろん価格ではなく鉱工業生産指数やGDP、失業率などとなる）分析をみたことがない。同じチャートでも全く違った結論が容易に導き出せるのである。

　例えば、鉱工業生産がここ数年で最も落ちていたとしよう。景気弱気派であれば「下落が続いている」とするだろう。景気強気派であれば「すでにここ数年で最も低い数字なので下げ止まるだろう」とみる。両方の見方があまりにも無批判に行われている。それに何の疑問も感じないのが、本当に不思議である。

### ギャンブルと相場

　toto（サッカーくじ）や競馬などで盛り上がる公営ギャンブル。

相場とギャンブルはある種同類の扱いを受けてきた。筆者などはその扱いに大いに憤慨してきた人間であるが、実際のところギャンブルと相場には大いに共通項があるとみなすべきだと最近は考えるようになった。

本質的に、ギャンブルと相場は「資金管理のゲーム」という点で一緒だ。あるいは「リスク管理がサバイバルを決めるゲーム」といってもよいかもしれない。つまり、長く場にいるためにはどうしても資金管理が欠かせないのである。こうした観点から相場とギャンブルについて考えてみよう。

お上は、なぜ公営ギャンブルを増やしたいのか。理屈は簡単、ギャンブルは儲かるからである。例えば、totoを売る経費（そのなかには委託販売手数料や広告費、totoの印刷代、促販費用などすべてが乗っている）を上回るだけの収益を上げられる。

本来、掛け金と同額が賭けた人たちに支払われるのであれば「ゼロサムゲーム」だ。しかし、実際には50〜70％しか還元されない。そのほかは消える。

これは、英米のカジノと比較しても極端に期待収益の低いゲームといえる。英米のカジノでは数パーセントの上前しかないからだ。つまり、皆が100万円をかけるとカジノでは90万円以上が戻ってくるのに対し、公営ギャンブルは50〜70万円しか戻ってこないゲームというわけだ。

宝くじも同じで、5割くらいである。宝くじに関しては、購入者が確率的にあるとみなせるバイアス（偏向）は存在しないから、ゲームとしては自動的に必敗のゲームであるといえる。

もちろん、1億円が当たる人はいる。しかし、それは確率的には6連勝、7連勝するケースがほとんどないにしても、100人いれば必ずそうした人が存在することと同義である。
　そうした僥倖のようなことは起こり得る。だが、確率的にほとんどない。であれば、それに期待したゲームでは十中八九破たんする。
　「成功者に聞く」といったインタビュー集が巷にあふれている。だが、確率的に考えれば、ある二者択一の選択で連続して「正しい」ことを選べば、その根拠はともかく、そうした人は存在するのである。いわば「奇跡」は――逆説的であるが――常に起こるのである。
　それは数学的にも正しい。だが「奇跡」のケースに論拠を聞くことは単に「強運」の人に話を聞くことと同義であるケースが多いのである。常にそうではない。「多い」ということが大切だ。
　つまり「その成功論に正しい要素がほとんどなくても成功するケースがある」わけだ。しかし大切なのは、その成功論が正しい理論に基づいているという確信があるか、あるいは少なくとも自分の感覚に合致するかを確かめておくことである。通常は、あまりにも無批判に受け入れてしまうか、あまりにも批判的にみてしまうかのどちらかであることが多い。
　成功者の理論を鵜呑みにして成功を期待するのは「自分を破滅させたい」と同義と考え、厳に戒めなければならない。谷岡一郎氏が著書『ツキの法則』（PHP新書）で紹介していたケースであるが、1024人がじゃんけんをすれば、誰かが10連勝をする。そして誰かが10連敗するのである。それは起こるのである（ゲームが中断しないかぎり）。

その人は何か運命のようなものを感じるであろう。だが、それは数学的に起こるのである。奇跡と感じてはならない。「運」とみなしてもならないのである。

## ゲームに勝つには

ゲームを選ぶのであれば、まず期待収益率の高いものにすべきである。宝くじは論外として、公営ギャンブル、パチンコなども期待収益は低い。「必勝法則」などといって実際にそれで生活できる人間はごくわずかであり、おそらくインサイダーであろう。

胴元のいるゲーム（実は取引所もそう）では一般に次のようなことがいえる。

> ①最終的には大数の法則から、全トレーダーの収益率はマイナスになる。なぜなら、相場の実体はゼロサムゲームから委託手数料、取引所手数料、税金などのコストが差し引かれたものだからだ。
>
> ②全トレーダーのうち、ブローカーに属さないトレーダーの損失はさらに大きい。なぜならば、ブローカーは自己の存続のため、あらゆる手段を使って客のポジションを利用するからである。場のポジションを会員以外に非公開として顧客ポジションを呑む行為は、広義の利益相反行為とみてよい。これではブローカーに属しないトレーダーは最初から非常に不利なゲームをしむけられているとみてよい。

③したがって、回数が多くなればなるほどトータルで勝つ可能性は低くなる。特に過去、手数料が高かった時代には致命的であっただろう。

④同じ金額を賭け続けると、大数の法則がさらに効いてくる。つまり、トータルでは負ける可能性が高まる。

⑤それを避けるには、金額を上下させることである。金額を上下させると、実質的にかける回数が減るのと同じ意味を持つからだ。これはオプティマルfやウィリアムズの考え方に近い。

⑥ギャンブルにおける最終的な目標は「勝ち逃げ」である。場に居続けることではない。

いかがであろうか。実はウィリアムズなどの優秀なトレーダーが確率論をベースにしていながら、いかにギャンブルの論理を受け入れているかよく分かるのではないか。つまり、FXトレーダーの理想は、短期的時間枠のなかでの「勝ち逃げ」あるいは「トントンでのシノギ」なのだ。

確率が非常に高いとき、あるいは確率が積み上がり期待勝率が上がったとみなされるときは、想定よりも大きな賭けに出て、全体の収益を浮かす。そして不断に相場にいるのではなく、玉の操作法を外からは容易にみえなくさせる。

あくまでも資金管理における建玉の最大値の範囲内においてであ

るが、建玉のサイズや損切り、利食いのポイントなどで複数の戦術を採用することによって、一見ランダムにみえるようにするのだ。

　これらはすべて、ブローカーや他の相場参加者に手の内をみせないことで破滅から免れる方法である。FXトレーダーにはある意味必須といえるものなのである。

参考文献（敬称略）
ウィリアム・D・ギャン『W.D. ギャン著作集』日本経済新聞社
山崎和邦『投機学入門』講談社
谷岡一郎『ツキの法則』PHP新書

以下はパンローリング発行の書籍・DVD
　ラリー・ウィリアムズ『ラリー・ウィリアムズの短期売買法』
　マイケル・コベル『トレンドフォロー入門』
　ラッセル・サンズ『タートルズの秘密』
　トゥーシャー・シャンデ『売買システム入門』
　ジャック・D・シュワッガー『マーケットの魔術師』
　ジャック・D・シュワッガー『新マーケットの魔術師』
　トーマス・R・デマーク『デマークのチャート分析テクニック』
　パンローリング編『株はチャートでわかる！［増補改訂版］』
　ラルフ・ビンス『投資家のためのマネーマネジメント』
　ジョン・ボリンジャー『ボリンジャーバンド入門』
　柳谷雅之『DVD 第2回絶対の短期売買実践セミナー』
　リンダ・ブラッドフォード・ラシュキ、ローレンス・A・コナーズ
　　　『魔術師リンダ・ラリーの短期売買入門』
　マレー・ルジェーロ『システムデイトレード』
　チャールズ・ルボー、デビッド・ルーカス『マーケットのテクニカル秘録』
　J・ウエルズ・ワイルダー・ジュニア『ワイルダーのテクニカル分析入門』

## さいごに
## ～20msの世界で勝ち残るには～

　ms（ミリセカンド）とは1000分の1秒のことを指す。通常、msというと、ハードディスクのシークタイムを想像する方が多いかもしれない。ハードディスク上でデータの読み書きをするヘッドをディスクの目的の位置に移動するのにかかる時間のことだ。

　実は、マーケットもmsの世界に突入している。現在シカゴ・マーカンタイル取引所（CME）など欧米の取引所の電子取引プラットフォームでひとつの取引が処理される時間が「20ms」である。

　欧米のヘッジファンドや機関投資家は、高速回線と洗練された高度なコンピュータシステムを駆使しながら、このプラットフォームを通じて、信じられないくらい大量のトレードを行っている。詳しくは書けないが、その金額は天文学的といえるものだ。

　それほど流動性は拡大している。しかし、個人トレーダーにとって非常に短い時間枠で彼らに勝つことが、ますます困難になっているのは間違いない。

　相対取引が中心のFXでは、まだ100ms程度の時間がかかると想定される（世界中のネットワーク負荷があるので）。それにしても1秒で10回のトレードが成立するのである。

　このスピードは、わずか数年で4分の1になり、さらには取引所取引並に下がっていくと想定される。つまり世界は20msになると

いうことだ。

　東京市場は海外に比べて遅れている。しかし、それでも2008年中にも多くのシステムが導入され、トレードの相手方（カウンターパーティ）は、ほとんどシステムとなっていくはずだ。

　こうしたなかで個人トレーダーは、トレードをする時間枠について今一度考え直さなくてはならない。最新のコンピュータとシステムを開発しても「同じ時間枠」で「同じロジック」で戦うかぎり、取引所と直接コンピュータがつながっている銀行やヘッジファンドに敵うはずがないからだ。

　システムのロジックを変更し、戦う時間枠を変更しながら戦うしかないのである。

　だが、悲観する必要もない。システムトレードや自動ディーリングがどんどん参入してくるということは、さらに大量の流動性が供給されるということである。それは個人トレーダーにとって、資金管理がしやすくなる（価格が飛んでもすべりにくい）という良さがあることを意味する。つまり時間軸さえ巨大システムと一致しなければ、最小コストで自分のシステムを運営できるわけだ。

　本書には魔術師たちのさまざまなアイデアが掲載されている。もちろん筆者なりの解釈やアイデアにすぎない。読者の皆さまがわずかでも参考にしていただき、来るべき20msの世界で勝者になることを願ってやまない。

2008年4月13日<br>
中原　駿

# 用語集

## あ行

### アービトラージ
密接に関連した市場間で価格関係にゆがみが生じたとき、同等の売りと買いを同時にすること。裁定取引。

### アービトラージャー
アービトラージを専門に行うトレーダーのこと。アービトラージャーは、相場の方向を正しく予測して利益を得ようとするのではなく、関連ある市場間にしばしば起こる価格のゆがみから利益を得ようとする。

### アイランド・トップ
チャートのパターン。上昇が続いた後、さらにギャップを空けて相場が上昇し、罫線1本以上、そのギャップを埋められずに推移、その後ギャップを空けて下降したときに形成される。

### アイランド・ボトム
チャートのパターン。下降が続いた後、さらにギャップを空けて相場が下降し、罫線1本以上、そのギャップを埋められずに推移、その後ギャップを空けて上昇したときに形成される。

### アウト・オブ・ザ・マネー(OTM)
「本質的価値のない」オプションのこと。コールであれば「現在の原資産価格－権利行使価格＜0」。プットであれば「権利行使価格－現在の原資産価格＜0」。

### 青天井
相場が過去最高値を抜き、目標とする上値がなくなった状態。

### アク抜け
悪材料が出尽くして、相場が落ち着くこと。

### アスク(オファー)／ビッド
売り気配値と買い気配値。(ask550－bid450)のように使う。

### アセットマネージャー
資産運用者のこと。

### アット・ザ・マネー(ATM)
原資産の現在値と同じ権利行使価格のオプション。アット・ザ・マネーのとき、オプションの時間価値は最大となる。

### アップティック・ルール
空売りをするときは、直前の取引価格よりも高値でしか売ることができないという株式市場での規則。

### アップトレンド
価格の上昇傾向。

### 板合せ（いたあわせ）
東京工業品取引所、東京穀物商品取引所の一部商品、商品先物オプション市場で、寄り付きと引けに使用されている取引手法。売買注文を集め、最も多くの取引が成立する単一の値段で約定させる。後述の板寄せとは異なり、売り買いの注文約定枚数が一致することを条件にしていない。このため仮に成行注文を出しても成立するとはかぎらない。

### 板寄せ（いたよせ）
節取引で、立会開始前にすべて同時注文として扱う取引手法。売りと買いが同数になるまでセリを続けて値段を決める。東京穀物商品取引所などで行われている。
日本の証券取引所で採用されている板寄せは、前述の板合せのことを指して呼んでいる。

### 往って来い（いってこい）
相場が上か下かに変動しても、結局もとの水準に戻ってくること。

### 移動平均
代表的なテクニカル指標の1つ。価格データを滑らかにすることで、トレンドが認識しやすくする。最も基本的な単純移動平均は今から過去n日間の終値の平均で算出。加重平均・指数平滑化移動平均は、現在の価格をそれ以前の価格に比べて強調するよう、加重計算を使っている。

### EPS（イーピーエス）
1株当たりの純利益のこと。企業の税引き後の利益を発行済株式数で割ったもの。

### イールドスプレッド
イールドスプレッドは株式益利回り（1株当たり税引利益を株価で割ったもの）と長期国債などが示す長期的な金利水準とを比較したもの。

### インサイダー取引
相場に影響するような未公開の情報をもとに、その内部者ゆえに知り得る立場の人が売買すること。

### イン・ザ・マネー(ITM)

「本質的価値のある」オプションのこと。コールであれば「現在の原資産価格－権利行使価格＞0」、プットであれば「権利行使価格－現在の原資産価格＞0」となる。

### インターナルトレンドライン

極端な高値（安値）を除外して、その前のいくつかの高値（安値）近くを注意深く描いた本質的なトレンドライン。

### インターバンク市場

銀行間市場のこと。外国為替市場は証券取引所のように取引所に監督・運営される物理的な場所ではない。コンピュータ端末や電話で結ばれた「通貨交換のネットワーク」である。そのネットワークの根幹となるのが、大手銀行間で取引するインターバンク市場だ。そこでのレートを「インターバンクレート」と呼ぶ。

### インプライドボラティリティ

現在のオプション価格によって暗示される、将来価格が変動するであろうというマーケットの期待。IV（＝Implied Volatility）。

### ウエッジ

チャートのパターン。上昇ウエッジでは価格がくさびを打つように上昇し、また、下落ウエッジでは価格がくさびを打つように下落して行く収束パターン。ウエッジはときどき何年にもわたることがある。

### 受け方(うけかた)

受け渡しのときに商品を受け取る側の者をいう。

### ウップス(OOPS)

ラリー・ウィリアムズが開発したギャップを利用する売買法。前日高値を超えて上にギャップを空けて寄り付き、前日高値まで下げてきたときに売る。あるいは前日安値を割って下にギャップを空けて寄り付き、前日安値まで上げてきたときに買う。これはデイトレード、あるいは翌日くらいまでに手仕舞う短期売買法である。

### 売られ過ぎ

価格があまりにも急激に大きく下降し、上方への調整が今にも入りそうなとき。

### 上ザヤ（うわざや）
一方の価格がもう一方の価格に比べて高いこと。

### エクイティ
取引口座にある資金の総額。

### エリオット波動分析
ラルフ・ネルソン・エリオットの理論に基づいた相場分析法。理論の基本は「相場は波を形成しながら動く」というもの。基本的には、大きなトレンドの方向（または相場の行程）で5波から成る進行波動、そして3波から成る修正波動が続く。

### 追証（おいしょう）
追加証拠金。現物以外の取引において未決済建玉に一定以上の含み損（計算上の損失）が生じたとき、差し入れなければならない追加の証拠金（保証金）のこと。

### 大引け（おおびけ）
その日の最後の取引。

### オーバーナイト（ポジション）
翌日に持ち越すポジション。資金市場でオーバーナイトというと、当日から翌日にかけての資金のこと。オーバーナイトコール。為替スワップでのオーバーナイトは、当日と翌日のスワップを指す。オーバーナイトスワップ。

### オープンインタレスト
未決済の建玉。先物市場では、まだ決済していない売りと買いの建玉数は常に等しい。

### 押し／戻り（リトレイスメント）
先行した価格の動きに反した価格の動き。例えば、30ポイント上昇した株価が15ポイント下げた場合、これは50％の押しである。

### オシレータ
主に相場の加熱度や値動きのモメンタム（勢い）をみる指標。代表的な指標に、相対力指数やストキャスティックスがある。

### 落ち玉（おちぎょく）
手仕舞いする玉のこと。埋め玉。

### オプション
約束の期日（ヨーロピアンタイプ）、または約束の期日の間までに（アメ

リカンタイプ）、あらかじめ決められた数量の対象物をあらかじめ決められた価格で売買する「権利」。権利には「買う権利＝コール」と「売る権利＝プット」の2種類がある。為替オプションはインターバンク市場もしくは銀行と顧客の間で取引されている。

### オプションの買い手
コールまたはプットを買った人。オプションの買い手は「約束の期日、または約束の期日までに、あらかじめ決められた数量の対象物をあらかじめ決められた価格で買う、もしくは売る権利」を持つ。これはあくまで権利であって義務ではない。したがって、相場が自分に不利に展開すれば、買った「権利」を放棄できる。

### オプションの売り手
コールまたはプットを売った人。オプションの売り手は、約束の期日または約束の期日までにオプションの買い手が権利を行使すれば「あらかじめ決められた数量の対象物をあらかじめ決められた価格で売る（コールを権利行使された場合）、あるいは買う（プットを権利行使された場合）義務を持つ。これは義務であり、必ず応じなければならない。

### オプションプレミアム
コールとプットには値段がついている。権利自体が売買されているわけだ。その値段を（オプション）プレミアムまたはオプション価格という。オプションの買い手は売り手にプレミアムを支払い、売り手は買い手からプレミアムを受け取る。

### 終値折れ線チャート
ライン・チャート、星足。終値だけで描かれており、その日の高値と安値を無視したチャート。


# か行

### 外貨建て
1円＝0.009074ドルなど、自国通貨の1単位を外貨で表示する方法。「他国通貨建て」ともいう。外国通貨1単位を自国通貨で表示する方法は、自国通貨建てという。1ドル＝107.07円など。
インターバンク市場では米ドルを

中心に、1ドル＝107.07円のようにレートが表示されている。ただし、ポンドや豪州ドルなど英国連邦の通貨では1ポンド＝1.98ドルとドル建てで表示される通貨が多い。これはかつてポンドが世界の基軸通貨であった名残といわれる。また、ユーロはさらに中心通貨として扱われており、1ユーロ＝0.74ポンド、1ユーロ＝1.46ドルのように表示される。

## 格付け
企業が発行する債券の元本償還や利払いの確実性を格付機関が判定し、ランク付けすること。代表的な格付会社にスタンダード＆プアーズ社やムーディーズ社などがある。

## 片バリ（かたばり）
アウトライト。売りなら売り玉のみ。買いなら買い玉のみのポジションのこと。主にサヤ取りに対比して使うことが多い用語。

## カバー取引
為替の売買ポジションをスクェアー（買いと売りを均等）にする取引のこと。銀行は通常、顧客や銀行との取引で生じたポジションから生じる為替リスクを回避するため、市場で反対取引をしてポジションを消す。インターバンク市場の取引の大半をカバー取引が占める。

## 株価収益率（PER）
株価を1株当たり利益で除したもの。株価収益率が高いほど、利益に比べ株価が割高であることを示している。

## 株価純資産倍率（PBR）
株価を1株当たり株主資本（純資産）で除したもの。株価が1株当たり株主資本の何倍まで買われているのかを示すもの。

## カーブフィッティング
特定の過去データに対して良い結果が出るよう売買ルールの数値（パラメータ）を最適化すること。これはシステムが過去データから良い結果を出せるよう、無理に「こじつけ」ているにすぎない。

## カレンシーオーバーレイ
外貨建て資産の運用をする場合、外貨建て資産そのものと為替を切り離し、為替部分の管理を専門業務とすること。この「管理」には積極的に

為替差益を追求するものと、為替レートの変動をヘッジすることに主眼を置いたものがある。輸出入の為替管理を外部の専門家に任す場合もある。

### 買われ過ぎ
価格があまりにも急激に大きく上昇し、下方への調整が今にも入りそうなとき。

### ガンマ
オプション取引のリスク指標のひとつ。為替レートの変化に対するデルタの感応度を示す。ガンマはアットザマネーのオプションで最も大きく、インザマネーやアウトオブザマネーにいくにしたがって小さくなる。

### 期先(きさき)
先物取引において、現実に建っている限月のうち受渡までの期間が長いものをいう。

### 期日(きじつ)
取引所に上場する先物やオプションは限月制をとっており、取引期限がある。先物が建玉未決済のまま納会となれば、その単位で現物の受け渡しをすることになる。オプションが建玉未決済・未行使のまま納会となれば、その権利は消滅する。

### 期近(きぢか)
先物取引において、受渡期日の近い限月をいう。

### 逆指値(ぎゃくさしね)
いくら以上で「買う」、いくら以下で「売る」という執行方法。

### 逆バリ
大きな値動きが調整に入るという仮定の下に反対方向に建玉すること。

### ギャップ
チャートのパターン。窓。相場が連続的に動かず、日足の場合なら本日の安値が前日の高値よりも高い場合、あるいは本日の高値が前日の安値よりも低い場合に生じる。

### キャリートレード
金利の低い通貨で借り入れ、それを売って比較的金利の高い通貨の金融商品に投資する取引。例えば、低金利の円で借り入れ、円を売って金利の比較的高いドル建ての債券を買う

ような取引である。
為替レートが円安ドル高になれば、金融商品の値上がり益だけでなく、為替差益も狙えるため収益性は高い。しかし、世界経済の動向しだいでは、為替レートが逆に動き、金融商品の値下がりに加えて為替差損も被る可能性がある。
98年のLTCMの破綻のとき、キャリートレードポジションの解消の動きが注目された。

### ギャン分析
20世紀前半、株式や商品先物のトレーダーだったウィリアム・ギャンの開発したさまざまなテクニカル分析理論をもとにした相場分析法。

### キャンドルスティック・チャート
日本で誕生したチャート描画法。ローソク足。

### 協調介入
複数の中央銀行が同じ時期に、それぞれの自己資金で市場介入すること。各国が問題意識を共有しないと実現しない。一国だけの介入は単独介入。委託介入では、他国の中央銀行に頼んでその市場で介入をしてもらう。その場合、介入の実務はやってもらうが、介入資金を提供する。問題意識の共有具合でそれぞれの介入方法が選択される。2003～04年にかけての日本の巨額の介入は単独介入。

### 玉帳（ぎょくちょう）
売買の記録をするための帳面。

### グッド・ティル・キャンセル
通常の注文のように、注文を出したその日の取引終了後に自動的に取り消されることなく、取り消されるまで注文がそのまま継続されること。

### クレジット
オプション売買では、買い手はオプションプレミアムを支払い、売り手はそれを受け取る。オプションの買い玉と売り玉の両方を建てた場合、受取プレミアムの合計が支払プレミアムの合計よりも大きい場合をクレジットという。

### クロス
競争売買のなかで、同一会員が売り手となると同時に買い手となって売買を成立させること。

### クロスオーバー移動平均システム

例えば、10日移動平均が30日移動平均を上に交差したときを買いシグナルとし、10日移動平均が30日移動平均を下へ交差したときを売りシグナルとする売買システムのこと。

### 限月（げんげつ）

先物やオプション取引で最終決済する期限のある月のこと。

### 原資産（げんしさん）

コール（買う権利）またはプット（売る権利）を行使したとき「あらかじめ決められた一定数量をあらかじめ約束された価格（レート）で売買される」対象となるもの。

### 現引（げんびき）

先物や信用取引で買い建てている場合、差金決済をせずに買付代金を商品・証券会社に渡して商品・買付株券を引き取ること。現渡の逆。

### 堅牢（けんろう）なシステム

市場環境に影響されず収益性を維持できる売買システムを堅牢性（あるいはロバスト性、頑丈さ）のあるシステムという。堅牢性を高めるには、最大引かされ幅を小さく、最長フラット期間を短くすればよい。多くのフィルタを使うと、パラメータの数が増え、カーブフィッティングが簡単になるため、システムの堅牢性は損なわれる。システム全体で使われるパラメータの数の合計は「自由度」と呼ばれ、自由度を低くすること（つまり、単純なシステムを作ること）が堅牢性の高いシステムの必要条件である。

### 権利落ち

株式で配当や分割があったとき、その理論値分だけ株価が下がること。

### 権利行使

オプションの保有者（買い方）が、その契約に基づいて実際に権利行使価格で原資産の取引を行うこと。

### 権利行使価格

オプション取引の買い方が、権利行使したときに原資産を取引できる価格のこと。＝ストライクプライス。

### 権利行使期間満了日

オプションの権利行使ができる最終日のこと。

### 権利放棄
オプションの買い方が、権利行使期間満了日になっても権利行使を行わないこと。

### 現渡(げんわたし)
先物や信用取引で売り建てている場合、差金決済をせずに売っている現物を商品・証券会社に引き渡して売付代金を受け取ること。現引の逆。

### 後場(ごば)
午後の立会。

### コール(Call)
オプションの一種。約束の期日、または約束の期日までに、あらかじめ決められた数量の対象物をあらかじめ決められた価格で「買う権利」のオプション。

### 固定相場制
1ドル=360円のように為替レートを固定している制度。ただ、固定相場制といっても、かつて1ドル=360円の時代、実際には360円を中心に上下1％の変動幅があったように、狭い範囲での変動はあった。日本はスミソニアン体制の崩壊で、1973年に変動相場制に移行した(ただし、2000年代前半の日本銀行の度重なる介入から「管理変動相場制」のほうがふさわしいのではないかという意見もあった)。

### 古典的ダイバージェンス
価格が上昇の過程で新高値を付けた一方で、モメンタム・オシレータの極大値は以前の極大値よりも小さいこと。あるいは価格が下落の過程で新安値を付けた一方で、モメンタム・オシレータの極小値は以前の極小値よりも大きいこと。

### コントラクト
先物市場で標準化された上場銘柄のこと。将来の決められた日の受け渡し(または現金決済)のために、標準となる商品の量と質が決められている。先物・オプション市場で約定した枚数をさすこともある。

### コントラリアン
反対意見でトレードする人。

### コントラリーオピニオン
反対意見。大多数のトレーダーの反対をすることで利益を得ようという

考え。基本概念は「トレーダーの大半が強気ならば、価格が上昇すると思っている市場参加者はすでに買っており、これ以上は上がりにくい」である。反対に、多くのトレーダーたちが弱気であるときも同じことがいえる。コントラリーオピニオンの数字は、トレーダーやマーケットレターの分析を集計するさまざまなサービス機関から提供されている。

# さ行

### 最大引かされ幅
最も大きなドローダウンのこと。マキシマムドローダウン。ドローダウンの項参照。

### 最適化
売買システムの結果が最も良くなるパラメータを探す作業のこと。例えば単純移動平均であれば、収益性の高いの平均期間を探す。

### 先限（さきぎり）つなぎ足
一番先にある（納会までの期間が長い）限月の価格をつないだチャートをいう。限月制の取引には納会があるので、チャートの連続性を保つことができない。そこで日本の商品先物では便宜上、取引量の最も多い先限のつなぎ足が使われることが多い。ただし限月間のサヤの部分に誤差がでる。一方、当限をつないだものは「当限つなぎ足」という。

### サヤ
相関関係のあるものの価格差。

### サヤ取り
関連する銘柄・限月の価格差の伸縮から収益を出そうとする売買手法。スプレッド。

### ザラバ取引
価格優先・時間優先の原則で、売り方と買い方の値段が合致した注文から取引を成立させる方法。板合せ、板寄せが、単一約定値段なのに対して、こちらは、複数約定値段となる。

### 三角形
チャートパターンの1つで、価格が揉み合いのなか、徐々に一点に集まるもの。連続パターンのなかで最も一般的であり、天井や底の型でもあ

る。トライアングル。

### シーティーエー(CTA)
Commodity Trading Advisor（商品投資顧問業者）の略。ただし米先物業協会（NFA=National Futures Association）登録のCTAは、商品先物に限らず、金融先物を含めた先物市場全般での運用ができる。

### 時間価値
権利行使価格から本質的価値を差し引いた残りの値。「時間価値」は時間とともに減少し、期日においてゼロになる。これを「タイムディケイ」という。アウトオブザマネーのオプションにプレミアムがついているのは時間価値（期待）があるからである。

### 時価評価
現在の市場価格で未決済建玉を評価すること。つまり、あるポジションが時価評価されれば、現実と評価損（または評価益）の間に差はない。

### 時間の安定性
ある時期の売買システムのテスト結果と別の時期のテスト結果を比較したもの。

### 直物レート（為替の場合）
直物とは、契約した日から2営業日後に通貨の受け渡しをする（資金決済をする）為替のこと。その交換比率が直物レートである。一般に「為替レート」という場合、ほとんどがこの直物レートを指している。日本では「スポット」が一般的。

### 資金管理
マネーマネジメント。トレードのリスクを制限するルール。その延長として、定められた状況でどの程度の株式や先物ポジションを保持するのか決める。

### シグナルライン
MACDやストキャスティックといったテクニカル指標の移動平均線。基となった原指標がシグナルラインを交差したときを売買タイミングの「シグナル」とする売買方法がある。

### 支持線
テクニカル分析の1つ。相場の下降速度が遅くなる、さらには反転して上昇するほどの大きな買い圧力がありそうだと考えられる価格帯。サポート。

**システム**
固定した売買ルールで構築された売買戦略。

**システムトレーダー**
相場の状況に応じて売買のタイミングを判断する「裁量」ではなく、あらかじめ構築されたシステムのシグナルに機械的にしたがって売買するトレーダーのこと。

**四半期サイクル**
株価指数の先物市場で使われる限月のローテーション。3月限、6月限、9月限、12月限。

**シャープレシオ**
月次収益の平均を標準偏差で割ったもの。損益曲線の平滑さを評価するのに使える指標で、0.5以上が良いシステムといわれている。

**収益／リスク基準**
収益性とその収益性を達成するために許容できるリスクをトレードまたはシステムごとに定めた基準。単純な例は、システムの勝ちトレードの平均を負けトレードの平均で割ったもの。高い収益／リスク比率は、シ ステムトレーダーにとって望ましいものである。

**純資産曲線**
取引口座の運用資金の上下動を記録する曲線。

**順張り（じゅんばり）**
価格が上昇しているときに買い、下落しているときに売ることをいう。トレンドフォローはこのタイプの売買手法である。逆バリ（カウンタートレンド）の逆。

**ショート**
売ること、または売ることによってできた建玉のこと。レートが下がることで利益を上げることができる。また、この言葉は、売り玉を持つトレーダーや売り玉を保持している状態を指すこともある。

**真の高値**
本日高値か前日終値のどちらか高いほう。真のレンジ参照。

**真の安値**
本日安値か前日終値のどちらか低い方。真のレンジ参照。

### 真のレンジ（トゥルーレンジ＝TR）

真の高値から真の安値を引いた値幅。これは市場の価格変動性（ボラティリティ）を測定するものである。真のレンジは通常のレンジの計算よりも値動きを正確に反映している。なぜなら、それは罫線間のギャップも考慮しているからだ。

本書あるいはＪ・ウエルズ・ワイルダー著『ワイルダーのテクニカル分析入門』（パンローリング）で詳しく紹介されているATRは、真のレンジ（TR）の移動平均である。

### スキャルパー

非常に小さな値動きから利益を出そうと売買を頻繁に繰り返すトレーダーのこと。典型的なのは、先物取引所の立会場で自己勘定の売買をしているフロアトレーダーたち（ローカルズ）である。

この売買スタイルが通用するのは、ほとんど手数料の問題がなく、また売り気配で売り、買い気配で買う優位性があるからである。このスキャルパーの活動が売買の潤滑油として、マーケットに流動性をもたらしている。

### スクイズ

買い方が、売り方を踏ませるような相場を演出すること。玉締め。

### ストップ

注文の執行方法。現在、相場はその価格に達していないが、将来達したときに成行となる注文のこと。売りストップは現在値よりも高い価格に置かれ、買いストップは現在値よりも安い価格に置かれる。ストップ注文は損切りだけでなく、新規に建玉をするときにも使われる。

### ストライクプライス

権利行使価格の項参照。

### ストラドル

サヤ取りの一種。類似商品の価格差、価格比率に注目して、利益を上げようとする取引。

### スパイク

チャートパターンの１つ。ある日とその翌日の高値（安値）よりも非常に高い高値（安い安値）を付けている罫線のこと。スパイクは少なくとも買い（売り）圧力のなかでの一時的な頂点であり、主要な天井（底）

を示すことがある。

## スパイクハイ
前後の罫線の高値よりも急激に高い高値を付けている罫線。得てしてスパイクハイの罫線の引け値は、その日の値幅の下限に近い。

## スパイクロー
前後の罫線の安値よりも急激に低い安値を付けている罫線。得てしてスパイクローの罫線の引け値は、その日の値幅の上限に近い。

## スプレッド(1)
ビッド(買値＝買い取り価格)とアスク(売値＝販売価格)の差のこと。通常のFX業者にドル円のレートを聞いた場合、例えば「101.20―22」とビッドとアスクを同時に提示してくるはずだ(これを2ウェイプライスという)。

これはビッドが101.20円で、オファーが101.22円であることを意味している。つまり、自分は101.20円で手持ちのドルを売ることができるし、107.22円でドルを買うことができるというわけだ。この差の2銭がスプレッドである。

一般的に、多くの市場参加者が取引に参加するほど、スプレッドは小さくなる。ただし、大きな事件が発生したときや、介入などで相場が荒れたときなど市場参加者がリスクに敏感なときは、スプレッドが拡大することがある。

## スプレッド(2)
サヤのこと。例えば「トウモロコシと小麦」といった異なる銘柄の価格差、トウモロコシの7月限と12月限のように同銘柄異限月の価格差を指す。先物とその現物の価格差を指すこともある。またサヤ取りという売買自体を意味することもある。

## スポット
直物の項参照。

## スラストデイ
チャートパターンの1つ。上昇スラストデイとは、前日の高値を超えて引けた日のことで、下降スラストデイとは、前日の安値を下回って引けた日のこと。一連の上昇スラストデイや下降スラストデイは価格の強さや弱さをそれぞれ示している。

### スリッページ

仮想では理想的な約定値で売買できるが、現実に売買したときには不利な価格で注文が通ったり、先物の場合は値幅制限などに影響されたりもする。その理想的な約定値と実際の約定値の差のこと。

### 節取引(せつとりひき)

価格決定に板寄せ方式を採用している取引のこと。場節取引ともいい、午前と午後に数回行われる。

### センチメント指標

テクニカル指標の1つ。強気派と弱気派のバランスを見る尺度。逆バリの解釈でトレードに使われる。プット・コール・レシオはセンチメント指標の1つである。

### 前場(ぜんば)

午前の立会。

### 相対高値(RH)

チャートパターンの1つ。その日の高値がその前後N日間よりも高いこと。例えば、N＝5では、相対高値はその前後5日のどの日の高値よりも高い。

### 相対安値(RL)

その日の安値がその前後N日間のどの安値よりも安いこと。

### 損益曲線

損益を表すグラフ。損益曲線は、売買システムを評価するのになくてはならない。例えば、この損益曲線がきれいに右肩上がりになるようなシステムであれば、どのような状況でも安定して利益を上げられることを示している。

### 損切り(そんぎり)

損勘定になっているポジションに見切りをつけて、手仕舞いすること。

## た行

### タートルスープ(Turtle Soup)

ローレンス・コナーズが考案した短期売買法。順張りのトレンドフォロー派が20日間高値（20日間安値）を更新したときに、買い（売り）を仕掛けるのに対し、このタートルスープは、高値を更新したときに前回の20日間高値を逆指値とした売り

を仕掛ける(安値を更新したときは前回の20日間安値を逆指値とした買いを仕掛ける)。なお、翌日に同じ仕掛け値で仕掛けるのが、タートルスープ・プラスワンである。『魔術師リンダ・ラリーの短期売買入門』で紹介された。

### ダイバージェンス
乖離、逆行。ある指標が新高値や新安値を取っているとき、別の指標が新高値や新安値を取っていない状態。相場の天底が近付いているシグナルとして、ダイバージェンスを探しているアナリストは多い。

### ダイバーシフィケーション
分散投資。ポートフォリオのリスクを低くするため、多くの異なった市場に投資対象を分散すること。

### ダウントレンド
あるマーケットで、価格が下降傾向にあること。

### 建玉(たてぎょく)
先物取引やオプション取引で取引が成立し、未決済のもの。

### 建玉制限
投機家が保持できる最大建玉数のこと。多くの先物取引所で制限が設けられている。

### ダブルトップ/ダブルボトム
代表的なチャートパターン。2番天井/2番底。2つの高値または2つの安値からなる天井(底)形。このパターンを形成する2つの高値(安値)は全く同じである必要はなく、ほぼ同水準と思えるところにあればよい。大きな値動きの後のダブルトップ/ダブルボトムは主要なトレンドの変換点と見られる。

### ダマシ
相場がチャートパターンの示したシグナルの方向へ動かなかったとき。そのような場合、反対方向に大きな動きをする可能性を示唆している。

### ダマシのブレイクアウト
はっきりとある方向に動く前に、真近の高値、または安値を抜いて逆の動きをする短期的な値動き。例えば、ここ6カ月間、18~20ドルで取引されていた株が21ドルまで上昇し、その後すぐに18ドルを下回った場合、

21ドルまで上昇した値動きをダマシのブレイクアウトという。

### ちゃぶつき
相場が乱高下したり、突然トレンドを反転させたりすることから起こる多くのダマシによって、トレンドフォローシステムが連続して損失を出す状況。

### 長大線
チャートパターンの1つ。前日に比べて罫線が非常に大きいこと。その日の価格変動は最近の価格変動性の平均を大きく上回っている。

### チョッピー
値動きに欠け、方向感のない状態。

### 通貨ペア
ドル円、ユーロドル、ポンドドルなど通貨の組み合わせのこと。世界の外為市場ではユーロドルの取引が最も多い。東京市場ではドル円が圧倒的に多く、次いでユーロドルになる。

### つもり売買
実際に資金を使わず、仮想トレードをすること。

### 抵抗線
レジスタンス。上昇した価格が繰り返しそこで押し戻される価格帯のこと。あたかも相場がそこで天井を打っているように見える。

### ディスクレッショナリートレーダー
一任勘定もしくは裁量トレーダー。一般的に、顧客の事前承認なしに顧客勘定でトレードする権利を委任された一任勘定を管理するトレーダーのことを指す。
しかし、この言葉には、売買システムのシグナルに従ってトレードをするシステムトレーダーと対照的に、自分の相場観に基づいて売買するトレーダーを意味することもある。

### ティック
呼値。マーケットの最も小さい上下の価格変動幅。

### デイトレーダー
日計りトレーダー。日中に建玉して、手仕舞う売買をする人。

### 出来高
ある期間に約定した取引の総数。

### テクニカル分析

ファンダメンタルな(基礎的な)マーケットの要因に対して、値動きそのものに基づいて予測を立てる分析のこと（ときには、出来高や取組高も分析要因に入れる）。よくファンダメンタル分析と比較対照される。

### 手仕舞い

現在持っているポジションを決済すること（例えば、買っていれば売り、売っていれば買い戻すこと）。

### デビット

オプション用語の1つ。クレジットの反対。支払プレミアムの合計が受取プレミアムの合計よりも大きい場合をデビットという。

### デルタ

オプション用語の1つ。原資産市場の価格（為替レート）の変化に対するオプション価格の感応度。
例えば「デルタ40％」とは、為替レートが1円動くとオプション価格は40銭変化することになる。

### 転換日

チャートパターンの1つ。リバーサルデイ。新高値（新安値）を付けながらも、反転し、終値が前日の終値を下（上）回った日のこと。この転換日が、高い出来高と長大線を備えていた場合、より重要となる。

### 投機家

金融商品の値動きを予想し、その売買から利益を上げるためにリスクを喜んで受け入れる人たちのこと。外国為替市場での取引の9割以上はスペキュレーションである。

### 騰落ライン

テクニカル指標の1つ。ニューヨーク証券取引所に上場されている銘柄のうち、その日に上昇した銘柄と下落した銘柄の差を累積したもの。騰落ラインと市場平均（ダウ平均など）との乖離がシグナルとみなされることがある。例えば、下落した後、ダウ平均が反発したにもかかわらず、騰落ラインがそのあとを追わなければ、その値動きは市場内部の弱さを反映していることになる。

### トップパターン

相場の重要な高値ポイントを示しているようなチャートのパターン。

### ドテン
途転。持っているポジションを手仕舞うと同時に、正反対のポジションを建てること。

### トリプルトップ／トリプルボトム
チャートパターンの1つ。三尊／逆三尊。ダブルトップとダブルボトムの型と同様のパターンが3つの高値、または安値から構成されているもの。

### トレーディングレンジ
ある一定の期間、価格の動きが横ばい状態になること。トレーディングレンジは、方向性（トレンド）のない相場を意味している。

### トレイリングストップ
勝ちトレードの利益を確保するため、当初は損切り用に置いていた逆指値の仕切り注文（プロテクティブストップ）の位置を上昇相場では断続的に上げ、下落相場では下げていくこと。

### トレンド
ある期間にわたって価格が全体的に上昇、または下落しているのを識別できること。上昇トレンドでは継続的に高値が更新され、安値を切り上げていく。また下落トレンドでは継続的に高値を切り下げ、安値が更新されていく。ただし一本調子に値がトレンド方向に動くとは限らない。

### トレンドチャネル
チャート分析の1つ。トレンドラインと平行に引いた線。

### トレンドフォロー
順張り。トレンド追随。特定の条件下ではトレンドが継続するという仮定のもとに、それと同じ方向にポジションを取ること。

### トレンドライン
チャートパターンの1つ。上昇トレンドはチャート上の一連の価格の低い地点を結んだ線、また下降トレンドは一連の価格の高い地点を結んだ線。

### ドローダウン
引かされ幅。純資産曲線の天井から底までの売買損失によるマイナス幅。トレード口座が7万5000ドルで純資産のピークとなり、その後、連続して2万5000ドルの損失を出した場合、

それは33.3％のドローダウンである。マキシマムドローダウンとは、最大の引かされ幅のこと。ドローダウンが小さめであることはトレーダーや売買システムに望ましい特徴である。

## な行

### ナンピン
難平とも書く。ポジションと反対方向に相場が動いたときに、さらに同じ方向のポジションの建ち玉を増して、ポジション全体の平均値を有利にする技法。

### ネイキッドオプション
原資産となる現物、あるいは買いオプションを持っていないトレーダーによるオプションの売り玉。これは、売り玉の損失について、一切限定するポジションを持っていないことを意味している。

### ネックライン
チャートパターンの1つ。ヘッド・アンド・ショルダーズ・トップの両肩の間の安値、または、ヘッド・アンド・ショルダーズ・ボトムと両肩の間の高値を結んだ線のこと。

### 値幅制限
多くの取引所が1日に動くことのできる価格の最大幅を決めている。この最大幅まで上昇することをストップ高（リミット・アップ）、反対に最大幅まで下降することをストップ安（リミット・ダウン）という。値幅制限を超えて価格が付けられようとするとき、マーケットは最大幅まで動き、事実上、取引ができなくなる。

### 乗り換え
ロールオーバー。1つの先物限月が納会に近付き、次の限月が売買対象限月になること。例えば、S＆P500の3月限が納会に近付くと、ポジションを維持したい場合、6月限に乗り換えられる。

## は行

### バーチャート
棒足。ある期間の安値から高値までの値幅を垂直な線で表す。またその

期間の始値はバーの左側に水平に出た突起で、終値はバーの右側に水平に出た突起で表わされる。

### バイストップ
逆指値の買い注文のこと。

### 始値(はじめね)
その日の一番の寄り付きの値段のことをいう。週単位でみるときは、週の最初の値段のこと。

### パターン認識システム
値動きの方向を重要視していないチャートパターン。例えば、トレンドフォロー型とか逆バリ型ではないものなどである。例えば、スパイクとか長大線などに注目したシステムである。

### パラメータ
シグナルを出す期間を変えるために売買システムに設けられた値。例えば、単純移動平均システムで移動平均を計算するのに使う期間の数はパラメータである。

### ピー・アンド・エル
P&L。利益と損失。

### 引かされ幅
ドローダウン参照。

### ヒット
業界用語では、市場にあるレートを売ったり買ったりする行為を「ヒットする」という。売るときは相手のビッドレート（買値）を、買うときは相手のオファーレート（売値）をヒットする。

### ピット
先物取引所フロアにある立会場。「リング」と呼ぶところもある。

### 日計り商い
デイトレード。その日の内に建玉と手仕舞いをするトレードのこと。

### ピラミッティング
増し玉の方法。建玉を増やすときに、現在持っている建玉の評価益を利用すること。トレードのレバレッジ効果を大きくすることで、ピラミッティングはリスクも利益と同様にその可能性が増すことになる。

### ファンダメンタル分析
値動きを予測するために経済データ

（ファンダメンタルズ）を使う分析のこと。例えば、通貨のファンダメンタル分析では、相対インフレ率、相対利率、相対経済成長率、政治的要因といったことに注目する。

### V字天井／V字底

チャートパターンの1つ。相場が急激に上昇（下落）して天井（底）を作り、すぐに反転してできるパターン。ただし、テクニカル的にはスパイクなど別のパターンがなければトレンド転換か一時修正か判断しにくいという問題がある。

### フィボナッチ数列

1から始まり、前の2つの数字の総和が続く数列。つまり「1、1、2、3、5、8、13、21、34、55、89……」と続く。連続する2つの数字の比率は、数字が大きくなるにしたがい0.618に収束する。また、1つおきの数字（例えば、21と55）の比率は、0.382に収束する。これら2つの比（0.618と0.382）は、よく押し目や戻りを予測するのに使われている。

### フィボナッチのリトレイスメント

目先のトレンドの押しや戻りの幅は、38.2％もしくは61.8％になりやすいという概念（数字はフィボナッチの数列から導かれたもの）。

### フィルタ

成功率の低いトレードを減らすための規則や条件。フィルタは売買ルールとは異なるもので売買シグナルが出たときだけに適用される。

### フェイド

指標やアナリストの意見とは反対方向にトレードをすること。例えば、揉み合い相場を上に抜けた（ブレイクアウト）したとき、逆バリで売り建てること（通常、上放れの状況を多くのテクニカルトレーダーは、買い、もしくは買い持ちを維持するシグナルと判断する）。

### フォワードテスト

売買システムの堅牢性を調べる方法の1つ。システムを作る段階では、自分の持っているすべての価格データを使わずに、限られた期間のデータだけ（例えば10年前から5年前まで）を使う。そしてパラメータの調整が終わった段階で、残り期間（例えば5年前から現在まで）のデータ

を使って成績を評価する。

### プット(Put)
オプションの一種。約束の期日、または約束の期日までに、あらかじめ決められた数量の対象物をあらかじめ決められた価格で「売る権利」。

### プット・コール・レシオ
テクニカル指標の1つ。プットの出来高をコールの出来高で割ったもの。プット・コール・レシオは反対意見や買われ過ぎ・売られ過ぎを見る1つの尺度となっている。この比率が高いときはコールよりもプットのほうが多く買われていることを意味する。

### 踏み上げ
売り方が損を承知で買い戻していくため相場が急激に上げること。スクイズでよく起こる。

### プライス・エンベロープ・バンド
支持線・抵抗線の水準を探す方法。このバンドの上限は移動平均からあらかじめ定められた比率を足したものと定義される。またバンドの下限は移動平均からあらかじめ定めら

れた比率を引いたものと定義される。その結果、チャート上に描かれた指標は多くの値動きを含んでいる。代表的なものにボリンジャーバンドがある。

### フラッグ
一般に1～3週間の短期の値動きパターンで上限と下限が平行のもの。

### フラット期間
売買システムが運用利益を更新しない期間のこと。システムの堅牢性を高めるには、最長フラット期間を短くすることが求められる。

### ブル／ベア
強気／弱気。ブルが強気でベアが弱気である。

### ブルトラップ
大きな上放れの直後、下落方向へ価格が反転すること。

### ブレイクアウト
レンジやトライアングルなど、さまざまな揉み合いパターンの上限や下限を放れる値動き。

## プレミアム
①オプションの価格のこと。
②フォワードレートが直物レートよりも高い状態。金利の低い通貨は金利の高い通貨に対してフォワードがプレミアムになる。

## フロアトレーダー
取引所の立会場で売買をするトレーダー。立会場に外部からの注文を取り次ぐのはフロアブローカー。

## フロントランニング
ブローカーが目先の値動きを予測して、顧客からの注文を場に通す前に自分の注文を執行してしまう非倫理的な違法行為のこと。

## ベアトラップ
下方向へのブレイクアウト直後、上昇に価格が反転すること。

## ペイオフレシオ
損益率のこと。勝ちトレードの平均利益を負けトレードの平均損失で割った絶対値。プロフィットレシオ。

## 平均利益
純利益をトレード数で割った値。1トレードで得られる利益の期待値。

## ヘッジ
リスク回避のことで先物の機能の1つ。生産者、商社、製造業者などが値動きによって現物取引で損失を受けるのを防ぐ手段。値下がりリスクを回避するために先物を売る「売りヘッジ」、値上がりリスクを回避するために先物を買う「買いヘッジ」がある。例えば、農家がトウモロコシの生育期間に収穫後の限月のトウモロコシ先物を売ることがある。これによって将来売り付ける価格が固定され、収穫までに起こる価格の変動に対するリスクを制限することができる。

## ヘッジファンド
投資家から資金を集め、さまざまなデリバティブを駆使して絶対収益を追求するファンド。元々は一つの資産に投資して、そのリスクをヘッジ（回避）するような取引を組み合わせた運用を特徴にしていた。今ではいろいろな運用ストラテジーを持つ。

## ヘッジャー
価格のリスクを減らすためにポジ

ションを取る市場参加者。

### ヘッド・アンド・ショルダーズ
チャートパターンの1つ。3つの部分で天井を形成しており、中央の「ヘッド（頭）」と呼ばれる天井が両脇の「ショルダー（肩）」と呼ばれる天井よりも高い。同様に、ヘッド・アンド・ショルダーズ・ボトムは3つの部分からなり、中央の安値は両脇の安値よりもさらに安い。

### ペナント
上限と下限の線が収束する一般的に1〜3週間の短期的チャートパターンをいう。

### ポイント・アンド・フィギュア
チャート描画法の1つ。時間を無視して、×と○の列で値動きを表現する。一部のチャートソフトでは○の代わりに四角やほかの記号を使っている。それぞれの枠は値動きの大きさで区切られており、ボックスサイズと呼ばれる。

### ボイラールームオペレーション
経験の浅い投資家に、高圧的な態度で高い価格や手数料の金融商品を売り付ける違法あるいは違法すれすれの電話セールス。例えば、貴金属や貴金属オプションの価格が取引所よりも相当高い水準で売られたりする。ときには、全くの架空取引で、完全な詐欺の場合もある。

### ポジション
建玉のこと。

### ボラティリティ
価格の変動率。対象となる銘柄の価格が一定期間にどれだけ変動するかを示す数値。代表的なものに「ヒストリカルボラティリティ」と「インプライドボラティリティ」がある。前者は過去の価格データから算出された数字であるのに対し、後者はオプション価格から逆算される数字であり、予測変動率と訳されることがある。

### 本質的価値
コールの場合は、原資産の現在値から権利行使価格を差し引いた値。プットの場合は、権利行使価格から原資産の現在値を差し引いた値。この値がゼロまたはマイナスのときは本質的価値がないことを意味する。

## ま行

### 枚(まい)
先物の最低売買単位。

### 曲がる(まがる)
相場で思惑が外れること。

### マキシマムドローダウン
最大引かされ幅。最大引かされ幅の項と、ドローダウンの項を参照。

### 増し玉
今あるポジションをさらに買い増ししたり、売り増したりして、ポジションを増やしていくこと。ピラミッティングなどいくつか方法がある。

### マネーストップ
資産の目減りを防ぐために損切り注文を置くポイントとしてテクニカル的に重要なポイントに設定するのではなく、許容できる金額でそのポイントを決めること。

### 窓
ギャップを参照。

### マネーフロー
資金の流れのこと。資金循環。

### マネーマネジメント
資金管理。トレードにさまざまなリスク管理方法を用いること。

### マル(にする)
業界用語で、出した注文を取り消すことをいう。また、投資家がポジションをすべて手仕舞った状態のこともいう。例えば「年末はなにがあるかわからないから、マルにしておこう」というように使われる。

### ミューチュアルファンド
米国の会社型投資信託で、オープンエンド型のもの。

### 銘柄
売買される会社の株。または商品取引所などに上場されている品目。

### メカニカルシステム
売買シグナルを機械的に発生させるシステム（得てしてコンピュータ化されている）。メカニカル・システム・トレーダーは個人の相場観に関係なくシグナルに従う。

### 保合い(もちあい)
相場が膠着状態で、上にも下にも動かないこと。

### 揉み合い相場
価格が一定の範囲に収まり、横ばいの動きが続く相場のパターン。

### モメンタム
価格変化の比率やそのスピード。

## や行

### 約定(やくじょう)
市場で売買注文が成立したこと。

### 呼値
ティック参照。

### 寄り付き(よりつき)
その日の最初の取引。これでついた値段が始値。

### 401K(よんまるいちケー)
確定拠出年金。

## ら行

### ラウンドトップ／ラウンドボトム
天井や底が鋭角的ではなく、比較的滑らかな曲線で形成されるチャートパターン。型の外側の境界が湾曲しているかがポイントとなる。

### ランデイ
チャートパターンの1つ。非常に強いトレンドがある日。

### 利食い(りぐい)
利が乗った建玉を決済して、差益を現実に確保すること。損切りの反対。

### リスク管理
損失を限定するために、トレードにルールを設けること。

### リスク／リワード・レシオ
トレードでの損失の可能性と収益の可能性の比率。理論的には、収益と損失の確率も考慮すべきだが、この比率は単純に見積もられた収益と損失のみに基づくことがある。

### リトレイスメント
押し／戻り参照。

**リバーサル・ハイ・デイ**
価格上昇過程で新高値を付けたものの、前日終値を下回って引けるチャートパターン。大引けが前日安値を下回ることもある。

**リバーサル・ロー・デイ**
価格下落過程で新安値を付けたものの、前日終値を上回って引けるチャートパターン。大引けが前日高値を上回ることもある。

**流動性のある市場**
大きな価格変動を伴わず、多くの売買注文をこなすだけの取引量が1日にあるマーケットのこと。別の言葉で言えば、新規建玉や手仕舞いが容易にできる市場ということでもある。実際に売買する投資家にとって、とても大切な要素である。

**レジスタンス**
抵抗線参照。

**レバレッジ**
てこ。投下した資金よりも大きな金額の商品を動かす力。建玉のレバレッジが大きければ大きいほど利益や損失の可能性は高くなる。

**レート**
比率。外国為替レートとは、異なった通貨を交換するときの比率のこと。

**レラティブストレングス**
ある銘柄が株価指数に対してどれくらい強いかを計る指標。なお、この言葉は、買われ過ぎ／売られ過ぎを示すテクニカル指標として代表的な「RSI」を意味することもある。

**レンジ**
任意の期間での高値と安値の値幅のこと。例えば、1日のレンジとは、当日の高値から当日の安値を引いたもので、週間レンジとはその週の高値からその週の安値を引いたもの。

**連邦準備制度理事会**
FRBまたはFedともいう。米連邦準備制度の運営機関であり、金融政策の実施をして、経済の調整をする米国の中央銀行に相当する機関。

**狼狽売り（ろうばいうり）**
相場の急落や、突然の売り材料などにあわてて、損をしてでも買い玉を手仕舞おうとすること。

### ローカル
取引所の立会場（ピット）で自己勘定の売買をするフロアトレーダーのこと。

### ローソク足
日本で誕生したチャート描画法。バーチャートが1次元の単純な表現とすれば、ローソク足は始値と終値の間を「実体」と呼ばれる部分として色付けで示しており、2次元に表現している。伝統的には、値が上昇した日の実体は白で、値が下げた日の実体は黒で示される。また、この始値と終値で示される実体を超えた高値と安値は「ひげ」と呼ばれる垂直な線で示される。

### ローリング
サヤすべり取りのこと。プレミアムのついている順ザヤを売り続ける売買手法。

### ロールオーバー
先物の当限にあるポジションを最終決済日が来る前に決済し、同時に次の限月以降に建玉して乗り換えること。

### ロング
買い。または買うことによってできた建玉のこと。相場が上昇することで利益を得られる。また、買いの建玉を持つトレーダーや買い建玉を保持している状態を指すこともある。

## わ行

### 渡し方
先物取引（現物のある先物取引）で現物を渡す者のこと。

＊　＊　＊

### ＜参考＞

パンローリング編『株はチャートでわかる［増補改訂版］』パンローリング刊

小口幸伸著『FX市場を創った男たち』パンローリング刊

【著者紹介】
## 中原駿（なかはら・しゅん）

相場歴20年を超えるベテラントレーダー。祖父はソニー、母はパイオニアで財をなした投機家の家に育つ。海外のトレード事情に詳しく、特にラリー・ウィリアムズ、トム・デマークの手法に精通し、為替、先物、債券、株式市場で、その概念を利用して結果を残している。パンローリング社発行のパンレポートで「短期トレーディング手法」を連載中。監修書に『相場心理を読み解く出来高分析入門』DVDに『実践!! 為替の短期売買セミナー』『中原駿の為替マーケットのテクニックとリスク管理セミナー』（いずれもパンローリング）がある。

2008年6月5日 初版第1刷発行
2008年10月2日　　第2刷発行

現代の錬金術師シリーズ63

# 魔術師に学ぶFXトレード
——プロ化する外国為替市場への普遍的テクニック

| 著　者 | 中原駿 |
|---|---|
| 発行者 | 後藤康徳 |
| 発行所 | パンローリング株式会社 |
| | 〒160-0023　東京都新宿区西新宿7-9-18-6F |
| | TEL 03-5386-7391　FAX 03-5386-7393 |
| | http://www.panrolling.com/ |
| | E-mail info@panrolling.com |
| 装　丁 | 竹内吾郎 |
| 印刷・製本 | 株式会社シナノ |

ISBN978-4-7759-9070-4

落丁・乱丁本はお取り替えします。
また、本書の全部、または一部を複写・複製・転載、および磁気・光記録媒体に入力することなどは、著作権法上の例外を除き禁じられています。

©Shun Nakahara 2008 Printed in Japan

【免責事項】
本書で紹介している方法や技術、指標が利益を生む、あるいは損失につながることはないと仮定してはなりません。過去の結果は必ずしも将来の結果を示すものではなく、本書の実例は教育的な目的のみで用いられるものです。

# 24時間ダイナミックに動くFX市場

## ウィザードブックシリーズ 118
### FXトレーディング
著者：キャシー・リーエン

**テクニカルが一番よく効く**
外為市場特有の「おいしい」最強の戦略が満載！

定価 本体3,800円＋税　ISBN:9784775970843

【実用FXガイドの決定版】
1日の出来高が1.9兆ドルを超える世界最大の市場「外国為替」。この市場を舞台とするFXトレーダーならば知っておきたい主要通貨の基本や特長、市場の構造について詳細かつ具体的に解説。またその知識を踏まえたうえでの実践的なテクニカル手法、ファンダメンタル手法を多数紹介する。

## ウィザードブックシリーズ 123
### 実践FXトレーディング
著者：イゴール・トシュチャコフ

勝てる相場パターンの見極め方
ソロス以来の驚異的なFXサクセスストーリーを築き上げた手法と発想
予測を排除した高勝率戦略

定価 本体3,800円＋税　ISBN:9784775970898

【FXの勝率を高める手法とは】
「ジョージ・ソロス以来」といわれる驚異的なFXサクセスストーリーを築き上げた売買手法「イグロックメソッド」を詳しく説明。各国中央銀行による介入を察知・利用するための戦略、短期売買やデイトレード用のテンプレートなど、深い洞察と専門的なアドバイスが満載されている。

## 矢口新の相場力アップドリル[為替編]
著者：矢口新
定価 本体1,500円＋税　ISBN:9784775990124

「米連銀議長が利上げを示唆したとします。これをきっかけに相場はどう動くと思いますか？」──基礎を理解しないことには応用は生まれない。本書を読み込んで相場力をUP！

## 為替サヤ取り入門
FXキャリーヘッジトレードでシステム売買
著者：小澤政太郎
定価 本体2,800円＋税　ISBN:9784775990360

「FXキャリーヘッジトレード」とは外国為替レートの相関関係を利用して「スワップ金利差」だけでなく「レートのサヤ」も狙っていく「低リスク」の売買法だ!!

## FXメタトレーダー入門
最先端システムトレードソフト使いこなし術
著者：豊嶋久道
定価 本体2,800円＋税　ISBN:9784775990636

無料なのにリアルタイムのテクニカル分析からデモ売買、指標作成、売買検証、自動売買、口座管理までできる！ うわさの高性能オールインワンFXソフトを徹底紹介!!

## FX市場を創った男たち
外国為替市場の歴史とディーラーたちの足跡
著者：小口幸伸
定価 本体700円＋税　ISBN:9784775930489

百戦錬磨の日本人トレーダーたちは相場の重大局面で何を見て、どう考え、いかに行動したのか？　世界最大の市場を舞台に、困難を乗り越え、成功をつかんだ人々の記録である。

**トレード業界に旋風を巻き起こしたウィザードブックシリーズ!!**

## ウィザードブックシリーズ 1
### 魔術師リンダ・ラリーの短期売買入門
著者：リンダ・ブラッドフォード・ラシュキ

定価 本体 28,000円＋税　ISBN:9784939103032

【米国で短期売買のバイブルと絶賛】
日本初の実践的短期売買書として大きな話題を呼んだプロ必携の書。順バリ（トレンドフォロー）派の多くが悩まされる仕掛け時の「ダマシ」を逆手に取った手法（タートル・スープ戦略）をはじめ、システム化の困難な多くのパターンが、具体的な売買タイミングと併せて詳細に解説されている。

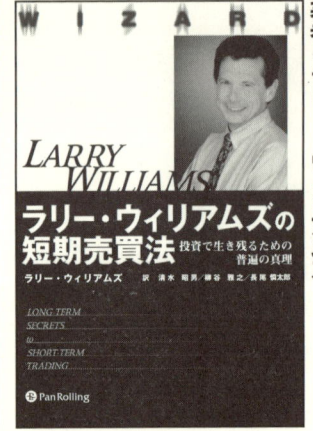

## ウィザードブックシリーズ 2
### ラリー・ウィリアムズの短期売買法
著者：ラリー・ウィリアムズ

定価 本体 9,800円＋税　ISBN:9784939103063

【トレードの大先達に学ぶ】
短期売買で安定的な収益を維持するために有効な普遍的な基礎が満載された画期的な書。著者のラリー・ウィリアムズは30年を超えるトレード経験を持ち、多くの個人トレーダーを自立へと導いてきたカリスマ。事実、本書に散りばめられたヒントを糧に成長したと語るトレーダーは多い。

## ウィザードブックシリーズ 51・52
### バーンスタインのデイトレード【入門・実践】
著者：ジェイク・バーンスタイン　定価(各)本体7,800円＋税
ISBN:(各)9784775970126　9784775970133

「デイトレードでの成功に必要な資質が自分に備わっているのか？」「デイトレーダーとして人生を切り開くため、どうすべきか？」——本書はそうした疑問に答えてくれるだろう。

## ウィザードブックシリーズ 53
### ターナーの短期売買入門
著者：トニ・ターナー
定価 本体 2,800円＋税
ISBN:99784775970140

「短期売買って何？」という方におススメの入門書。明確なアドバイス、参考になるチャートが満載されており、分かりやすい説明で短期売買の長所と短所がよく理解できる。

## ウィザードブックシリーズ 37
### ゲイリー・スミスの短期売買入門
著者：ゲイリー・スミス
定価 本体 2,800円＋税
ISBN:9784939103643

20年間、大勝ちできなかった「並以下」の個人トレーダーが15年間、勝ち続ける「100万ドル」トレーダーへと変身した理由とは？　個人トレーダーに知識と勇気をもたらす良書。

## ウィザードブックシリーズ 102
### ロビンスカップの魔術師たち
著者：チャック・フランク　パトリシア・クリサフリ
定価 本体 2,800円＋税
ISBN:9784775970676

ラリー・ウィリアムズが11376％をたたき出して世間を驚嘆させたリアルトレード大会「ロビンスカップ」。9人の優勝者が、その原動力となった貴重な戦略を惜しみなく披露する。

## 売買技術を極める

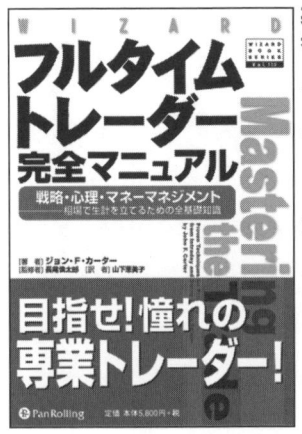

**フルタイムトレーダー完全マニュアル**
ウィザードブックシリーズ119
著者：ジョン・F・カーター
定価 本体 5,800円＋税　ISBN:9784775970850

【トレードで自立するために】
不可欠な知識を網羅した「真剣な初心者」必携の書。市場の仕組み、売買戦略と概念、さらにはチャートの作成方法、売買手法、資金管理技術、心理、ハードウエアとソフトウエアなど「フルタイムトレーダー」として確実に押さえておきたい項目全般を詳しく解説。

**タートルズの秘密**
ウィザードブックシリーズ3
著者：ラッセル・サンズ
定価 本体 19,800 円＋税　ISBN:9784939103186

【門外不出のトレンドフォロー奥義】
80年代、一世を風靡したトレーダー集団「タートルズ」。その売買戦略は古典的20日ブレイクアウト手法を洗練・進化させたものであった。巨星リチャード・デニスとウィリアム・エックハートが多くの素人をスーパートレーダーに育てあげたノウハウが、ここにある!!

**スイングトレード入門**
ウィザードブックシリーズ78
短期トレードを成功に導く最高のテクニック
著者：アラン・ファーレイ
定価 本体 7,800 円＋税　ISBN:9784775970409

実用的なアイデアと情報にあふれた本書は、「パターンサイクル」と「トレンドと横ばい」など多くのトレーダーが見落としがちな視点から効果的な売買手法を紹介する。

**アペル流テクニカル売買のコツ**
ウィザードブックシリーズ103
MACD開発者が明かす勝利の方程式
著者：ジェラルド・アペル
定価 本体 5,800 円＋税　ISBN:9784775970690

MACD指標の開発者として知られる現役ファンドマネジャーが、サイクル、トレンド、モメンタム、出来高シグナルなどを用いて相場動向を予測する手法を明らかにしている。

**ヒットエンドラン株式売買法**
ウィザードブックシリーズ6
著者：ジェフ・クーパー
定価 本体 17,800 円＋税　ISBN:9784939103247

著者が株の短期売買で成功するのに有効だった4つの主要戦略、9つの短期順張り戦略、7つ短期逆張り戦略を具体的かつ詳細に紹介。テクニカル分析の奥義がここにある！

**ディナポリの秘数フィボナッチ売買法**
ウィザードブックシリーズ80
著者：ジョー・ディナポリ
定価 本体 16,000 円＋税　ISBN:9784775970423

仕掛けと手仕舞い、リスクと収益。これらトレーダー最大の関心事にフィボナッチ級数が絶大な力と啓示を与えてくれることを多彩なチャートで分かりやすく解説。

# マーケットの魔術師シリーズ

**ウィザードブックシリーズ 19**
## マーケットの魔術師
著者：ジャック・D・シュワッガー
オーディオブックも絶賛発売中!!
定価 本体 2,800 円＋税　ISBN:9784939103407

【いつ読んでも発見がある】
トレーダー・投資家は、そのとき、その成長過程で、さまざまな悩みや問題意識を抱えているもの。本書はその答えの糸口を「常に」提示してくれる「トレーダーのバイブル」だ。「本書を読まずして、投資をすることなかれ」とは世界的トレーダーたちが口をそろえて言う「投資業界の常識」だ！

**ウィザードブックシリーズ 13**
## 新マーケットの魔術師
著者：ジャック・D・シュワッガー
定価 本体 2,800 円＋税　ISBN:9784939103346

【世にこれほどすごいヤツらがいるのか!!】
株式、先物、為替、オプション、それぞれの市場で勝ち続けている魔術師たちが、成功の秘訣を語る。またトレード・投資の本質である「心理」をはじめ、勝者の条件について鋭い分析がなされている。関心のあるトレーダー・投資家から読み始めてかまわない。自分のスタイルづくりに役立ててほしい。

**ウィザードブックシリーズ 14**
## マーケットの魔術師 株式編《増補版》
著者：ジャック・D・シュワッガー
定価 本体 2,800 円＋税　ISBN:9784775970232

投資家待望のシリーズ第三弾、フォローアップインタビューを加えて新登場!!　90年代の米株の上げ相場でとてつもないリターンをたたき出した新世代の「魔術師＝ウィザード」たち。彼らは、その後の下落局面でも、その称号にふさわしい成果を残しているのだろうか？

◎アート・コリンズ著 マーケットの魔術師シリーズ

**ウィザードブックシリーズ 90**
## マーケットの魔術師 システムトレーダー編
著者：アート・コリンズ
定価 本体 2,800 円＋税　ISBN:9784775970522

システムトレードで市場に勝っている職人たちが明かす機械的売買のすべて。相場分析から発見した優位性を最大限に発揮するため、どのようなシステムを構築しているのだろうか？ 14人の傑出したトレーダーたちから、システムトレードに対する正しい姿勢を学ぼう！

**ウィザードブックシリーズ 111**
## マーケットの魔術師 大損失編
著者：アート・コリンズ
定価 本体 2,800 円＋税　ISBN:9784775970775

スーパートレーダーたちはいかにして危機を脱したか？　局地的な損失はトレーダーならだれでも経験する不可避なもの。また人間のすることである以上、ミスはつきものだ。35人のスーパートレーダーたちは、窮地に立ったときどのように取り組み、対処したのだろうか？

**心の鍛錬はトレード成功への大きなカギ！**

## ゾーン 相場心理学入門
ウィザードブックシリーズ32
著者：マーク・ダグラス

定価 本体2,800円＋税　ISBN:9784939103575

【己を知れば百戦危うからず】
恐怖心ゼロ、悩みゼロで、結果は気にせず、淡々と直感的に行動し、反応し、ただその瞬間に「するだけ」の境地、つまり「ゾーン」に達した者こそが勝つ投資家になる！　さて、その方法とは？　世界中のトレード業界で一大センセーションを巻き起こした相場心理の名作が究極の相場心理を伝授する！

## 規律とトレーダー
ウィザードブックシリーズ114
著者：マーク・ダグラス

定価 本体2,800円＋税　ISBN:9784775970805

【トレーダーとしての成功に不可欠】
「仏作って魂入れず」──どんなに努力して素晴らしい売買戦略をつくり上げても、心のあり方が「なっていなければ」成功は難しいだろう。つまり、心の世界をコントロールできるトレーダーこそ、相場の世界で勝者となれるのだ！　『ゾーン』愛読者の熱心なリクエストにお応えして急遽刊行！

---

### ウィザードブックシリーズ107
### トレーダーの心理学
トレーディングコーチが伝授する達人への道
著者：アリ・キエフ
定価 本体2,800円＋税　ISBN:9784775970737

高名な心理学者でもあるアリ・キエフ博士がトップトレーダーの心理的な法則と戦略を検証。トレーダーが自らの潜在能力を引き出し、目標を達成させるアプローチを紹介する。

### ウィザードブックシリーズ124
### NLPトレーディング
投資心理を鍛える究極トレーニング
著者：エイドリアン・ラリス・トグライ
定価 本体3,200円＋税　ISBN:9784775970904

NLPは「神経言語プログラミング」の略。この最先端の心理学を利用して勝者の思考術をモデル化し、トレーダーとして成功を極めるために必要な「自己管理能力」を高めようというのが本書の趣旨である。

### ウィザードブックシリーズ126
### トレーダーの精神分析
自分を理解し、自分だけのエッジを見つけた者だけが成功できる
著者：ブレット・N・スティーンバーガー
定価 本体2,800円＋税　ISBN:9784775970911

トレードとはパフォーマンスを競うスポーツのようなものである。トレーダーは自分の強み（エッジ）を見つけ、生かさなければならない。そのために求められるのが「強靭な精神力」なのだ。

### 相場で負けたときに読む本 ～真理編～
著者：山口祐介
定価 本体1,500円＋税　ISBN:9784775990469

なぜ勝者は「負けても」勝っているのか？　なぜ敗者は「勝っても」負けているのか？　10年以上勝ち続けてきた現役トレーダーが相場の"真理"を詩的に表現。

**※投資心理といえば『投資苑』も必見!!**

**トレード基礎理論の決定版!!**

**投資苑**
ウィザードブックシリーズ9
著者：アレキサンダー・エルダー

定価 本体5,800円＋税　ISBN:9784939103285

【トレーダーの心技体とは？】
それは3つのM「Mind=心理」「Method=手法」「Money=資金管理」であると、著者のエルダー医学博士は説く。そして「ちょうど三脚のように、どのMも欠かすことはできない」と強調する。本書は、その3つのMをバランス良く、やさしく解説したトレード基本書の決定版だ。世界13カ国で翻訳され、各国で超ロングセラーを記録し続けるトレーダーを志望する者は必読の書である。

**投資苑2**
ウィザードブックシリーズ56
著者：アレキサンダー・エルダー

定価 本体5,800円＋税　ISBN:9784775970171

【心技体をさらに極めるための応用書】
「優れたトレーダーになるために必要な時間と費用は？」「トレードすべき市場とその儲けは？」「トレードのルールと方法、資金の分割法は？」――『投資苑』の読者にさらに知識を広げてもらおうと、エルダー博士が自身のトレーディングルームを開放。自らの手法を惜しげもなく公開している。世界に絶賛された「3段式売買システム」の威力を堪能してほしい。

---

ウィザードブックシリーズ50
## 投資苑がわかる203問

著者：アレキサンダー・エルダー　　定価 本体2,800円＋税　　ISBN：9784775970119

分かった「つもり」の知識では知恵に昇華しない。テクニカルトレーダーとしての成功に欠かせない3つのM（心理・手法・資金管理）の能力をこの問題集で鍛えよう。何回もトライし、正解率を向上させることで、トレーダーとしての成長を自覚できるはずだ。

## 投資苑2 Q&A

著者：アレキサンダー・エルダー　　定価 本体2,800円＋税　　ISBN：9784775970188

『投資苑2』は数日で読める。しかし、同書で紹介した手法や技法のツボを習得するには、実際の売買で何回も試す必要があるだろう。そこで、この問題集が役に立つ。あらかじめ洞察を深めておけば、いたずらに資金を浪費することを避けられるからだ。

## アレキサンダー・エルダー博士の投資レクチャー

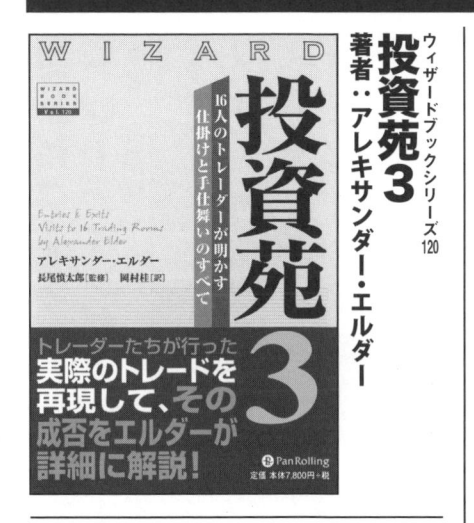

**投資苑3**
ウィザードブックシリーズ120
著者：アレキサンダー・エルダー

定価 本体 7,800円＋税　ISBN：9784775970867

【どこで仕掛け、どこで手仕舞う】
「成功しているトレーダーはどんな考えで仕掛け、なぜそこで手仕舞ったのか！」──16人のトレーダーたちの売買譜。住んでいる国も、取引する銘柄も、その手法もさまざまな16人のトレーダーが実際に行った、勝ちトレードと負けトレードの仕掛けから手仕舞いまでを実際に再現。その成否をエルダー博士が詳細に解説する。ベストセラー『投資苑』シリーズ、待望の第3弾！

**投資苑3 スタディガイド**
ウィザードブックシリーズ121
著者：アレキサンダー・エルダー

定価 本体 2,800円＋税　ISBN：9784775970874

【マーケットを理解するための101問】
トレードで成功するために必須の条件をマスターするための『投資苑3』副読本。トレードの準備、心理、マーケット、トレード戦略、マネージメントと記録管理、トレーダーの教えといった7つの分野を、25のケーススタディを含む101問の問題でカバーする。資金をリスクにさらす前に本書に取り組み、『投資苑3』と併せて読むことでチャンスを最大限に活かすことができる。

## DVD トレード成功への3つのM ～心理・手法・資金管理～

講演：アレキサンダー・エルダー　定価 本体4,800円＋税　ISBN：9784775961322

世界中で500万部超の大ベストセラーとなった『投資苑』の著者であり、実践家であるアレキサンダー・エルダー博士の来日講演の模様をあますところ無く収録。本公演に加え当日参加者の貴重な生の質問に答えた質疑応答の模様も収録。インタビュアー：林康史（はやしやすし）氏

## DVD 投資苑～アレキサンダー・エルダー博士の超テクニカル分析～

講演：アレキサンダー・エルダー　定価 本体50,000円＋税　ISBN：9784775961346

超ロングセラー『投資苑』の著者、エルダー博士のDVD登場！感情に流されないトレーディングの実践と、チャート、コンピュータを使ったテクニカル指標による優良トレードの探し方を解説、さまざまな分析手法の組み合わせによる強力な売買システム構築法を伝授する。

# 売買プログラムで広がるシステムトレードの可能性

## 自動売買ロボット作成マニュアル
### エクセルで理想のシステムトレード
著者：森田佳佑

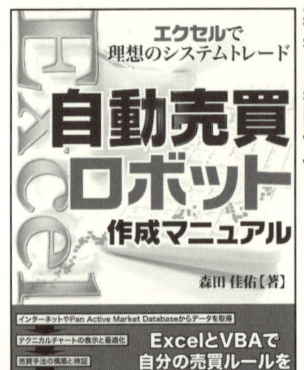

ExcelとVBAで自分の売買ルールを思い通りに検証・実践する!!

定価 本体2,800円＋税　ISBN:9784775990391

【パソコンのエクセルでシステムトレード】
エクセルには「VBA」というプログラミング言語が搭載されている。さまざまな作業を自動化したり、ソフトウェア自体に機能を追加したりできる強力なツールだ。このVBAを活用してデータ取得やチャート描画、戦略設計、検証、売買シグナルを自動化してしまおう、というのが本書の方針である。

## コンピュータトレーディング入門
### 合理的な売買プログラム作成のポイント
著者：高橋謙吾

あなたの売買システムは本当に使えるのか？

定価 本体2,800円＋税　ISBN:9784775990568

【自作システム完成までの筋道】
コンピュータを使ったシステムトレードにどのような優位性があるのか？ 売買アイデアをどのようにルール化し、プログラム化したらよいのか？ 作った売買システムをどのように検証したらよいのか？ 売買プログラムの論理的な組み立て方、システムの優劣の見分け方をやさしく解説する。

---

**ウィザードブックシリーズ 134**
### 新版 魔術師たちの心理学
トレードで生計を立てる秘訣と心構え
著者：バン・K・タープ
定価 本体2,800円＋税　ISBN:9784775971000

あまりの内容の充実に「秘密を公開しすぎる」との声があがったほど。システムトレードに必要な情報がこの一冊に！ 個性と目標利益に見合った売買システム構築のコツを伝授。

**現代の錬金術師シリーズ**
### 自動売買ロボット作成マニュアル初級編
エクセルでシステムトレードの第一歩
著者：森田佳佑
定価 本体2,000円＋税　ISBN:9784775990513

操作手順と確認問題を収録したCD-ROM付き。エクセル超初心者の投資家でも、売買システムの構築に有効なエクセルの操作方法と自動処理の方法がよく分かる!!

**現代の錬金術師シリーズ**
### トレードステーション入門
やさしい売買プログラミング
著者：西村貴郁
定価 本体2,800円＋税　ISBN:9784775990452

売買ソフトの定番「トレードステーション」。そのプログラミング言語の基本と可能性を紹介。チャート分析も、売買戦略のデータ検証・最適化も売買シグナル表示もこれひとつで可能だ。

**ウィザードブックシリーズ 113**
### 勝利の売買システム
トレードステーションから学ぶ実践的売買プログラミング
著者：ジョージ・プルート、ジョン・R・ヒル
定価 本体7,800円＋税　ISBN:9784775970799

世界ナンバーワン売買ソフト「トレードステーション」徹底活用術。このソフトの威力を十二分に活用し、運用成績の向上を計ろうとするトレーダーたちへのまさに「福音書」だ。

# 洗練されたシステムトレーダーを目指して

## ウィザードブックシリーズ 11
### 売買システム入門
**著者：トゥーシャー・シャンデ**

定価 本体7,800円＋税　ISBN:9784939103315

【システム構築の基本的流れが分かる】
世界的に高名なシステム開発者であるトゥーシャー・シャンデ博士が「現実的」な売買システムを構築するための有効なアプローチを的確に指南。システムの検証方法、資金管理、陥りやすい問題点と対処法を具体的に解説する。基本概念から実際の運用まで網羅したシステム売買の教科書。

## ウィザードブックシリーズ 54
### 究極のトレーディングガイド
**著者：ジョン・R・ヒル／ジョージ・プルート／ランディ・ヒル**

定価 本体4,800円＋税　ISBN:9784775970157

【売買システム分析の大家が一刀両断】
売買システムの成績判定で世界的に有名なフューチャーズトゥルース社のアナリストたちが、エリオット波動、値動きの各種パターン、資金管理といった、曖昧になりがちな理論を目からウロコの適切かつ具体的なルールで表現。安定した売買システム作りのノウハウを大公開する！

---

### ウィザードブックシリーズ 42
### トレーディングシステム入門
#### 仕掛ける前が勝負の分かれ目
著者：トーマス・ストリズマン
定価 本体5,800円＋税　ISBN:9784775970034

売買タイミングと資金管理の融合を売買システムで実現。システムを発展させるために有効な運用成績の評価ポイントと工夫のコツが惜しみなく著された画期的な書！

### ウィザードブックシリーズ 63
### マーケットのテクニカル秘録
#### 独自システム構築のために
著者：チャールズ・ルボー＆デビッド・ルーカス
定価 本体5,800円＋税　ISBN:9784775970256

ADX、RSI、ストキャスティックス、モメンタム、パラボリック・ストップ・ポイント、MACDなどのテクニカル指標をいかにしてシステムトレードに役立てられるかを解説。

### ウィザードブックシリーズ 99
### トレーディングシステムの開発と検証と最適化
著者：ロバート・パルド
定価 本体5,800円＋税　ISBN:9784775970638

システムトレーダーの永遠の課題のひとつである「最適化」。オーバーフィッティング（過剰にこじつけた最適化）に陥ることなくシステムを適切に改良するための指針を提供する。

### ウィザードブックシリーズ 8
### トレーディングシステム徹底比較
#### 日本市場の全銘柄の検証結果付き
著者：ラーズ・ケストナー
定価 本体19,800円＋税　ISBN:9784939103278

トレード界の重鎮たちが考案した39の戦略を15年の日足データで詳細かつ明確に検証。ソースコードも公開されているため、どのようにプログラムを組んだかの参考にもなる。

## Audio Book
### 満員電車でも聞ける！オーディオブックシリーズ

本を読みたいけど時間がない。
効率的かつ気軽に勉強をしたい。
そんなあなたのための耳で聞く本。
**それがオーディオブック!!**

パソコンをお持ちの方はWindows Media Player、iTunes、Realplayerで簡単に聴取できます。また、iPodなどのMP3プレーヤーでも聴取可能です。
■CDでも販売しております。詳しくはHPで

**オーディオブックシリーズ12**
**規律とトレーダー**
著者：マーク・ダグラス

定価 本体3,800円+税（ダウンロード価格）
MP3 約440分 16ファイル 倍速版付き

ある程度の知識と技量を身に着けたトレーダーにとって、能力を最大限に発揮するため重要なもの。それが「精神力」だ。相場心理学の名著を「瞑想」しながら熟読してほしい。

**オーディオブックシリーズ14**
**マーケットの魔術師 大損失編**
著者：アート・コリンズ

定価 本体4,800円+税（ダウンロード価格）
MP3 約610分 20ファイル 倍速版付き

窮地に陥ったトップトレーダーたちはどうやって危機を乗り切ったか？夜眠れぬ経験や神頼みをしたことのあるすべての人にとっての必読書！

| | |
|---|---|
| **オーディオブックシリーズ11**<br>**バフェットからの手紙** | 「経営者」「起業家」「就職希望者」のバイブル<br>究極・最強のバフェット本 |
| **オーディオブックシリーズ13**<br>**賢明なる投資家** | 市場低迷の時期こそ、威力を発揮する「バリュー投資のバイブル」日本未訳で「幻」だった古典的名著がついに翻訳 |
| **オーディオブックシリーズ5**<br>**生き残りのディーリング決定版** | 相場で生き残るための100の知恵。通勤電車が日々の投資活動を振り返る絶好の空間となる。 |
| **オーディオブックシリーズ8**<br>**相場で負けたときに読む本 〜真理編〜** | 敗者が「敗者」になり、勝者が「勝者」になるのは必然的な理由がある。相場の"真理"を詩的に紹介。 |

## ダウンロードで手軽に購入できます!!

**パンローリングHP** http://www.panrolling.com/
（「パン発行書籍・DVD」のページをご覧ください）
**電子書籍サイト「でじじ」** http://www.digigi.jp/

# Chart Gallery 4.0 for Windows

パンローリング相場アプリケーション
チャートギャラリー
Established Methods for Every Speculation

最強の投資環境

成績検証機能が加わって新発売！

## 検索条件の成績検証機能 [New] [Expert]

指定した検索条件で売買した場合にどれくらいの利益が上がるか、全銘柄に対して成績を検証します。検索条件をそのまま検証できるので、よい売買法を思い付いたらその場でテスト、機能するものはそのまま毎日検索、というように作業にむだがありません。

表計算ソフトや面倒なプログラミングは不要です。マウスと数字キーだけであなただけの売買システムを作れます。利益額や合計だけでなく、最大引かされ幅や損益曲線なども表示するので、アイデアが長い間安定して使えそうかを見積もれます。

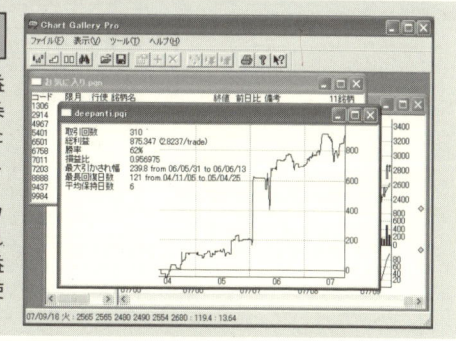

チャートギャラリープロに成績検証機能が加わって、無敵の投資環境がついに誕生!!
投資専門書の出版社として8年、数多くの売買法に触れてきた成果が凝縮されました。いつ仕掛け、いつ手仕舞うべきかを客観的に評価し、きれいで速いチャート表示があなたのアイデアを形にします。

●価格（税込）
　チャートギャラリー 4.0
　エキスパート **147,000 円** ／ プロ **84,000 円** ／ スタンダード **29,400 円**

●アップグレード価格（税込）
　以前のチャートギャラリーをお持ちのお客様は、ご優待価格で最新版へ切り替えられます。
　お持ちの製品がご不明なお客様はご遠慮なくお問い合わせください。

| | |
|---|---|
| プロ2、プロ3、プロ4からエキスパート4へ | 105,000 円 |
| 2、3からエキスパート4へ | 126,000 円 |
| プロ2、プロ3からプロ4へ | 42,000 円 |
| 2、3からプロ4へ | 63,000 円 |
| 2、3からスタンダード4へ | 10,500 円 |

## Pan Rolling

相場データ・投資ノウハウ
実践資料…etc

今すぐトレーダーズショップに
アクセスしてみよう！

**ここでしか入手できないモノがある**

**1** インターネットに接続して http://www.tradersshop.com/ にアクセスします。インターネットだから、24時間どこからでも OK です。

**2** トップページが表示されます。画面の左側に便利な検索機能があります。タイトルはもちろん、キーワードや商品番号など、探している商品の手がかりがあれば、簡単に見つけることができます。

**3** ほしい商品が見つかったら、お買い物かごに入れます。お買い物かごにほしい品物をすべて入れ終わったら、一覧表の下にあるお会計を押します。

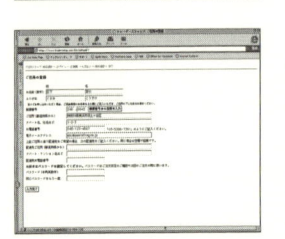

**4** はじめてのお客さまは、配達先等を入力します。お支払い方法を入力して内容を確認後、ご注文を送信を押して完了（次回以降の注文はもっとカンタン。最短2クリックで注文が完了します）。送料はご注文1回につき、何点でも全国一律250円です（1回の注文が2800円以上なら無料！）。また、代引手数料も無料となっています。

**5** あとは宅配便にて、あなたのお手元に商品が届きます。
そのほかにもトレーダーズショップには、投資業界の有名人による「私のオススメの一冊」コーナーや読者による書評など、投資に役立つ情報が満載。さらに、投資に役立つ楽しいメールマガジンも無料で登録できます。ごゆっくりお楽しみください。

Traders Shop

## http://www.tradersshop.com/

投資に役立つメールマガジンも無料で登録できます。http://www.tradersshop.com/back/mailmag/

パンローリング株式会社
お問い合わせは

〒160-0023 東京都新宿区西新宿7-9-18-6F
Tel: 03-5386-7391 Fax: 03-5386-7393
http://www.panrolling.com/
F-Mail info@panrolling.com

携帯版